印顺法师

佛学著作选集

中国佛教论集

明达心无碍

佰澹身自安

谦和容则大

精进道可成

印顺

中华书局

图书在版编目(CIP)数据

中国佛教论集/释印顺著. —北京:中华书局,2010.6
(2022.12 重印)
(印顺法师佛学著作选集)
ISBN 978-7-101-07042-2

Ⅰ.中… Ⅱ.释… Ⅲ.佛教史–中国–文集 Ⅳ.B949.2-53

中国版本图书馆 CIP 数据核字(2009)第 184219 号

经台湾财团法人印顺文教基金会授权出版

书　　　名　中国佛教论集
著　　　者　释印顺
丛 书 名　印顺法师佛学著作选集
责任编辑　陈　平
责任印制　陈丽娜
出版发行　**中华书局**
　　　　　　(北京市丰台区太平桥西里38号　100073)
　　　　　　http://www.zhbc.com.cn
　　　　　　E-mail:zhbc@zhbc.com.cn
印　　　刷　三河市宏盛印务有限公司
版　　　次　2010 年 6 月第 1 版
　　　　　　2022 年 12 月第 3 次印刷
规　　　格　开本/880×1230 毫米　1/32
　　　　　　印张 9⅝　插页 2　字数 200 千字
印　　　数　4001-6000 册
国际书号　ISBN 978-7-101-07042-2
定　　　价　38.00 元

目　　录

一　中国佛教与印度佛教之关系

　　佛教从印度传来,在中国文化史上有着辉煌的业绩,创开了隋唐的佛学时代,启发了宋明的理学时代。一直到现在,佛书部帙的庞大,寺院佛像的普遍,对于社会心理及文化因素,还是有着重要的地位。中国佛教的值得尊重,值得提倡发扬,应该是每一中国人所有的责任!

　　中国佛教,就是二千年来流行于中国的佛教。其中有两大类:一是印度传来中国的佛教;一是经过中国佛教徒的研求修习,发展为独到体系的佛教,如台、贤、禅、净。我们应该发扬中国特有的佛教,但佛教到底是从印度传来的,所以也应研究印度传来中国的佛教。惟有从这两方面去研习阐扬,对于中国佛教的特长才能有正确的认识;对于现代的中国佛教,才能有所补益,因为许多固有的法宝,被我们遗忘了;对于国际佛教思想界的协调,才能得到恰当的方针。

　　本文略说有关印度传入中国的佛教。想从印度佛教的完整体系中,理解(传入)中国佛教的地位;对于在中国发扬完成的佛教渊源,给以简要的叙说。

一　印度的三期佛教——总说

佛法的真义,当然是超越时空的。但自释迦佛证觉说法以来,起初是流布于印度,后来又传入中国。佛法既活动于现实的时空中,义理、教典、宗派、制度等,便为时空所局限。中国所承受于印度的佛教,自然也有时代与区域的关系。

印度佛教,从佛陀初转法轮起,到回教侵入东方而衰灭(西元一二〇〇年顷)止,约经历了一千六百多年。末后的二百年(波罗王朝晚期以后),印度佛教已濒临衰亡边缘。在此以前,虽或兴或衰,大体上都有独到的发扬。这一千五百年的印度佛教史,太虚大师分之为三个时期,每期(大数)五百年。第一个五百年,约当西元以前,为"小行大隐时期"。佛灭不久,佛教界开始结集圣典。到阿育王时,四阿含经与广律,大体凝定,为佛教界所公认。四阿含法义的阐扬,佛弟子有了不同的论义,分为舍利弗的阿毗昙系(上座部所本),迦㫗延的蜫勒系(大众部所本)。由于阿育王的信佛,及推动国际布教运动,使佛教向印度的东南与西北发展,促成佛教部派的急剧分化。阿育王时代,大众部与上座部(说一切有系)以外,还有源出上座而多少接近大众部的分别说部,当时盛行于中印度。中国古代传说:优波毱多(与阿育王同时)以后,有五部盛行;而五部中的化地、法藏、饮光——三部,都属于分别说系。锡兰传说:阿育王子摩哂陀,传佛法入师子国(今锡兰),是属于分别说的赤铜鍱部。此期的圣典与学派,以声闻道的阿罗汉果为终极,被称为小乘教。西元前一八〇年顷,熏迦王朝采取排佛的措施,中印的政教渐衰。东南印与西北印的佛教,日趋于发展。西元前,大乘佛教还在潜流与待缘兴起的阶段,所以称之为"小行大隐"。

第二个五百年(一——五世纪),为"大主小从时期"。大乘以菩萨道为主,以成佛为标极。到西元初,大乘显著地流行起来。大乘经中,每说"佛灭四百年后","佛灭后五百年",大乘经才弘布人间,这可以说是信史。西元前二七年,中印度的王朝覆亡,而南方的安达罗王朝、北方的贵霜王朝,代之而大盛;大乘就是与此同时而勃兴的佛教。西元三二〇年,旃陀罗笈多建笈多王朝于中印度。与此同时,大乘也有了新的发展。试分经与论来说:当贵霜与安达罗王朝时代,初期传出的大乘经,如《般若》、《十地》、《维摩》、《法华经》等,大多为源出于东南而集成于西北;以一切法空为究竟了义的。笈多王朝为有名的梵文学复兴、印度教复兴的时代,与此气运相呼应的大乘教,又传出《涅槃》、《法鼓》、《胜鬘》、《楞伽经》等。这是以一切法空为不了义,以如来藏(佛性)真实不空、唯心为究竟的教典。从论典来说:安达罗王朝的龙树,弘法于西元二世纪,宗性空大乘,作《般若》与《华严十地经》的释论。《中论》最为著名,成为中观大乘(空宗)的始祖。无著与世亲(三四〇——四四〇),生于笈多王朝的盛世,在大乘不空唯心的基石上,摄取一切有系(有部及经部)的精英,而阐扬唯识宗(有宗),著了很多的精严的论典。大乘经与论,同样的有先空后有的发达程序。依佛教的实情来说,大乘虽然勃兴,传统的小乘佛教还保有广大化区与众多信徒,只能说大小并行。然从印度佛教的思潮来说,此第二个五百年,实以大乘佛教为主流,所以称之为"大主小从"。

第三个五百年,为"密主显从时期"。大乘与小乘——显教,虽依旧流行,而时代的佛教属于秘密教。西元五世纪末,笈多王朝分化而衰落了。北印因哒哒的侵袭,佛教受到空前的损害。中印兴起的伐弹那王朝(六、七世纪间),护法有名,但国力有限,国祚也不长。中印与南印的佛教,由于印度教的隆盛,日渐衰落下来。西元六六〇年,瞿波罗王在恒河下流创建波罗王朝。虽局促于东方,却维持了佛教一期的隆盛,这便是密教领导的时代。密典的传出,起初是事部(杂密)、行部(胎藏界)、瑜伽部(金刚界),其后又有无上瑜伽部。传说为龙树的弟子龙智(长寿婆罗门)、难陀,都是此期密乘的重要大师。达磨波罗王(七六六——八二九)建超岩寺,规模弘大,为秘密教的重镇。到磨醯波罗王时(八四八——八九九),毗睹波传出了时轮金刚,密教才算完备了。此后,只是维持余势而已。

从印度三期佛教来看中国佛教,就明白中国佛教不同于锡兰(又传入缅、泰),不同于藏地(又传入蒙、满),有着时代的关系。一、中国佛教的最初传入,早在汉明帝以前,但有弘化的事迹可考,占有中国佛教的一页者,要算汉桓帝时代(一四七——一六七)的安世高与支娄迦谶为最早。此时,印度正是大小并行、大乘为主的时期。所以中国没有锡兰那样,有过专弘小乘时期,而造成小乘佛教深固的根柢。中国是一开始,便是大乘为主、小乘为从的局面。虽也偶有偏宗小乘的,如僧伽提婆(四世纪末)说:"无生方等之经,皆是魔书";虽大量译传《阿含经》、广律、阿毗昙论,而大乘始终为中国佛教的重心。中国佛教主要为印度的中期佛教,从支娄迦谶的传译,经竺法护(三世纪后半)而到鸠摩罗什的(四〇一)来华,都着重于大乘经论的传弘。所传译的大乘经,可说都是龙树《大智度论》所引用过的性空大乘经;论典还只是龙树及弟子提婆的作品。略后,中国所译传的,有一显著的不同。如昙无谶(四一六顷)的《大般涅槃》、《大云经》;佛陀跋陀罗(四二〇顷)的《如来藏经》;求那跋陀罗(四四〇顷)的《楞伽》、《深密》、《胜鬘》、《法鼓》等经;菩提流支(五一〇顷)等的《楞伽经》、《十地论》;真谛(五六〇顷)的《摄大乘论释》等;波罗颇迦罗(六三〇)的《大乘庄严经论》;玄奘(六五〇前后)的大量论典,这都重在龙树所不曾引用过的真常大乘经,与无著、世亲系的唯识论。这一先性空经论而后真常唯心经论的次序,印度与中国完全一致。

二、印度后期佛教的主流——密教,属于事部的,东晋以来,多少杂乱地传出。唐开元四年(七一六),善无畏来传《大日经》(行部);开元九年(七二一),金刚智来传《金刚顶经》(瑜伽部)。号称两部大法,其实还只是前期的密典。不久,唐代衰乱,佛教的传译也就停顿了。直到赵宋开国(九六〇),国运复兴,五六十年中,又有梵僧东来。但大抵来自佛教久衰的北印,不是密乘重镇的东方。所以虽传译密典,也有属于无上瑜伽部的,但不能影响中国佛教。宋代的译经,不过编入大藏经而已。无上瑜伽不曾弘通于中土(除元代),晚唐的衰乱为一主要原因。这与西藏恰好不同,佛教的最初传入西藏,已是西元七世纪中,印度早是密乘勃兴的时代了。西藏所传的,为印度后期——"密主显从"的佛教;中土是中期佛教,"大主小从",含得初期与后期的一分。

二　罽宾中心的佛教区

释迦佛时，佛教本只流行于恒河两岸，律典称此为"中国"。阿育王时代，佛教向南北扩展。南方到达磨醯沙漫陀罗、婆那婆私；又越过大海，传入锡兰，成为分别说系赤铜鍱部的化区。北方到达罽宾，又扩展到西北及东北。锡兰、罽宾及以北地区（回教侵入为止），不属于印度，而文化是印度佛教化的。在当时，南北都还是初期佛教。到五百年顷（西元前后），印度全境——从南到北，到处有大乘兴起。罽宾及以北地区，为北方的大乘重镇。南方是：东印的乌荼、南印的安达罗、（南）憍萨罗，都是大乘区。锡兰孤立海中，所以虽有大乘传入，而多少保持旧有的传统。北方是大陆相连，所以罽宾东北都成为大乘盛行的地方。大乘佛教是南北呼吸相通的。从发达的情况来说，在安达罗与贵霜王朝时，大乘是由东南而西北的。笈多王朝时，南北同向中印会合。后期佛教是由西北而流向东南。

佛教传入中国的通道，主要为陆路，越过葱岭，从西北而来。由海道而从南方来的，到南朝才有重要的地位。由于交通的着重陆路，所以西北印度——罽宾区的佛教，与中国佛教的关系最密切，尤其是汉、魏、两晋时期。说到罽宾区，汉、晋以来，一向指犍陀罗、乌仗那一带，（先是赊迦，后是）贵霜王朝的政治中心（隋唐才以迦湿弥罗及迦毕试为罽宾）。从此向东，是迦湿弥罗、支那仆底、阇烂陀罗等。向西，是那揭罗曷、迦毕试、梵衍那、

缚喝(吐火罗政治中心);又从缚喝影响到安息(西)、康居
(北)。向北,深入山区,是乌仗那、商弥,到达葱岭的羯槃陀(今
新疆的蒲犁)。从羯槃陀向东北,是沙勒、龟兹、焉耆;向东,是
斫句迦、于阗。这一区域,文化的重心是犍陀罗一带。而从佛教
来说,是以大雪山、雪山(葱岭)为中心,而向东南西——三方扩
展的。葱岭以东,北道的沙勒、龟兹等,是小乘区;而南道的莎
车、于阗,为大乘的教区。葱岭以西,吐火罗、康居,都是小乘教;
安息也以小乘为主。山南,乌仗那、迦毕试、呾叉始罗,是大乘重
镇;迦湿弥罗却是小乘。在这区域里,犍陀罗是大小并盛的佛教
中心。佛教传入中国,大家知道初期是安息、康居、大月氏。大
月氏在汉代,是占领阿姆河上流,统治着大夏的国家。但在西元
二世纪前后,大月氏是贵霜王朝的别名,也就是罽宾中心大佛教
区的王朝。所以传入中国的月氏佛教,除早期外,实从犍陀罗等
来,不应该看作吐火罗或缚喝的。

　　罽宾区(从印度河上流山地到新疆西南山地)是著名的禅
观胜地;从此发扬出来的佛教,有小乘也有大乘。初期,这里是
属于阿难系统的重经派。由于研经习禅而分化出来的,首先是
阿毗达磨论师,以迦旃延尼子(前二世纪)的《发智论》为宗;《发
智论》作于支那仆底,成为说一切有部。以一切有为宗的极端
派,是《大毗婆沙论》一系,此论集成于迦湿弥罗(二世纪中)。
破《俱舍论》的《顺正理论》主众贤(四、五世纪间),也属于此
系。温和些的,被《婆沙论》称为犍陀罗师或西方师的,如《品类
论》作者——西方摩罗的世友(前一世纪);《甘露味毗昙》的作
者妙音(二世纪),《阿毗昙心论》的作者法胜(三世纪),都是吐

火罗人，《杂心论》的作者法救（四世纪），是犍陀罗人。而生于犍陀罗的世亲（四、五世纪间），作《俱舍论》，也属于此系。

其次发展完成的，是经部师譬喻师，到鸠摩罗陀而大成（二、三世纪间）。鸠摩罗陀是呾叉始罗人，后来弘化到葱岭羯槃陀。经部师或譬喻师，本为说一切有部的别系，如持经者大德法救、觉天；经部异师世友（《尊婆须密集论》的作者）；僧伽罗叉、胁、马鸣等都是。他们是禅师，又是努力弘化的布教师，引用种种譬喻——本生、故事、比况来说明经义。依《西域记》，释迦的本生谈，都指定在犍陀罗、呾叉始罗、那揭罗曷、乌仗那、僧诃补罗，这就是贵霜王朝的政教中心，犍陀罗艺术的发皇地，譬喻大师的教化区。譬喻大师的作品，富有文艺性。凡是譬喻大师，中国佛教一律称之为菩萨。他们与大乘取协调的态度，兼容大乘而决不拒斥的。鸠摩罗陀以后，经部师向南方弘化。世亲同时的室利逻多，在中印度阿瑜陀作经部毗婆沙。经部理论的严密化，不再像譬喻大师弘法的活力了！

罽宾中心区的大乘佛教是非常活跃的，但没有弘通大乘的事迹可考。除从我国译经史上推得大乘经论的流通情况外，有两点可为明证：一、据古代游历者的报告，北印的乌仗那、迦毕试、那揭罗曷、呾叉始罗；新疆的于阗、斫句迦，都是大乘佛教盛行的地带。中国与印度间，隔着千山万岭，而对于入山专修及游化的僧众，是能克服来往障碍的。以大雪山为中心而延展到南北，都是习禅的胜地（羯槃陀、乌铩、斫句迦山地，都有比丘入定久住的记载），也是大乘佛教传通的道场。传说龙树入雪山，从老比丘得大乘经；斫句迦山区有大量的大乘经；陀历的山岩中藏有大乘经等,都可看出此一山区与大乘佛教的关系。二、《般若经》说到后五百年,《般若经》大行于北方;《大悲经》说到弘法于北印的大师;《华严经》说到菩萨住处,也重在北方,还说到于阗的牛角山寺;《大集经》晚译部分,说到从北印经雪山而到达西域(今新疆)一带的地理志。这些,都可以看出大乘经流传在这一区域的情形。

三　罽宾中心区的佛教

佛教的传入中国,始于汉哀帝时(西元前二年),景宪从大月氏使者受佛经。明帝时(六四顷),从月氏请来《四十二章经》。这都与月氏有关,但那是吐火罗时代的月氏,不外乎小乘法门。据玄奘所见,吐火罗一带都是小乘教。号称小王舍城的缚喝有丰富的圣迹,也没有大乘的形迹。小乘论师妙音、法胜,来中国译小乘经的昙摩难提,都是吐火罗人,可以想见吐火罗是小乘佛教为主的。从此向西向北而到安息与康居,佛教的情形与吐火罗相近。如康居的康巨、康孟祥(康僧会是汉化的康居人),安息的安世高与昙无谛,所有的译典,都以小乘为主。可见罽宾区的小乘教,传到西方的吐火罗,再向安息、康居。再从吐火罗、康居、安息,越过葱岭,到达西域的沙勒与龟兹。据近代的发现,龟兹一带使用吐火罗语。早期的小乘教,是由此路线而传入的。到东晋的苻秦时代(三八〇顷),罽宾的僧侣东来,如僧伽跋澄、僧伽提婆、卑摩罗叉、弗若多罗,除吐火罗的昙摩难提以外,都是犍陀罗一带的小乘学者。他们对小乘三藏,开始作大部的翻译,如《中》、《长》、《增一阿含经》;《十诵》与《四分律》;《八犍度》、《阿毗昙心》、《杂心》、《鞞婆沙》等。中国佛教史上所见的毗昙学者,就是以这些论为主的。但中国初期所传的小乘,并非局限于自称有部正统的婆沙系,反而以西方师、譬喻为多。如安世高译出的《修行道地经》(僧伽罗叉造)、《阿毗昙五法行经》(世友《品类论》的初分)、《心论》、《杂心论》,曹魏失译的《甘露味阿毗昙》,都属于西方系。其他如《尊婆须蜜菩萨所集论》、《阿育王传》、《出曜经》,都是譬喻师宗。《三法度论》(属犊子部)也是譬喻者的作品。所以,从西北印而传入中国的小乘教,可说从来不与大乘相冲突。《西域记》说:大乘极盛的乌仗那,有五部律。《四分律》译者佛陀耶舍,是罽宾人,律序说是"昙无德部体大乘三藏"。小不碍大的罽宾佛教,成为中国古代小乘教的特色,并深刻影响了中国的大乘佛教。

　　罽宾区禅法的传来,是很早的。安世高与竺法护,译传了初期大瑜伽师僧伽罗叉的《修行道地经》。鸠摩罗什来,又译传"婆须密、僧伽罗叉、沤波崛、僧伽斯那、勒(胁)比丘、马鸣、(鸠摩)罗陀禅要"。中国初期禅法,是罽宾区譬喻师的禅法。譬喻师是不障碍大乘的,罗什也就附出法华、弥陀、法身等禅观,流传在中国北方。此外,专修禅法的罽宾禅匠,在西元四世纪勃兴。第三代的佛大先(又译佛陀斯那,卒于四一〇顷),是最杰出的禅师。佛陀跋陀罗与沮渠京声,学得而传来中国。佛大先的禅法,有新从天竺达摩多罗传来的顿禅,罽宾一向传习的渐禅(但佛陀跋陀罗传出的禅经,只是二甘露门的渐禅),所以也是大小协调的。如佛陀跋陀罗译有《观佛三昧海经》;沮渠京声译有

《观弥勒》、《观世音经》。接着，罽宾禅师又（四二四）来了昙摩
密多，译传《观虚空藏菩萨》、《观普贤行法》、《观无量寿经》；疆
良耶舍（四二四来）译有《观无量寿佛》、《观药王药上二菩萨
经》。这可以看出，那时的罽宾禅者已转重于大乘禅观，近于密
宗的修天色身了。因当时中国的北方衰乱，这后起的罽宾禅法，
流传在江南。

　　初期传入大乘佛教的大师，主要为月氏的支娄迦谶（及支
道根、支疆梁接等）；原籍月氏，生长敦煌，曾游历西域的竺法护
（弟子有聂道真、竺佛念等）；原籍印度，生长龟兹，曾游学罽宾
的鸠摩罗什。他们的译籍，可以看作大月氏（贵霜王朝）时代的
大乘佛教。主要的佛典，如《华严经》的《十住》、《十地》与《入
法界品》；《宝积》的《宝严》，与《阿閦佛》、《阿弥陀佛》的净土
经；《大集》的《般舟三昧》等；《法华经》、《维摩经》；《首楞严三
昧经》等。最重要而引人重视的，是《般若经》的《大品》与《小
品》。初期大乘经的译传，雪山东北的斫句迦与于阗，是值得重
视的。朱士行（二七○前后）到于阗，求得《大品般若》，后由于
阗沙门罗无叉译出。支法领西游（四一○顷），在于阗求得《华
严经》，后由佛陀跋陀罗译为六十卷（就是唐代新译的八十《华
严》，梵本也还是从于阗得来的）。支法领所得的，不止《华严》
一部，罗什曾译出一部分。昙无谶译的《大般涅槃经》，本来与
法显（在中印度）所得的相同，十卷以后，是从于阗得来而补译
的。于阗与中国的大乘经教，关系是何等重要！与于阗毗连的
斫句迦，玄奘传说王宫有《般若》、《华严》、《大集》等十部（或传
"十二部"），都是部帙庞大的大乘经。鸠摩罗什的大乘空学，从

莎车王子学来,莎车就是斫句迦的一部分。于阗与斫句迦,大乘教的隆盛,比北印度并不逊色。反而六世纪后,罽宾区的佛教衰落,于阗与斫句迦还保持大乘盛行的光荣。从地理上看,大乘是从犍陀罗、乌仗那,通过大雪山及葱岭而东来的(法显等西去,玄奘回国,也都是这一路线)。中国初期(汉、魏、晋)的大乘教,受到这一地区的深切影响。

这一期的大乘译师,鸠摩罗什是最杰出的!他的译典,如《大品》、《小品》、《金刚般若》、《法华》、《维摩》、《阿弥陀经》、《中论》等,一直到现在,仍受到读者的爱好,为一切后起的异译所不及。罗什所传的大乘论,如龙树的《大智度论》、《十住毗婆沙论》(竺法护及弟子们,已经抽译过),都是部帙庞大,为印度佛教久已失传了的。龙树的性空大乘学,早期流传北印,经斫句迦而传入中国。比起印度晚期的中观学,有点不同。印度晚期的中观,理论更严密化,但不见龙树的大论,自不免有违失原意的地方。弘传罗什学的,一向说是道生,其实道生是首先离去罗什的人。因北方政局衰乱,僧肇早死,学众都散去。所以罗什的译典虽传遍了,而龙树的大乘空义却一时隐没(潜行)了。要等到梁代的高丽僧朗,到江南来揭起"关河古义",弘扬三论——《中》、《百》、《十二门论》,后来发展为三论宗。陈代的慧思,又到南方来,倡导龙树所传的法门,后来成为天台宗。三论与天台宗,都根据罗什的译典,但经过了中国学者的研求修习,发展为有独到体系的综合学派。大概地说,三论宗重于论,传到南方较早,更近于罗什所传的。天台宗南传迟了些,受到北方真常唯心大乘的熏染较深。至于摄山(三论)、衡岳(慧思)、天台(智者），都是教观并重，不失龙树大乘的风格。

　　龟兹为岭东小乘佛教的典型，但也多少有大乘流通，特别是早期的秘密教。龟兹国王姓白，龟兹的僧徒到我国来，也都称"白"或"帛"。如"善诵咒，役使鬼神"的佛图澄，本姓帛。"善持咒术"，译出《大灌顶神咒经》的尸梨蜜多罗，也姓帛（三二〇顷）。龟兹有大乘而重密咒，与于阗不同。

四　锡兰的佛教

　　罗什时代以后，佛教的传入中国，主要为笈多王朝、伐弹那王朝时代的佛教，真常的唯心的大乘学。无论是华僧的西去求法，或梵僧的来华传法，都不再偏于北印的罽宾区，而是全印度的。海道的往来，也频繁起来。

　　先说从海道来华，有关锡兰的佛教。锡兰的佛教，是阿育王时代传去的，为大寺派的赤铜鍱部。不久，又有佛教传入，住无畏山寺，成为无畏山寺派，兼学大乘，与大寺派的争执很热烈。说到从海道而来中国的佛教，当然是很早的。有人以为安世高从海道来，这不过推想而已。维祗难（二二四）来武昌，译出《法句经》，有二十六品，五百偈，与锡兰所传的《法句》相近。我以为，这是锡兰传来最早的佛典。维祗难的同行者——竺律炎，补充为三十九品，七百五十偈。从《无常品》到《梵志品》部分，近于北方有部的《法句》。锡兰方面的佛教，一开始就不能在中国流通，真是不可思议！法显（三三九）去西方求经，归途经过师子国，住在无畏山寺，得到《弥沙塞律》。这是化地部的《五分律》，与铜镍部的《善见律》相近，后由佛陀什译出。大概是宋代吧！师子国的僧伽跋弥，译出《弥沙塞律抄》。但在中国《五分律》从来没有弘通过。罽宾学者昙摩耶舍，（四〇〇顷）到达广州，这当然是从海道来的。他译出的《舍利弗阿毗昙论》，可断为分别说系，近于化地部的本典。他的弟子法度，宣说"专学小乘，禁读方等。唯礼释迦，无十方佛"，分明为锡兰小乘佛教面目。这在中国，当然是行不通的。元嘉元年（四二四），求那跋摩经师子国而到广州。尼众想请他授戒，他要等外国尼来，满足十数。后师子国的比丘尼来，建业的尼众再受戒。锡兰的戒律，是被中国应用了；但不久就被禁止再受。永明中（四八三——四九三），摩诃乘在广州译出《五百本生经》，《他毗利（意译为"上座"）律》，这无疑是锡兰的。永明六年（四八八），僧伽跋陀罗从海道来，在广州译《善见律毗婆沙》，为铜镍部的律释。有名的"众圣点记"，就是从此传出的。梁僧伽婆罗，在西元五一五年，译出《解脱道论》，这是铜镍部的要典——觉音《清净道论》所依据的。锡兰的佛教，不能说没有传入中国，但比起罽宾来，缺少精深的义学、微密的禅思，终于为中国佛教所遗忘！

五　晚期传来的小乘经论

　　一切有部为主的罽宾区，铜镍部为主的师子国，所有小乘教学而有关中国的，已约略说到。其他的小乘教学，传译较迟的，应再为叙述。

　　小乘的四阿含经，各部派是大致相同的。还有不属于阿含部的,如魏瞿昙般若流支(五三九)译的《正法念处经》。这是一切有与犊子系共传的,但本译属于(犊子系的)正量部。还有隋阇那崛多等(五八七)译的《佛本行集经》,为法藏部的佛本行集。上二书,部帙都很大。

关于论典,一切有部的《发智》、六足、《婆沙》,唐玄奘(六四九——六六三)几乎完全译出,只缺一部《施设足论》(后由宋施护译出一部分)。玄奘对于阿毗达磨的重视,可以推见出来。失译的《三弥底部论》,真谛(五五九)译出的《立世阿毗昙论》,都是正量部的论典。此外,译来中国而有重要意义的,有三部论:一、《成实论》,是鸠摩罗什的译品。论主名诃黎跋摩,为中天竺人。传说是萨婆多部鸠摩罗陀的弟子,其实就是经部的鸠摩罗陀。他不满有部,到中印度的华氏城,与容认大乘的大众部学者共住。所以《成实论》的内容,不但以经部义来评破有部,又转而归向于大众部所信解的空义。法空是三乘所共的,不限于大乘的。《成实论》的空义与大乘的究竟空义,还有小小的距离。《成实论》在齐、梁时,真是盛极一时,有称之为成实宗的。后经三论与天台学者论证为小乘以后,就渐渐衰落了。二、陈真谛(五六三)初译,唐玄奘(六五一——六五四)再译的《俱舍论》,是世亲所造的,是继承(有部西方师)《杂阿毗昙心论》而更完成的论典。表面是有部论,而骨子里却倾向经部,所以广引经部所说,以显出有部立义的不彻底。自从《俱舍论》译出以后,旧有的毗昙宗,就转名为俱舍宗了。其实,《俱舍论》没有成为独立的学派,只是唯识学者附习的法门而已。三、婆薮跋摩造的《四谛论》,也是陈真谛译的。论中引用《俱舍论》及破《俱舍》

的《顺正理论》，所以应为五世纪末的作品。《四谛论》也是出入于有部、经部，更引用大众部学与正量部。《成实》《俱舍》《四谛》——三部论，都是经部盛行以后，不满一切有部的作品。但都不是纯粹的经部，而是出入各部、自成体系的论典。《成实》与《俱舍》，在中国佛教史上有过重大的影响。

附带说到律典：弗若多罗等译的《十诵律》，属于旧有部，齐梁时曾盛行江淮一带，为中国律学初期的大宗。佛陀跋陀罗与法显译的《摩诃僧祇律》，属大众部；佛陀什译的《五分律》，属化地部，都没有什么流通。佛陀耶舍译的《四分律》，属法藏部，起初也不大流行。到北魏，尤其是慧光的门下济济，才大大地弘盛起来。到唐代，中国的律学已为《四分律》所统一。道宣说：《四分律》有五义通于大乘，所以特别受到大乘为主的中国佛教界所信从。道宣所说，如从部派的见地看来，也很有意义。因为大众及分别说系的化地、饮光、法藏，都有大乘的倾向，一向与大乘携手并进的。唐义净在武后时（七〇〇——七一〇）所译的《根本说一切有部毗奈耶》等，是有部的新律，与西藏所传的一致。但在四分律宗完成的当时，很少人去注意它。此外，魏瞿昙般若流支译的《解脱戒经》，为饮光部的戒本。真谛译的《律二十二明了论》，是正量部的律论。传在中国的律典，包含各宗，可说丰富之极，最便于研究者的比较。

六　真常大乘经

真常唯心的、唯识的大乘经论，有不同的渊源，却又有极深的关涉(中国旧说的真心派与妄心派,大意相同)。先说真常经;但为了减少误会,不能不先说真常的定义。如说菩萨的因行——发菩提心、修六度等,如来的果德,虽说得多少广略(浅深)不同,但同样是大乘通义。如说如来寿命无量,色身遍满,心性本净,也是大乘经的通义。其实,这还是小乘大众部系,一分分别说系的共义。例如"心性本净",《般若经》说:"是心(承上菩提心说)非心,本性净故。"约心无自性说本净,所以龙树说净是无自性空的别名。《成唯识论》的解说心性本净,也与此相同。这样,如来性空,可以说如来性净、如来性常住了。但现在所说的真常,有不同的意趣。这本是为了破斥一分的误解,以为如来入涅槃,等于没有了。所以说:如来与涅槃,是真实的、不空的、常住的,不能说"无"。具足三十二相、八十种好(色相)、智慧神力的如来,既是常住的,涅槃也不能说是"无色"。既然是常住的,那么众生位上,也就本来如此的了。如来的果德,在因地本有,这就是如来藏、如来界、佛性、法界;这就是"不空"的"我"。经上说法性空,只是说法性没有虚妄法,没有杂染法——"不空空";不是真如法性、如来的常乐我净也没有了——"空不空"。这才坚决地破"无我"为权教,斥"空"为不了义,显出了真常大乘的特色。

主要的真常大乘经,是初起于南方,后来才流行罽宾的。如《大般涅槃经》说:"此经流布南方,……时彼南方护法菩萨,当持此契经来诣罽宾。"《大云经》也说:"是经当于南方国土广行流布,……当至北方。"传说与提婆同时的龙叫(梵语为Nāgāhvaya,即《楞伽经》中的龙树,西元三世纪人)的时代,南方毗陀耶奈伽罗地方,关于如来藏的偈颂,连童女们都会歌唱,这是真常大乘经大兴于南方的说明。笈多王朝前后,都次第传来中天竺,而且迅速地到达北方。

　　真常大乘经的传来中国,早期的主要译师是昙无谶(四一四——四三〇)、求那跋陀罗(四三五——四五三顷)、佛陀跋陀罗(四一〇顷——四二九)。昙无谶与求那跋陀罗,都是中天竺人;他们的译典,可看作当时流行中印度的经典(二人都与弥勒学有关)。昙无谶从中天竺带来的《大般涅槃经》,仅是初分十卷,与当时法显从华氏城得来的六卷《泥洹经》(智猛也同时同地得到《涅槃经》),完全一致,代表称扬真常我的佛性,严持戒行的根本思想(与《法鼓》、《大云经》相同)。后来,昙无谶又从于阗求得《涅槃经》的余分(十一卷到三十六卷),这是更广地融会了(盛行北天竺的)大乘空与毗昙有,确立"一阐提人有佛性"的教说。昙无谶还译出《大云经》、《金光明经》等。求那跋陀罗是由海道而来南方的,译出了《大法鼓》、《央掘魔罗》、《胜鬘》与《楞伽经》。不离众生蕴界处的如来藏,《胜鬘经》称之为"自性清净心";《楞伽经》便进一步地以"如来藏(及)藏识"为依止,广说唯心法门。《楞伽经》与无著、世亲的唯识学,有深切的关系。至于佛陀跋陀罗禅师,译出了大部的《华严经》,充满了如来藏与唯心的教说,这是支法领从于阗取来的。他又译出六卷本《泥洹经》,是法显在华氏城得来的。还译有《如来藏经》,这是最通俗的真常譬喻经。佛陀跋陀罗的译业,不能代表他本人在佛法中的立场。

　　接着,属于无著、世亲学系的,著名的两位唯心论者到达中

国。北天竺的菩提流支,从陆路来北魏,西元五一三——五二○
顷,译出了《楞伽》与《不增不减经》。西天竺(据《西域记》,属
南印度)的真谛,从海道来南土,五五二——五五五顷,译出了
《无上依经》与《金光明经》。印度方面,进入了真常大乘的时
代,此后来中国的译师,大都与真常大乘有缘。重要的有:于阗
的实叉难陀(六九五——七○○),重译《华严经》与《楞伽经》。
中天竺的地婆诃罗(六八○——六八八),译出了《密严经》与
《显识经》。《密严经》是继《楞伽经》而传出的,唯心而更富真
常的特质。依真常而立唯心学(融会了唯识学),《楞伽经》与
《密严经》,可说到达顶点! 正像真常有而融贯真空,到《大般涅
槃经》而完成一样。

　　中国有两部真常唯心的大乘经,受到中国佛教非常推重的,
是《楞严经》与《圆觉经》。出现于中国佛教界,为西元七○○以
后。译史都不明白,有人说是中国北土的禅师作的。中国的佛
学者,尤其是禅师,是不会造成那样教典的。这与后出的《六波
罗蜜多理趣经》、《大乘本生心地观经》(北印的般若译于七九○
顷),同样为密乘兴起以后,真常唯心论者,从繁密的教学,而转
向精简持行的法门。

七　瑜伽师的唯心论

　　与真常大乘相关涉的唯识经论,在印度与龙树的中观大乘,
并称空有二宗。传说北天竺的无著,在阿瑜陀国,传受弥勒菩萨
的《十七地论》(《瑜伽论》的《本地分》),为唯识一宗的开始。

无著弟世亲,在阿瑜陀国回心向大,制造很多的论典。世亲时代,被尊称为耆年上座的室利逻多,也在阿瑜陀作经部毗婆沙。阿瑜陀为笈多王朝的首都;《瑜伽论》多随顺经部说(也撷取有部义),可见罽宾区的经部师、瑜伽师,当时都向中印度发展。"一分经为量者"的瑜伽师,便回入大乘,将经部所说的种现熏生的因果道理,建立在阿赖耶识为依止的基础上;以瑜伽——止观为中心,而组织起宏伟严密的唯识学。世亲晚年,作《三十唯识论》,为五、六世纪间学众的研究对象。世亲的弟子,要推陈那与安慧。安慧精于阿毗达磨,为无著的《集论》作注释。又作《三十唯识论释》,传入西藏。陈那特长于因明,他的再传弟子法称,为因明的健将。法称的七部因明论,也传入西藏。陈那的弟子护法(六世纪),有《三十唯识》、《二十唯识论》的释论。护法的弟子戒贤,就是玄奘所传唯识学的师承。

中国译经史上所见到的,中天竺昙无谶(四三〇顷)译的《菩萨地持经》;罽宾求那跋摩,从海道来,译出的《菩萨善戒经》(四三一):这都是《十七地论》中的《菩萨地》。求那跋陀罗(四四〇顷)译出的《相续解脱经》、《第一义五相略集》,是《解深密经》——从《瑜伽论·抉择分》中录出来的。《瑜伽论》初期的传来中国,与真常大乘者有缘。

其后,北印的菩提流支(五〇八——五三三译),南印的真谛(五五〇——五六四译),留学中印度那烂陀寺的玄奘(六四五——六六三译),对于弥勒系的唯识大乘,译出丰富的论典。可是立义不同,从来聚讼纷纭,成为三派——地论宗、摄论宗、唯识宗。这三宗,可以这样的分别:

```
          ┌弥勒庄严论……世亲十地论（重十地经）…………流支传
弥勒十  ┤ 瑜伽抉择分……世亲唯识论（重深密经）…………玄奘传
七地论  └无著摄大乘论…世亲摄论释（重阿毗达磨大乘经）…真谛传
```

　　弥勒系的唯识学，证明一切唯识的根本经，是《十地》、《解深密》、《阿毗达磨大乘经》。研究起来，传入中国的三大系，是依据三经而着重不同，也可说代表了弥勒、无著、世亲——三代的唯识学。一、弥勒的(瑜伽)《十七地论》，原是通于大小乘的论典。依十七地的《菩萨地》的组织，作成大乘不共的唯识论，是弥勒的《庄严大乘经论》(无著造释，中印的明友于六三〇译出)。《庄严论》虽通于大乘经义，但可说是重于《华严十地经》的。如《真实品》，依"法界"而说迷悟，说修证五位。《菩提品》特重"法界大我"的如来藏，而说佛果的变化、三身、四智，劝依此发菩提心。这与坚慧的《宝性论》(也引用《庄严论》)，有一致的意趣。这是面对广大流行的真常大乘经，进而为着重如来藏(法界)的唯心说。世亲初造《十地经论》(《十地经》的十地菩提心，即法界净性)，依阿赖耶说"三界唯一心作"；以阿赖耶为第一义心，近于《胜鬘经》的自性清净心。这是世亲的初期作品，代表弥勒的大乘唯心论。

　　这应该说到坚慧论师。依《西域记》，坚慧曾住那烂寺与伐腊毗国。他的《入大乘论》，西元四一五顷，道泰译。《宝性论》，勒那摩提译(五一〇顷)。这两部论，都明显地引用了弥勒的《庄严经论》。还有《法界无差别论》，唐提云般若(六九一)所译。《宝性论》与《法界无差别论》，都是对如来藏(法界、佛性)作有体系的说明，点出众生因位的本有净性，修显的佛果功德，只是真常净性的显发而已。真谛译的《无上依经》与《佛性论》（都说真如不为妄法的缘起），都是同一内容的说明。玄奘门下所传：《三身论》主龙军（西藏传为龙友），说佛果惟有真如及真如智，没有色声等功德，坚慧与金刚军，也这样说。佛果无色，与真常大乘的《涅槃经》等，说佛果涅槃有色不同。金刚军，就是菩提流支所师承的金刚仙（仙是斯那的简译，意译为军），是世亲弟子，所以坚慧、金刚军等，贯通如来藏的大乘唯识，实为弥勒、无著下的一大流。

与菩提流支同时，中印的勒那摩提，也翻译《十地论》，彼此意见不同，各自翻译，后人才综合为一部。勒那摩提为禅师，《宝性论》的译者。他以为，赖耶与法性同一，能生一切法（《庄严论》、《无上依经》，都没有这样说）。菩提流支应更近于弥勒学。中国的地论宗，有此二系，又互相渗入，成立真如缘起（译史不明的《起信论》，与此说相近），后来发展为华严宗。

二、无著参考了《瑜伽》、《庄严》，依《阿毗达磨大乘经》，造《摄大乘论》。世亲为《摄论》作释，对唯识现及悟入唯识性，有更明确的建立。这是着重《阿毗达磨大乘经》的，代表了无著的唯识学。此经说：阿赖耶识与（七）转识互为因缘，所以《摄论》以含摄得有漏种习的种子赖耶识为本，从种（识）生现，一切从赖耶生，成为一能变说。真谛译传的《摄论》，确是这样说的；玄奘译的也是这样。真谛说有"解性赖耶"——阿赖耶的真净义，所以后来与地论系合流。

三、继《瑜伽论·本地分》而起的，是传为弥勒造的《摄抉择分》，引用了全部的《解深密经》。依经说：阿赖耶识执持种子，赖耶是虚妄的现行识。见分起相分为唯识现，所以是现行（三能变）识能变。世亲晚年所作的《三十唯识论》，就是依此《抉择分》的体系，对八识的所依、所缘、心所相应等，依《瑜伽论》而集成更严密的论典。这是重于《解深密经》的，代表了世亲独到的唯识学。玄奘所传，属于这一系。玄奘从戒贤、胜军等学，于唯识十大论师的注释外，更有《唯识抉择论》等。玄奘与弟子窥基，糅合众说而传出的《成唯识论》，实为当时护法、戒贤等学说的总和。

从传入中国的三系唯识学与玄奘所译的论典去看，认为：《瑜伽》是摄引经部（及有部）入大乘的，通含大小。大乘不共的唯识学，弥勒的《庄严论》（还有《辩中边论》），说如来藏法界，贯通了真常论。等到无著的《摄论》，已不注意如来藏说，真谛仅有"解性赖耶"说。到世亲，重瑜伽而造《三十唯识论》，到玄奘传译的《成唯识论》，不再说如来藏了。西藏传说：宗承陈那因明学的法称，所说的唯识，更进而说仅有六识，阿赖耶识是方便假立的。这不但回到学通大小的《瑜伽论·本地分》，竟同于经部了。西北印的经部瑜伽师，从接近真常，而又退回固有的思想系，从中国所传的唯识三系中，明白地表示出来。

弥勒、无著、世亲学，本弘传于阿瑜陀。西元四八〇顷，笈多王朝分化而趋于衰落。传说帝日——铄迦罗笈多，在摩竭陀创建那烂陀寺，实就是塞建陀笈多（四五〇——四八〇顷）。接着，塞建陀的儿子，摩竭陀系的佛陀笈多（四八〇——五〇〇顷）；这样的六帝相承，那烂陀寺都有增建，成为六、七世纪中大乘佛教的领导中心。各方的学者，到此来弘化，也到此来修学。

玄奘说:"五印度境,两国重学:西南摩腊婆国、东北摩揭陀国";所以摩竭陀为东方的重心。陈那,作因明论于安达罗的瓶耆罗;西藏传说是南印度人,作论、专修、入灭于乌荼。陈那弟子护法,为南印的建志补罗人。护法有弟子戒贤与法称:戒贤是东印的三摩呾吒人;法称是南印人。又世亲的弟子安慧,是南印人。安慧的弟子月官,是东印伐罗那弹那人。采用安慧学而作《中论释》的德慧,《西域记》称为"南印菩萨"。所以重因明、毗昙、唯识学的,陈那与安慧二系,可说都是东印与南印沿海一带的大师,以那烂陀寺为中心道场的。玄奘所传的,虽说专宗护法,其实是糅合这二系,大成于东方的唯识学。代表西方系的,如坚慧曾在伐罗毗(摩腊婆西北)造论。胜军是苏刺陀人(伐罗毗西北),玄奘就跟他学《庄严经论》。真谛为优陀延人(伐罗毗东),译过《摄大乘论》的达摩笈多是摩腊婆人。从阿瑜陀向西南,为正量部的化区。正量部立不可说我,与如来藏说类似。所以这一带传出的唯识学,都接近于真常大乘。不过,真谛是重论的。代表初期而流入北印的菩提流支系,所译而一向看作世亲论的,共有八部,都是经的注释。在弥勒学系中,这是重经的北方派。

八 大乘禅

真常的唯心的经论传来时,大乘禅观也同时传入。其中菩提达摩一系,在中国有非常的发展,演化为禅宗。依唐初传说:达摩为南天竺(或说是"波斯")人。刘宋时(约四四〇顷),从南天竺经海道来中国江南,其后才渡江到北魏。这一传说,大体是可信的。因为此宗一名"南天竺一乘宗"；而达摩在北魏传禅，用宋译的《楞伽经》来印心，不用菩提留支的魏译《楞伽》（宋译更富于真常的特色，如立"真识"，说"藏识海常住"，都与魏译不同）。禅宗初称"如来禅"，也出于宋译《楞伽》，魏译是名为"观察如来禅"的。达摩所传的禅法，当时昙林叙录为二入、四行。一、理入，是以凝住壁观，不落凡圣有无的方便，悟入"含生同一真性"。二、行入，就是四行，是见于实际的事行。在悟入以后，起心接物时，能正念现前，不为怨憎会、爱别离、求不得的众苦所惑乱。更要与真性相应，而修布施等六度大行。这样的做到动静一如，自他俱利。"含生同一真性，客尘障故"，为本具如来藏的教授，所以达摩的禅观，代表南印度直体真常的如来藏禅。他的"凝住壁观"，后世有九年面壁的传说。南方的禅者，都在壁上作曼陀罗（此名不限于密宗），而后谛心观察。所以达摩的壁观，也可看出南印度禅师的风格。中国古代的禅宗，为了禅宗的传承谱系，说达摩继承了罽宾的禅系（因为罽宾的禅系，中国略有传承的次第可求）。于是或者说：达摩就是传天竺顿教到罽宾的达摩多罗。但达摩多罗与佛大先同时，而佛大先早在五世纪初就死了。或者说：达摩继承师子尊者以后，为二十八祖。不知罽宾灭法的弥罗崛，杀害师子尊者的，为西元五世纪末人。那时，达摩来华已半个世纪了，怎会是师子尊者的后裔呢！得达摩禅法的，是慧可（或名"僧可"）。

　　与达摩同时先后，从陆道而来北土的禅师，有佛陀与勒那摩提。佛陀于孝文帝时就来了，后又随帝（迁都）来洛阳，门下有道房与慧光。著名的僧稠禅师，是道房的弟子。中天竺的勒那摩提,深明禅法,就是《十地论》与《宝性论》的译者,弟子有僧实。据说:慧光本从佛陀受禅,后来才从勒那摩提受《十地论》等。有的说,慧光与道房都是勒那的弟子。作为地论宗与律宗大师的慧光,最值得注意。他是受禅法而又不离文教(并重视戒律)的,传承"法性能生一切法"的大师,不属于菩提留支系统。慧光与佛陀及勒那摩提的关系极深,与同时由南方传来的达摩禅法,可能相近。不但达摩门下的六祖说:"自性能生万法";从慧光所传而发展成的华严宗,也说"性起",后人且有教禅一致的倾向。甚至在传说上,也大都近似:如佛陀称"少林祖师",达摩也传在少林寺面壁。佛陀度二弟子,达摩也有二沙弥。勒那与菩提留支的意见不合,达摩也传说为留支所害。勒那弟子慧光,达摩弟子慧可,本名神光。总之,达摩与勒那,都是南方真常大乘的禅者,与传承学出北方瑜伽的菩提留支,是有距离的。当然,达摩弟子慧可,重于不落名相的禅的悟证;而勒那弟子慧光,重于不离名相的教的建立,也有不同的所在。

九　后期的中观学

印度的中观大乘,龙树、提婆以后,是相当衰落了。在真常大乘勃兴中,传为龙树弟子的如来贤(又名龙叫),弘扬唯心中道。被称为提婆弟子的罗睺罗,开始以"常乐我净"来解说《中论》的八不,这都可见倾向于真常唯心了。要到世亲以后,僧护的弟子——南印度坦婆罗的佛护,与摩罗耶王族清辩出来,中观学方又中兴起来。化区在南印,与中印度的瑜伽唯识对立,引起了中观与唯识、空与有的诤论。佛护的再传弟子月称(约在护法与戒贤时代,六世纪),不满清辩的引用世俗的因明,自立比量,所以自称"应成",而分为两派。月称一派,在西藏有最崇高的地位。等到波罗王朝成立,佛教的重心东移;那烂陀的教学权威,开始衰退。中观大乘在南印度,也同时衰落了。清辩的中观派,却在东方盛行起来。如智藏、静命(及弟子莲华戒)、狮子贤等,都是东方的中观大师与密乘相结合的。

自罗什以后,龙树论在中国也还有译出的。如陈真谛译的《宝行王正论》(藏传名《宝鬘论》);魏毗目智仙(五四一)译的《回诤论》;唐达摩笈多(六〇三顷)译的《菩提资粮论》等。这些,都由无著、世亲系的译师附带译出,可见当时印度中观学的衰落。赵宋施护译的《六十如理论》、《大乘二十颂论》,也都是龙树重要的论典。说到印度后期的中观学,清辩的《般若灯论》,唐明友(六三〇——六三二)译;《大乘掌珍论》,唐玄奘(六四九)译。施护译的《广释菩提心论》,是莲华戒造的。此外,佛护、月称、清辩、静命、师子贤等论典,都不曾译出(却传入了西藏)。这由于晚期的中观盛行,都在东方,那时唐室中衰,僧侣的往来由渐少而中断了。仅有的来中国弘化的那提(六五五——六六三),又为玄奘门下所嫉忌而无法传译。据当时的道宣说:那提是中天竺人,曾去南印,师子国,是龙树系的学者。他"所解无相(空义),与(玄)奘硕反"。称赞他为"大师隐后,斯人第一"。可是他带来的梵本,被玄奘门下带走了。那提"乃三(次)被毒,再(次)充南(洋群岛的远)役",真是法门的损失!

一〇　秘密教

秘密教的传弘,初与罽宾区的瑜伽师有关(佛陀跋陀罗所传的小乘禅观,集成于四世纪,就称为"圆满清净法曼陀罗",分二种次第来修习),其后发达广布到全印。要在密咒盛行的区域,密法才容易流传;印度虽通行咒术,而乌仗那是"禁咒为艺业"的特区。西藏传说:僧护以前(四世纪前),乌仗那的人民就有修密行而得成就的,但还在潜行时期。到僧护时,事部与行部,始显著地流行。依帛尸黎密帝罗(三二〇顷)来华,译出《大灌顶神咒经》而说,事部的流行,至少为三世纪中。魏译(五一三顷)《楞伽经·偈颂品》(宋译缺),就有佛及化身三十六说,与《金刚顶经》的三十七成身相合。那么瑜伽部的传出,非五世纪不可。行部的《大日经》,重于本具的自性清净心——如来藏心;瑜伽部的《金刚顶经》,重于修显,多用唯识义,这都是成立在真常唯心基础上的。如约四法界说:事部是事法界,行部是理法界,瑜伽部是理事无碍法界;还有事事无碍法界,当然就是无上瑜伽部了。元代从西藏传入的"演揲儿法"(无上瑜伽),就以为是事事无碍的。以男女和合为特征的(或用智印,或用业印)无上瑜伽法,实在悠久得很。译真常大我经的昙无谶(四一四——四三〇),《魏书》说他"善男女交接之术"。隋阇那崛多(五九五)译的《大威德陀罗尼经》,就说到"于一夜中已得是法"的法门。但据经说:罽宾佛教的遭受大破坏(五世纪后半世纪),就是为了这个,所以经上痛心说:"此是因缘,灭正法教。"

玄奘(六二九——六四五)、义净(六七一——六九五)西游,知道有密法,还没有发觉到无上瑜伽。开元三大士(七一六——)来,还没有传授无上瑜伽。所以无上瑜伽在印度的公开盛行,被认为最高的佛法,不会早于七世纪的后五十年。

来中国传译密典的,陈、隋间开始多起来。如乌苌的那连提耶舍,犍陀罗的阇那崛多。到盛唐,密风越来越盛,对于佛顶尊胜、不空胃索、千臂千眼、如意轮,传译的次数特别多。译师中,南印度的菩提流志(六九四来)、义净(六九五回),传译较多。北方的岚波、迦湿蜜、罽宾(唐代指迦毕试)、睹货罗及于阗来的,也多少传译(当时的北方,佛法已衰落了)。中印度的阿地瞿多(六五二),在长安建立了陀罗尼普集会坛,译出《陀罗尼经》,对于密法的组织、传授,才算有了规模,这是中印度传来的。西元七一六年,善无畏来传行部(胎藏界)的《大日经》。他从中印度那烂陀寺的达摩鞠多得法。传说达摩鞠多就是玄奘在北印度磔迦国所见的长寿婆罗门,也就是龙智。被称为中天竺释种的善无畏,实为曾作北印度乌苌国王的塞迦族。他的"大日经供养次第法",据弟子不可思议疏说,是在犍陀罗金粟王(迦尼色迦王)所造塔边,从文殊在空中所现的而传出来。依此人、法的地点去考察,说大日法门,为曾住北印的龙智所传出,实无不可。中印度的金刚智(七一九来),从南天竺的龙智学,传出《金刚顶经》(金刚界)。金刚智弟子不空,回印度去求法(七三二年),在师子国,见到普贤阿阇黎(或说名"宝觉阿阇黎"),请开十八会法。而法高等的表奏说:"(不空)和上又西游天竺、师子等国,诣龙智阿阇黎,扬榷十八会法。"那么普贤就是龙智,曾经南行到锡兰了。传入中国的密宗,称为两部大法(胎藏与金刚,就是行部与瑜伽部),都与龙智有关。从传说中,见到密法由北而南的史实。迟一些来华的般若(七八六来),曾在南天竺,从达摩耶舍受密法。然密部的无上瑜伽,在提婆波罗父子时代,传说龙智大为弘通。中印度东方的密乘,要到宋初才有所译出,但没有弘通。所以,中土及传入日本的密宗,主要为前三部,而无上瑜伽,只能求之于西藏了。

(录自《以佛法研究佛法》,217—260 页,本版 146—175 页。)

二　汉译圣典在世界佛教中的地位

世界佛教教友会,主旨在联系世界每一角落的佛教。从精神的联系,到达和谐合作;从发扬佛陀的最高文化,去实现觉世救人的事业。所以首先应该承认,世界的任何佛教,都是佛教的一流,不能片面地武断地自是非他,不能轻率地诽拨大乘为非法,也不能傲慢地轻视声闻佛教为焦芽败种。惟有在互相信谅的友谊下,客观地善意地去研求修学,才能从相互了解,做到彼此沟通;才能抉取佛教的精髓,淘汰尘垢秕糠,而发展为适应时代的、摄导现代的、觉世救人的佛教。

佛法是一味同源的,也是多方适应的。在适应不同民族、不同环境、不同时代中,发展为似乎非常不同的形态。然如从发展的倾向、发展的规律,从演变中的内在联结、外界适应去研求,即会觉得:世界不同形态的佛教,是可以沟通、可以合作的。如通泛地说,各有它的特点、缺点,应站在平等的立场,尊重真理而舍短从长。这才能日进于高明,而更近于佛陀的真实,契合如来的本怀。

从印度佛教去印证世界佛教全体时,佛教的从一味而分流,是这样的:一、约教典说:佛法先有法与毗奈耶的集出流通。到西元前后,关于法——阿含的参究者,或着重声闻行,着重于缘起法相有的分别,撰集为阿毗达磨。或着重佛德与菩萨行,着重于缘起法性空的体证,即有空相应的摩诃衍经集出流通。西元三世纪,龙树依性空大乘经,抉择阿含与阿毗达磨,而撰中观诸论。同时前后,大乘经即倾向于真常的、唯心的,有《胜鬘》、《涅槃》等经;其后又有《楞伽》等经出现。在真常唯心大乘的发达过程中,一切有系的经师、瑜伽师,承受性空的、唯心的大乘经,而撰述瑜伽唯识等论典,成为一大系。约从西元五世纪起,从真常唯心的大乘中,更流出秘密瑜伽的续部。从这发展流化的过程去了解,一切教典间的承先启后、不同倾向,是可以明白地分别出来。

二、从教乘说:起初,佛法就是佛法,更没有分别。到西元前后,分化为声闻乘与菩萨乘。在菩萨乘的经典中,即有小乘与大乘的分判。二三世纪起,菩萨乘又有真常唯心的教典出现。这一类经中,即有"有空中"三教,或"小大一"三乘的分别。对于菩萨乘,这次后流通的,重于佛果,所以又特称为佛乘。五世纪起,妙有的佛乘中,又分流出陀罗尼乘。这对于一切佛法,即判为三藏,波罗蜜藏(含得显教大乘的一切),陀罗尼藏;或四谛行,波罗蜜多行,具贪行。这种教判的分化,表示佛法分流与发展的全貌。太虚大师的三期说,即与此相合:

　　　初五百年——小行大隐时期……巴利语系属此

　　　中五百年——大主小从时期……汉语文系重于此

　　　后五百年——密主显从时期……藏文语系属此

中国的汉文佛教——日本佛教也从此流出,在印度三期佛教中,重于中期,即以菩萨乘为本,前摄声闻乘而后通如来乘。在这世界佛教发展的时代,应值得特别的重视,因为惟有从汉文圣典的探研中,才能完整地理解佛教的内容。今从教典来说:一、"阿含":四阿含是全部具有的。《中含》与《杂含》,属于说一切有系。《长含》属分别说系,《增一含》属于大众系。虽没有巴利语系那样的,保有完整的一家专籍,但不属一家,自有他的长处(藏文系全缺)。

二、"毗奈耶":藏文系但是有部新律;巴利语系但是赤铜鍱律,而汉文圣典中有:

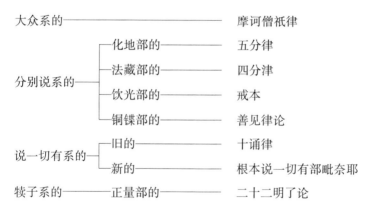

大众系的		摩诃僧祇律
分别说系的	化地部的	五分律
	法藏部的	四分津
	饮光部的	戒本
	铜鍱部的	善见律论
说一切有系的	旧的	十诵律
	新的	根本说一切有部毗奈耶
犊子系的	正量部的	二十二明了论

这样的兼收并蓄,最适宜于作比较的研究。

三、"阿毗达磨":这本是上座系三大派(分别说,说一切有,犊子)所共信的。藏文系但有——六足的《施设足论》一分,与晚起的《俱舍论》。巴利语系有七论。汉文圣典,虽特详于有部,而实通有诸家的阿毗昙。属于有部的,有六足论,《发智》与《婆沙论》,《阿毗昙心论》(及释),大成于对抗《俱舍》的《顺正理论》及《显宗论》。属于分别说系的,有《舍利弗阿毗昙论》,这是可以贯通南传北传阿毗昙论的唯一要典。有《解脱道论》，即巴利语系《清净道论》的异本。属于犊子系的，有《三弥底部论》、《三法度论》。晚起（西元三、四世纪起）的论典，出入于有部、经部，而有取舍从长的综合性的，有著名于佛教界的《俱舍论》，有影响中国佛教极深的《成实论》。依此分别看来，初期的三藏，虽不曾受到中国佛教主流的尊重，但文典的丰富，实为研求声闻的学派分流，以及从声闻而流衍为菩萨藏的有力文证。如忽略了这些汉文圣典，我可以断言，是不可能完成协调世界佛教、沟通世界佛教的责任的！

四、"性空大乘经"，五、"真常大乘经"：汉文系的圣典，极为完备，与藏文系相近。《般若》、《华严》、《大集》、《涅槃》——四大部（或加《宝积》为五大部），都是部帙庞大的。在这里，可以指出汉文圣典的特色：（一）汉文的种种异译，一概保持它的不同面目，不像藏文系的不断修正，使顺于后起的。所以，从汉文圣典研求起来，可以明了大部教典的次第增编过程；可以了解西方原本的先后大有不同。这不但不致于偏执一文，而次第的演变，也可以从此了解。（二）汉文的大乘经，在两晋以前传译的，与西域佛教——罽宾山区为中心，扩展到西方的吐火罗，西南的梵衍那，那揭罗，东南的健陀罗，东北的竭叉，子合，于阗，特别有关。这在中国佛教界，造成了深厚的佛教核心思想。北印学者菩提留支译的《十地论》、《楞伽经》，都有非常的特色。

六、"中观"：与藏文系的中观，是相当不同的。汉文所传，为初期的，特别是龙树撰述的论典。如《般若经》释的《大智度论》、《十地经》释的《十住毗婆沙论》，都不但是深理的中观，而且是广明菩萨大行的。后期的中观，即瑜伽系兴起以后的，龙树后学的论典，汉文仅有清辩的《般若灯论》，没有藏文系那样的学派众多。坚慧的《入大乘论》、无著的《顺中论》，表示了从中观而向瑜伽的行进。

七、"瑜伽"唯识：汉文非常完备，有《十地论》、《摄论》、《成唯识论》三大家。藏文系以安慧派为主，近于汉文的摄论家。而汉文正统的唯识家，是以护法为主的。《成唯识论》代表了陈那、护法、戒贤这一学系的大成，为汉文圣典的瑰宝！与唯识相随行的"因明"，比起藏文系，陈那、法称的作品传译得不完备。这表示了中华民族性的不大重视逻辑，不大重视言论的诤辩；这限定了过去中国佛教的论师派，不能占有主流的地位。

八、"秘密瑜伽"：事部（日本称为杂密），行部的《大日经》，瑜伽部的《金刚顶经》，汉文都有译传。惟有无上瑜伽部，受了时代的限制，即无上瑜伽盛行时，中国陷于衰乱的状态中。受了性习的限制，所以淫欲为道的法门，不能为中国的知识分子所信受。秘密瑜伽，充满于藏文系的圣典中。

从以上的叙述中，可知汉文系的圣典，虽以中期的大乘为主，而教典的传译是不限于中期的。晚期的佛教，已有了头绪。初期的佛教，有着丰富的传译。所以从汉文圣典去理解，向前摄取巴利文系的声闻三藏，向后参考藏文系的晚期中观、无上瑜伽，那么印度佛教一千六七百年的发展全貌，也即是流传于今日世界的三大文系佛教，可能获得一完整的、综贯的、发达而又适应的真确认识。太虚大师说："依流传在中国者，摄持锡兰传者,及择取西藏传者,为一批评而综合而陶铸之新体系,庶几为著述印度佛教史之目标欤!"这不但是印度佛教史研究的目标,应该是协调世界佛教,沟通世界佛教,取舍从长而发展为适应现代、摄导现代的世界佛教的目标!

(录自《以佛法研究佛法》,261—268 页,本版176—181 页。)

三　中国佛教各宗之创立

　　佛陀在世时,应机说法。虽解脱一味,而重于"己利"之声闻、重于"利他"之菩萨(如弥勒),发心与趣果有别,实开分宗之始。法必因机设教,随方异宜,故宗派之发展,实势所必至也。昔佛灭百年,少数之耆年上座,多数之青年大众,即启异说于毗舍离。及其发展所至,声闻与菩萨分流。声闻既十八异执,菩萨亦空有异趣、显密分宗。此皆各得佛法之一体,因时因机而善用之,则固无碍于大般涅槃。昔于锡兰劫波利村,进证二果之求那跋摩遗文偈云:"诸论各异端,修行理无二。偏执有是非,达者无违诤",诚乃见道之言也!

　　佛法传入中国,中国学者承受而修学之,发皇之,贯通之,各抒所得,师资授受而宗派渐以形成。其中或直承印度者,或完成通变于中国者。至隋唐时,中国佛教跻于无比之隆盛,而宗派亦于斯时造其极致。

　　日本学者所传,中国有"俱舍"、"成实"、"律"、"三论"、"涅槃"、"地论"、"净土"、"禅"、"摄论"、"天台"、"华严"、"法相"、"密"等十三宗。并谓其后并涅槃于天台,并地论于华严,并摄论于法相,乃成十宗。其中,"俱舍"与"成实"为小乘,大乘凡八

宗云。今统就中国佛教文史所见,虽大同而小有出入,试略述之:

一、苻秦时,僧伽提婆来传译,有部之阿毗达磨,研学者多行于北土,成毗昙宗。后陈真谛与唐玄奘译出《俱舍论》,毗昙之学,乃转以俱舍名宗。二、北魏菩提留支等,译出世亲之《十地论》,以黎耶为真识。承其学者,名地论宗,为大乘有宗之一系,后扩展而演为华严宗。三、陈真谛译《摄大乘论》于岭南,以黎耶为妄识而通解性,为大乘有宗之第二系,称摄论宗。然南方所传不盛,入北方又为地论师所融摄;逮玄奘传译法相,乃无独立研究者。四、唐玄奘传无著世亲之学,以《成唯识论》为主,明阿赖耶唯妄唯染。学者称法相宗,实乃大乘有宗之第三系。宋、元以来,即渐就衰歇,近代乃又有专学之者。此三系,同明三界唯心、万法唯识之旨,受有部之影响特深。中国素重大乘,故毗昙少专宗学者,大抵由大乘有宗学者兼习之。

五、晋法显与凉昙无谶译《大涅槃经》。由道生"阐提有佛性"之唱,大弘于宋、齐之世,称涅槃宗。后被摄于天台;而北土之涅槃学者,则多与地论师合流。六、姚秦鸠摩罗什译《成实论》,齐、梁间盛行于南土。论本经部师说,出入诸部,兼通大乘,广明空义;弘传者以之通大乘经。中国佛教史所见之"成论大乘师",决非小乘,实为综合之大乘学派也。七、罗什译龙树、提婆之《中》、《百》、《十二门论》,以无得正观为宗,成三论宗。自北土南来,夺《成论》之席;陈隋之世,最为盛行。然重于禅慧者,如牛头融被摄于禅宗;重教义者,多被摄于天台,盛唐而后,即传承不明。

八、罗什传来之般若中观流,北齐慧文传南岳慧思,兼重

《法华》。再传天台智者，特重《法华》而融《涅槃》，成天台宗。以北土所传，继涅槃、成实、三论而大成南土之学。九、地论（《十地品》本《华严经》一品）学者，杜顺、智俨，启华严教观。至唐法藏，大成华严宗，为北土唯心论之究极圆满者。

十、密典之传译虽久，至唐开元中，善无畏、金刚智来传两部大法，乃立密宗。三密事相，纯属西来；而所依义理，即大成于中国之台、贤。晚唐以降，渐以衰歇；近复传自日本、中国西藏，又稍见流行。

此外，源承于印度，而由北土发达所成之重行学派凡三：一、律：律乃定慧之基，学者之所必修。初罗什等译出《十诵律》，盛行于南北。佛陀耶舍译之《四分律》，属分别说系之法藏部，分通大乘，至魏慧光乃大行。唐道宣大成《四分》之南山律宗，余律皆废。二、禅：禅为诸宗共具，而汉晋以来，多得罽宾之禅。宋末，达磨菩提至北土，传"南天竺一乘宗"，称如来禅。至唐，得岭南之六祖慧能而大行，为后期中国佛教之心髓。三、净：往生西方净土，推始于东晋之庐山慧远。然称名念佛，至北魏昙鸾始兴；迄唐之善导，乃发达为中国佛教之大流。然台、贤等宗，实无不弘赞净土，唯善导一流，专弘念佛，特盛于中国耳。

上来诸宗之创立，并源承于印度。然其特有贡献，为中国佛教徒修持弘传之结晶，特契合于中国民情者，则融贯该综之台、贤，简易平实之禅、净也。

（录自《佛法是救世之光》，115—119 页，本版 78—80 页。）

四　中国佛教之特色

中国佛教之宗派虽多，其能不拘于因袭西方，以"致广大而尽精微，极高明而道中庸"之精神，予佛法以发扬、整理、通变，最为中国民众所崇者，莫如天台、贤首、禅、净——四宗。

天台宗，源本般若中观之禅。北齐慧文禅师，读《智论》"一切智实一时得"，及《中论》缘生法即空即假即中偈，悟入一心三观，圆融三谛，为一家心髓。再传隋天台智者大师，从禅出教，宗《法华》、《涅槃》，以通论一代时教。所明圆顿止观：百界千如，三千诸法，即空即假即中，具足于介尔妄心，名为一念三千。然学本般若之心色平等，故实"一色一香，无非中道"也。于一代时教：就说法之时间、方式、内容，科判为五时八教。条理严密而贯通，诚先来所未有！归宗于《法华经》之纯圆独妙，以经明开权显实，开迹显本，究明如来施化之方便，出世之本怀者。台宗教观并重，而扶戒律，弘净土，深广而兼存平易，纯乎其为中国佛教之特色！

华严宗，源本《华严》（十地）唯心之禅。隋、唐间，杜顺、智俨，自禅出教，启华严教观。贤首法藏继之，乃大成。宗明五门止观，以华严三昧（法界观）为圆极。法界本于一心：相即相入，事事无碍,重重无尽;因该果海,果彻因源者也。说明此义,即六相、十玄门。本于真常唯心之禅,故为绝对唯心论,以一切悉为一真法界心所显现,与禅宗关涉颇深。总判一代时教,为三时、五教、十宗;其圆活自在,似不及天台,而严密则过之。

台贤二宗之特色为:一、源于禅观。二、宗于契经。三、重于观行。四、综括一代圣教,自义理及其修行历程,予以序列、判别、贯通之;全体佛教,纲举目张,于融贯该摄中,以阐发如来究极之道为鹄。长于组织,诚以求真,趋于实行;中国佛教之精神,有可取焉。

禅宗,达磨传于北魏者,本为真常唯心之禅。芟夷名相,直指众生自心本净,即心即佛。学者推仰此宗,谓即佛以传迦叶,祖祖相传之心印。初以《楞伽》印心,学者兼存文记。迨六传至唐慧能,得法于弘忍。"即心是佛,无心是道";"唯明见性",创开南禅宗旨,乃大行于中国。六祖下有南岳、青原二系;唐末流衍为临济、沩仰、云门、法眼、曹洞五宗。禅本般若妙悟,不拘教迹,故禅者风格,每因师承而异。五家中,"曹洞丁宁,临济势胜,云门突急,法眼巧便,沩仰回互"!然禅悟之内容,固不异也。又一切方便,若有所著,即转障悟门,故禅风亦因时而异:初重超佛越祖之机锋,次转而为拈古颂古,其后又重于参话头。不预立观境,唯脱落意识名言以契入之。其法简易,不离平常日用事,出世而不碍入世者也。

净土宗,东晋庐山慧远结社念佛,发愿往生极乐国土,可谓净宗之始;而实念佛特重于禅观。北魏昙鸾,经唐道绰,至光明寺善导,专以称念阿弥陀佛为教。以弥陀为报佛,极乐为报土。

行者托弥陀本愿之他力,信愿持名,即能不断烦恼,带业而往生净土。其法至简,得益甚高;广摄众机,遍为中国民众所信行。其时专弘称名,诃责禅宗。宋、明以降,念佛与禅宗相融,如莲池之释一心不乱为事一心、理一心等。禅净一致,三根普被,乃极高深而又平常之能事!

禅净二宗,笃于行持。大略言之,禅之所入深,净之所益广。禅者为法行人,净者为信行人。一重自力,一重他力。明、清而后,台、贤之学者,修持止观者少,相出入于禅、净。而后教称台、贤,行归禅、净,平流竞进而和同,则又中国佛教之特色矣!

（录自《佛法是救世之光》,121—124 页,本版81—83 页。）

五 泛论中国佛教制度

　　佛教,当然是"正法"中心的。然佛法弘传于人间而成为佛教时,正法就流布为"法"(经)与毗尼(律)两大类。这二者,有它相对的特殊性能。大概地说,这是智的与业的;义理的与制度的;个人的与团体的;契真的与通俗的;实质的与仪式的;行善的与息恶的。这些相对的差别,不是可以机械地孤立,而有相应的、相依相成的关系。佛教是这二者的总和,因此必须是二者的均衡发展,适当配合。也就是说,必须尊重二者的独特性能,从综贯的协调中,给予充分的发展,这才能成为完整与健全的佛教。不然,偏颇的畸形发展,势必成为病态的、偏枯的。不幸得很! 佛教早就偏于法的发扬了! 起初,保守的上座们,固执毗尼——戒条与规制而成为教条,繁琐的仪制。于是乎激起反抗,甚至极端地轻视毗尼。毗尼的固定化与普遍忽略,引起佛教僧众的无法健全,"龙蛇混杂"。偏于法的发扬,与毗尼脱节,不但失去了集体的律治精神,法也就堕入了个人的唯心的窠臼!

　　弘扬佛法,整兴佛教,决不能偏于法——义理的研究、心性的契证,而必须重视制度。佛教的法制,是毗尼所宣说的。这里面,有道德准绳,有团体法规,有集体生活,有经济制度,有处事办法。论僧制或佛教制度而不究毗尼，或从来不知毗尼是什么，这实是无法谈起的。所以热心中国佛教行政、制度的大德们，实在有论究教制的必要！

释尊的时代，毗尼主要是为出家众而建立的。"六和"僧制，并不通于在家众（所以毗尼不许白衣阅读），这是时代使然。古代的佛教，出家众有团体组织，而在家众是没有的。现在，在家众应有团体组织，与僧众混合为一吗？别立在家众的集团吗？无论如何，对于如来所制的团体原则，也还有遵循的必要。

律制或者说僧制，到底是什么？关于这，首先应确切地认定：僧制与政治的本质同一性。从僧制的来源去看，就会明白。"僧伽"译为众，就是群众。但不单是多数人，散漫的乌合一群，而是有组织有纪律的集团，所以或意译为和合众，大体同于神教者的教会。僧伽与另一种名为"伽那"的，都是印度固有的团体名称。这或者是政治组织——某一区域（律中称为"界"）内的宗族会议或人民集会；或是商工业的组合制度。古代的印度社会（实是古代社会共通的），进入父家长的宗法社会时，人口繁衍而渐次形成家族、部族、种族的集团。部族以及种族内的事件，由各部族的首长，或全族成员的会议来决定。国王，或是推选的，或是世袭的，但权力大都有限。这种古代的共和民主制，自来就与狭隘的种族偏见相结合，所以贵族的民主脚下，踏着无自由无产业的奴隶层。在印度，这就是首陀罗族。等到时代演进，奴隶层开始反抗时，这种政治便走向没落，代以王权的专制政治。王权的扩充，是在推翻贵族，宽待奴隶阶层而逐渐完成的。释尊时代的东方印度，恒河东北的后进民族，如跋耆、摩罗，还过着古代的民主生活;恒河南岸的摩竭陀,已倾向于王权的集中。当时东方新宗教的勃兴,都是适应这一政治倾向,反抗婆罗门教而鼓吹种族平等。这些新宗教,都有教团的组织。其中,如耆那教称为伽那,佛教称为僧伽。这种宗教集团——僧伽或伽那,都是参照于政制,而使合于宗教目的。政治制度与僧伽制度,可说是同源异流。佛教对于僧伽的一切,称为"僧事",就是众人的事;政治不也就是众人之事的治理吗? 所以僧制与政制,本质上同是人类的共处之道,不过对象不同而已。多数人的集合共处,不能无事,有事就不能不设法去解决。如何消除内在的矛盾,如何促进和乐的合作,如何能健全自己而适合生存,如何能走向更合理的境地,如何能实现理想的目标;政治制度与僧伽制度,由此产生,也由此而有演变。不过佛教僧制,虽取法当时的政治与其他宗教的组织制度,然在佛的正觉中,体悟到事事物物的依存关系——缘起性;体悟到缘起诸法的"无常性"、"无我性"、"寂灭性",从这正觉的大悲中,建设僧伽制度,自有他卓越的特色。肯定人类平等,否认贵族与贱族、主人与奴隶的阶别;男女平等,而并不模仿帝国形态,保持民主自由的制度。唯有从佛的根本教义与僧制的原则中,才能理解佛教的处群治事之道。

有佛教,有僧伽,就有制度。教制是必须顾全到古代的佛制,演变中的祖制,适合现实情况的修正或建立。佛教传来中国的时候,印度的佛教,早已在不大重视毗尼的情况中。部分的重律学派,也只是繁琐仪制的保守;拘守小节,忽略时空的适应,不能发扬毗尼的真精神。所以中国的佛教僧制,起初虽仿效印度,"依律而住",而实不曾有过像样的僧制。在佛教继长增高的阶段（会昌以前），僧伽的混滥秽杂，每与佛教的扩展成正比例。南朝的佛教，北魏文帝复法以后的佛教（特别是元代的喇嘛），莫不如此。所以佛教在中国，可说教义（法）有着可赞美的一页，而教制——律制是失败的。然佛教不能不有足以维持佛教的僧制，不能不有适应环境的僧制；等到发觉形式剿袭的印度僧制不能完成任务时，中国的佛教僧制，就向两方面演化。

　　一、国家的管辖制：这因为佛教发达，僧众跟着杂滥起来，影响社会，影响国家，国家不能不出来干涉。我们应该记着！这是佛教的耻辱，古代有多少正信的缁素，明里暗里在痛心。然而僧众不能健全，不能自治，也就不能怪政治的干涉。古代的政治干涉，大体是善意的，如淘汰僧众，禁止私立寺院，试经得度等等（如恶意即灭法）。如姚兴是佛教的大护法，他却立僧䂮为僧正。梁武帝更是有名的护法，但他不忍见僧众的秽滥，甚至想自己出来作大僧正。国家的管辖，对于不健全的佛教，实际是有益的。这种管辖制，是国家通过佛教来管理，可说是以僧治僧。姚兴立僧䂮为僧正，是这一制度的开始；后代的僧统、僧录司等都是。

　　二、禅僧的丛林制：形式剿袭的律制，自有碍难通行的地方。全盘印度化，或者中国本位化，在东晋末年已引起争论了。谈玄说妙的南朝，当然不能有什么革新。强毅实行的北方，却有新的制度出现。如禅僧的"别立禅院"；三阶教的自成家风，舍戒入俗的三阶信徒，也是"别立科纲"。别立禅院的禅僧，在唐代，适应山林农村环境，参照佛陀的僧制，创设丛林制度。"一日不作，一日不食"；他们"辟土开荒"讲求经济自足。这个制度，配合着真参实悟的信心与精进（法的），确乎相当成功。佛教的思想界，虽已因固定、保守而走向衰落；亏了这丛林制度，总算维持佛教一直到最近。

这两种中国化的教制，一是每一寺院的组织，一是全国佛教的组织，并行而不相悖，一直维持到清末。但中国是家庭本位的宗法社会，而政治又缺少民主代议制，所以寺院逐渐子孙化，丛林也产生传法制，倾向于各自为政，不能从僧官制的统一中，造成民主代议制的严密组合。一盘散沙，佛教与国家民族，患着同样的毛病。

自从西洋的势力侵入，中国的一切都起着剧变。国家多事，简直顾不到佛教，或者不重视佛教，所以让它自生自灭地没落。佛教内部的丛林古制，老态龙钟，不能适应新的剧变。僧众的品质低落，受到古制的束缚、社会的摧残，迅速地衰落下来。禅宗的大德们，除了造庙、修塔而外，还能做些什么？中国佛教进入了从来未有的险恶阶段。太虚大师看透了这点，所以大声疾呼，提倡教制革新。民国四年，写成了《整理僧伽制度论》。以后时势演变，又写《僧制今论》、《建僧大纲》等。以虚大师的僧制思想来说，虽有时迁就事实，而根本主张，还是想合于佛制，僧事僧治，可说是综合过去的二元的僧制——僧官制与丛林制，统一在新的僧制中。对于在家众，有佛教正信会的建议（国内也有了居士林等组织）；希望僧众与信众，都有健全组织，共同来复兴中国的佛教。这虽然与现今南方的佛教国相合，但在中国，不但是墨守老祖规矩（不是佛的律制）的僧众要反对，而时势也有些难以办到！

早在民国元年,中国佛教开始了一种新制度——中国佛教会,这是一种僧俗混合组织的制度。现在已被看作一向如此,其实是从来未有的划时代的剧变。依律制,出家众的僧事,白衣就是国王,也不容直接过问。现在的混合组织,论法理颇有问题。同时,任何团体,参加者有义务,有权利;而过去大陆的佛教会,不一定如此。这个出家在家的混合组织,所问的是僧尼寺庙事件,经费的来源,也主要是从寺庙中来。而在处理事务,甚至创立法制,由于僧众无人,大都要烦劳在家众。有的出家众不赞成如此,而事实却不能不如此。问题在佛教的外来压力太重,而僧众缺乏组织能力,缺乏向社会向政府的活动能力。佛教——寺院僧众为了维持佛教,自然而然地恳求护法们出而护持。这里面,有久已信佛的,有临时信佛的,甚至有根本没有信心的;有军政名流,豪商巨绅,有时还要拉拢帮会、外道。而正信居士,眼见佛教的多难,也热心护法而不能不问。老实说,离开了在家众,佛教会也许就成立不起来。所以我觉得,护法居士的参预教会,并不合(佛)法;或者不免人事庞杂,邪正混滥,而事实却不能不如此!

我们应认清现阶段的中国佛教制度的特殊意义!希望在这现存的组织中,力求进步,求僧众与信众的品质提高(品质主要是正信、正见、正行),完成护法责任;进一步地促进而使发展到更合于佛法的教制僧制!

（录自《教制教典与教学》,1—9页,本版1—6页。）

六　宋译《楞伽》与达磨禅

　　达磨大师传来的禅法,演为后代的禅宗,一千多年来,成为中国佛教的中坚,对于中国佛教,有无上辉煌的功绩;就是对于中国文化,也有不可磨灭的地位。然而源远流长,对于达磨初传的禅法,特别是与宋译《楞伽》的关系,大家都多少迷糊了。从前,达观他们甚至怀疑达磨的《楞伽》印心。近代,有人以为:达磨初传的禅法,大体符合瑜伽;后因受菩提流支十卷《楞伽》的影响,这才与瑜伽唯识学离远了。本文就想对于达磨初传的禅法,关于宋译《楞伽经》,略加叙说。

一

　　据唐道宣的《续高僧传》所说:"初达磨禅师,以四卷《楞伽》授(僧)可曰:我观汉地,惟有此经,仁者依行,自得度世。""可师后裔,盛习此(楞伽)经。……其经本是宋代求那跋陀罗三藏译。"这是达磨以四卷的宋译《楞伽经》,印证所传授的心地法门,以及后学的弘传事迹(有《楞伽师资记》)。达磨禅法与《楞伽经》的关系,实在毫无疑问。

　　四卷《楞伽》的译者求那跋陀罗,是中天竺人,元嘉十二年

（四三五）从南海到达我国的广州。死于宋明帝泰始四年（四六八），年七十五，可推见他生于三九四年。求那跋陀罗三藏，译出了《胜鬘经》《楞伽经》《相续解脱经》《法鼓经》《央掘魔罗经》，为一典型的真常（唯心）大乘论者。传禅的达磨禅师，禅宗后起的传记，是不尽可信的。依早期的传说，如《洛阳伽蓝记》《续高僧传》所载，他年约一百五六十岁。"达磨灭化洛滨"，在天平年（五三四——）以前，可见达磨约生于西元三七〇年顷。《僧传》说：达磨"初达宋境南越，末又北度至魏"。南天竺的达磨，也是从海道来的，也还是刘宋的时代。从年龄来说（达磨略长），从来中国的路线说，来中国的时代说，求那跋陀罗与达磨是大致相同的。达磨的传授禅法，特地引用求那跋陀罗译的《楞伽经》，可说就是见地相近的明证了。达磨的北度至魏，虽还没有译出十卷《楞伽》，然传说达磨受到菩提流支门下的不断毒害，而僧可的弘通达磨禅法，"魏境文学多不齿之"。达磨禅与宋译《楞伽》相应，与菩提流支的十卷《楞伽》有着隔碍，这应该是了解达磨禅法的关要。后代禅宗所传的术语，有关于《楞伽经》的，也都用四卷而不取十卷，如：

宋译	魏译
如来禅	如来藏禅
宗通说通	建立正法相说建立正法相
说通自宗通	建立说法相建立如实法相
一切佛语心	诸佛说法教心
先佛所说	过去诸佛所说

二

《楞伽经》被瑜伽唯识学者列为六经之一。当然《楞伽经》到处都有与唯识宗义(与《摄大乘论》更相近)相合的,但根本大义,也许恰恰相反。《楞伽经》总是说"如来藏藏识心",如来藏与阿赖耶——藏识,从相关不离的见地去说明,所以曾被唯识学者评为"楞伽体用未明"。其实,楞伽法门是另有见地的,只是与唯识学不同罢了!主要的,《楞伽经》所说的阿赖耶识,有着真妄和合的意义(与《起信论》多少不同),这在宋译《楞伽经》说得非常明白,如说:"如来藏……为无始虚伪恶习所熏,名为识藏……自性无垢,毕竟清净。"识藏——阿赖耶识,是如来藏与杂染熏习(业相)的统一。阿赖耶识,由于杂染种习,当然现起根尘器界,因境界风动而现起七转识,似乎虚妄杂染,而自性还是本净的。所以,不能解说为:如来藏是性净,阿赖耶识是妄染,因为阿赖耶就是真净的。

阿赖耶识的真净,在《楞伽经》的心意意识章中,说到藏识与转识不一不异时说:"非(阿赖耶)自真相识灭,但业相灭;若自真相灭者,藏识则灭。"唐译与宋译同。宋译又有"覆彼真识"、"藏识真相"二句。魏译与唐译,都但是阿赖耶识。这可见,梵语的阿赖耶识,求那跋陀罗——宋译是解说为:覆彼真相之识,藏彼真相之识的。换言之,由于无始来的虚伪恶习所熏,隐覆真净,如来藏也就名为阿赖耶识了。所以阿赖耶识有二义:自真相,业相。不灭的自真相,就是如来藏,所以《密严经》有"我说如来藏,以为阿赖耶"的颂说。此外,宋译《楞伽》又有"合业生相,深入计著"二句,魏译作"业体相使缚故"。梵本的《楞伽经》就作"业与真相"。这可见,经义是说,业相染著真相,随逐而转,可为阿赖耶识有二分的确证。

阿赖耶,译为藏。宋译一再译为"覆彼真识"、"藏识真相",可见着重在覆藏,藏隐,也就摄得真相。从这点去看,如宋译说:"略说有三种识,广说有八相。"三识是:真识,现识,分别事识;而魏译与唐译,都没有说到真识。又如宋译说(唐译同):"藏识海常住,境界风所动",魏译就没有常住的意义。玄奘所译(见《成唯识论》),也只是"恒转"的意思。宋译对于阿赖耶识,特地点出"真识"、"常住",也就是宋译《楞伽》的着力处。宋译卷四说:"此如来藏识藏,一切声闻缘觉心想所见,虽自性净,犹见不净,非诸如来。"这应该联想到:求那跋陀罗所译的《胜鬘经》所说"自性清净心,为客尘所染"一段。自性清净心(如来藏)为客尘所染,从在缠而本性清净说,名为如来藏;从自性清净而现为不净来说,就是识藏。《楞伽经》处处说"如来藏藏识心",理由就在于此。

这样看来,《楞伽》的如来藏藏识说与瑜伽唯识学,不能不说是距离很远的。

三

楞伽法门,一般看作唯心的法门。《楞伽经》到处宣说唯心所现。阿赖耶识的显现一切,"如明镜持诸色像","水流处藏识转识浪生"。但佛说唯心所现,不像一般唯心论者,将全部精力去说明怎样的唯心所现。唯心论者,不但是玄奘的唯识系,就是菩提流支的地论系、真谛的摄论系、属于无著世亲的瑜伽学者，都不免着重于建立，而且特重于"依心立境"、"境无心有"的立场。所说的心，又正是虚妄分别的心识。这与《楞伽经》，尤其是宋译《楞伽》，是不相应的。这不是说，《楞伽经》不说唯心所现，没有安立心境，而是说意趣的、重心的不同。着重于唯心所现的安立，是外向的；到极端，徒重于事理的说明精严，而忽略佛说唯心的意趣所在。而《楞伽经》，意趣是内向的；唯心所现，为观察的方便，而着重于导入超越唯心的自觉自证。所以唯心所现，不是法门的宗极。说得最明显的，如说："采集业说心，开悟诸凡夫。""若说真实者，心即无真实。""言说别施行，真实离名字；分别应初业，修行示真实。真实自悟处，觉想所觉离，此为佛子说。愚者广分别，种种皆如幻，虽现无真实。"这可知，大乘法门的唯心所现，还是为愚夫的方便安立，而佛法的第一义、究竟，是自证的真实，是离心意意识的自觉圣智。

　　唯心所现不是究竟的真实，宋译是明确的宣示，而魏与唐译每不同。如宋译说："如实处见一切法者，谓超自心现量。"魏译作："云何住如实见？谓入自心见诸法故。"唐译作："见一切法如实处者，谓能了达唯心所现。"然从上引文而论，宋译是更妥当的。因此，宋译每有唯心非实的教说，而魏译却不同。如宋译说："受想悉寂灭，亦无有心量"（唯心的异译）；魏译作："无想定灭尽，亦皆心中无。"宋译说："超度诸心量，如来智清净"；魏译作："能入是唯心，智慧无垢相。"《楞伽》说唯心，而着重于超越唯心，宋译是特重于此，这应是达磨禅的重视宋译《楞伽》的理由吧！

这一浅深的差别,又见于报佛及法佛的不同,如说:"法依佛(即报佛)说:一切法入自相共相,自心现,习气因……。法佛者,离心自性相,自觉圣所缘境界建立施作。"这是说:唯心所现,种种如幻,还是报佛的说法,而不是法佛。又见于宗通及说通,如说:"说通者,谓随众生心之所应,为说种种众具契经,是名说通。自宗通者,谓修行者,离自心现种种妄想,谓不堕一异俱不俱品,超度一切心意意识……说者授童蒙,宗为修行者。"从佛法的一贯性说,这是由浅而深的次第;约修行来说,也就是从观察义禅,攀缘如禅,到如来禅的自觉圣智境界。但在别对初学与久行,童蒙与修行者来说,自不妨有直示如来禅的教授。禅观的次第,略列如下:

观察义禅——观唯心所现(似义显现),法无我性
攀缘如禅——观真如,离我法妄想,空无我性的影像还在
如　来　禅——离空无我相,现证如实(甚深空空义,愚夫不
　　　　　　　能了。……自觉圣智子,实际我所说)

四

唯心所现的心,梵语质多,就是平常所说的"集起心"。集起心与意及意识,在自觉现证中,是超越泯绝了的。所以佛说唯心所现,要人觉了一切为唯心所现的,不取著于唯心所现,境空心寂而契入于寂静(宋译作"无受","无所有")的如实。所以《解深密经》以不见阿陀那、不见心,为心意识秘密善巧。而《楞伽经》常说"离心意意识"。此外,《楞伽经》更提到:"大乘诸度门,诸佛心第一。""此是过去未来现在诸如来应供等正觉性自

性第一义心。""成真实相，一切佛语心。""成自性如来藏心。"此心，梵语纥伐耶——旧译作肝栗大。这是"如树木心，非念虑心"。这如树木的中心，最坚实的，与一般所说的"核心"、"心髓"一样。如来藏心、自性清净心，都是这样的真实心，是不可从思虑分别，或集起心的意义去理解的。这是如、法性、实际、法无我性等异名。由于唯心论的方便安立，摄一切法为集起心——阿赖耶识所幻现，从此去体悟法性的本净，所以说为心性本净。这就是藏识的自真相，或者名真识（识的真实分）。但此真实心，不可作分别觉解想的，也不是唯心所现的心。如以平常的心为主，分作真心、妄心去理解，真实心才被看作灵觉的，或者要从见闻觉知中去体认了！

五

《楞伽经》与达磨禅的关系，一般都着重于《楞伽经》的：着重离名离想，离妄想自性，虽安立百八句，而宗归于"悉檀（宗）离言说"。这些，当然是以说明《楞伽》与达磨禅的关系，但上文所引述的，更可以看出二者间的关系。

达磨禅的古典记载，要推《二入四行论》。二入中的理入，是从禅思去证入真理。如说："藉教悟宗，深信含生同一真性，客尘障故，令舍妄归真。凝住壁观，无自无他，凡圣等一，坚住不移，不随他教，与道冥符，寂然无为，名理入也。"此理，又说为"性净之理"。从藉教悟宗，到舍妄归真，是从闻思（不一定研究经教，从师长开示而解了，也是闻思）去悟解佛法的宗要。然后凝住壁观，从禅观去体证本净的真性。这与一切大乘禅观的不离言教,并无差别。藉教悟宗,最足以说明达磨禅着重宗通的修证,而又以《楞伽经》授慧可的传说。由于达磨禅——宗,离言离想,这才修改"不随他教"为"更不随于言教"(见《楞伽师资记》),然后演化为不立文字的禅风。不知道"不随他教",只是大乘经中"不由他(教而)悟"、"悟不由他"、自觉自证的意思,并不是说:离却语言文字去修行。

　　达磨传禅,以《楞伽经》授慧可。所说的藉教悟宗,只是"含生同一真性","性净之理",并不以唯心为悟处。这惟有从宋译《楞伽》的特重藏识真相,真识,超越心量(如经说:"觉知自心现量,不著外性,离于四句,见如实处"),真实,实际;以及"修行示真实"、"宗为修行者"的法门,才能看出两者的一致。后代禅者,多说"明心见性"、"自心是佛"、"即心是佛"、"即心即佛"、"自己心灵体离断常"、"百千法门,同归方寸",显然的对于"心"大大的着重起来。禅宗所说的心,并不等于集起心,但如宗密所说:达磨是说心(见《禅源都诠序》),就不免强调了! 反而,达磨门下,慧可的再传满禅师就常常说:"诸佛说心,令知心相是虚妄法,今乃重加心相,深违佛意。"这正是《楞伽经》"若说真实者,心即无真实"、"采集业说心(唐译作"言心起众相"),为化诸愚夫"的注解。达磨禅以大乘唯心的《楞伽经》为证,而但说"真性"、"性净",意在超越唯心,离心意意识,也即是自性清净的如来藏,无自无他,凡圣等一的真性。宋译《楞伽》的译主求那跋陀罗,是特别着重本性清净的如来藏;在所译的《楞伽经》中,更着重流露这点,这难怪达磨的传授宋译《楞伽》了!

六

《楞伽经》说:"非幻(是)惑(乱)因,不起过故。""不应立宗分,谓一切法不生;如是一切法空;如是一切法无自性,不应立宗。然菩萨摩诃萨说一切如幻梦。"立宗,是建立一切法的宗本。《楞伽经》立如幻宗,也就是依缘起法如幻立宗。如幻的一切法,离有非有,离觉所觉;离断常,离一异,就是幻性的真实,不是离幻而别说真性的。这与"非幻不灭"的真常宗不同。于如幻性离有无而体见真常——生死即涅槃,烦恼即菩提,众生即佛——的体悟,便是达磨禅。如《高僧传》说:向居士问僧可,从幻化非真作问,僧可印证他,答复为:"本迷摩尼谓瓦砾,豁然自觉是真珠,无明智慧等无异,当知万法即皆如。"虽然,以空为遍计所执性空,《楞伽经》的如来藏禅与缘起即空的般若宗小异;但着重离名离想的自证真性,超脱名相,在大乘三系中,实在比较与三论一系相近。这所以,僧可见栖霞山慧布(止观诠弟子),赞为:"破我除见,莫过此也!"等到禅流南土,从"三论之匠"茅山炅法师受学的牛头法融,后世就看作达磨禅的一流。从璧法师"听四经三论"的衡岳善伏,就从道信受禅了。而从安州皛法师:听大品三论的法冲,也就专依"南天竺一乘宗"来讲说《楞伽》。他说:"达磨禅师传(《楞伽经》)之南北,忘言忘念无得正观为宗。"无得正观四字,宛然三论学者口吻。而法冲的讲《楞伽》:"前后敷弘,将二百遍,须便为引,曾未涉文,而通变随缘,寄势陶诱,得意如一,随言便异。"与兴皇朗的"适化无方,陶诱非一",讲《中论》作三十余种势,有什么不同? 达磨禅本为体幻即真的禅风,在初期的开展中,与三论宗相融合,道宣指达磨禅为:"审具慕则,遣荡之志存焉。观其立言,罪福之宗两舍",这简直就把它看作空宗了!然而,如来藏禅,由观唯心所现而悟入;如来藏藏识的密切,到底使后代的禅风更倾向于唯心的立场,而成为绝对唯心论的禅者。

（录自《净土与禅》,165—179 页,本版 110—119 页。）

七　东山法门的念佛禅

一　东山法门的兴起

达摩(磨)所传的禅,到初唐而忽然隆盛起来。被尊为四祖的道信,住蕲州(今湖北)黄梅县的破头山(约西元六二○——六五一),会下有五百多人。到了弟子弘忍,也就是五祖,在破头山东(所以也称东山)的冯茂山继续弘扬(六五二——六七四),学众多到七百多人,成为当时中国的禅学中心。杜胐的《传法宝纪》(七一三——作)形容当时的盛况为:

> "既受付嘱,令望所归。裾褛凑门,日增其倍。十余年间,道俗受学者,天下十八九。自东夏禅匠传化,乃莫之过。"

达摩的禅门,到这时才成为中国禅学的主流。再经六祖慧能门下——荷泽、南岳、青原门下的阐扬,进一步而成为中国佛法的主流。在中国禅宗的发展中,被称为"东山法门"的五祖弘忍,是有重要贡献的!五祖并没有著作,现有敦煌出土的《导凡圣悟解脱宗修心要论》，署名"蕲州忍和上"，这也只是弟子们传述而撰集下来的。代表五祖禅的《修心要论》，主要为：

> "夫言修道之体，自识当身本来清净，不生不灭，无有分别，自性圆满，清净之心：此是本师，乃胜念十方诸佛。"
> "故知法要，守心第一。此守心者，乃是菩萨之根本，入道之要门，十二部经之宗，三世诸佛之祖。"

《修心要论》，大致代表了五祖的禅。然"东山法门"的面目，最好从五祖门人，分化一方的诸大弟子所表见的禅风去理解。虽然五祖门下，悟入有浅深的不同，应机设化的方便也不必相同，但同承五祖的"东山法门"，在差别中应有共同的部分。从五祖门下的共同部分来理解"东山法门"当时的情况，应该是更正确的。

五祖门人，有十大弟子，如《楞伽师资记》（七二〇顷）、《历代法宝记》（七七四——）、圭峰《圆觉经大疏钞》（八二三）卷三之下，都说到"一方人物"的十弟子。现在还多少可以考见的，有曹溪慧能、荆州神秀，这代表了"南宗"、"北宗"二大系。此外在四川的，还有资州智诜门下的"净众宗"、"宣什宗"。五祖门下，遍布于中国的东西南北，代表中唐时期的禅门。

二　文殊般若与一行三昧

《楞伽师资记》说：

> "则天大圣皇后，问神秀禅师曰：所传之法，谁家宗旨？

答曰:禀蕲州东山法门。问:依何典诰? 答曰:依文殊说般若经,一行三昧。"

近代学者对于禅宗史的研究,重视《楞伽经》与《金刚经》,甚至有人以《楞伽》及《金刚》来区分禅的今古。这是以为:五祖以前,是楞伽禅系;到六祖,才以《金刚般若波罗蜜》教人,成为般若禅系。其实,五祖与六祖,五祖与其他门人间,能统一而理解其真意义的,应该是《文殊说般若经》的"一行三昧"。《文殊说般若经》现有三译:一、梁扶南三藏曼陀罗仙所译,名《文殊师利所说摩诃般若波罗蜜经》,分为二卷。二、梁扶南三藏僧伽婆罗所译,名《文殊师利所说般若波罗蜜经》,一卷。三、唐玄奘三藏所译,编入《摩诃般若波罗蜜多经》第七会,名"曼殊师利分",二卷。在这三译中,惟有曼陀罗仙的译本,有"一行三昧"一段,如说:

"如般若波罗蜜所说行,能速得阿耨多罗三藐三菩提。复有一行三昧,若善男子善女人修是三昧者,亦速得阿耨多罗三藐三菩提。"

"佛言:法界一相,系缘法界,是名一行三昧。"

"欲入一行三昧者,当先闻般若波罗蜜,如说修学,然后能入一行三昧:如法界缘,不退不坏不思议,无碍无相。"

"欲入一行三昧,应处空闲,舍诸乱意。不取相貌,系心一佛,专称名字。随佛方所,端身正向。能于一佛念念相续,即是念中能见过去未来现在诸佛。何以故? 念一佛功德无量无边,亦与无量诸佛功德无二。不思议佛法功德,等

> 无分别,皆乘一如成最正觉,悉具无量功德,无量辩才。如
> 是入一行三昧者,尽知恒沙诸佛法界无差别相。"

"一行三昧",是般若与念佛的合一。修"一行三昧"的,先要"闻般若波罗蜜,如说修学"。在般若修学中,更修"一行三昧",这是速疾成佛的法门。"一行三昧",是"系缘法界"的,即缘一法界的无分别相而修。这与一般的般若观照法界,有什么不同呢?"一行三昧"是以念佛为方便的。"一行三昧"的念佛,"不取相貌",这是不观佛的相好,而是"专称名字"的。一心称念佛名,如能"于一佛念念相续",就能见三世一切佛。"恒沙诸佛法界无差别",一切佛都是"乘一如,成最正觉"的。所以这是"系缘法界"——"一如"而称名,也就是从持名念佛,而直入实相念佛的。这样念佛的"一行三昧"与般若相应,是速疾成佛的法门。

梁真谛三藏,也是经扶南国而来的,比曼陀罗仙们要迟三十多年。在传说为真谛所译的《大乘起信论》,也说到"一行三昧":

> "依是三昧故,则知法界一相,谓一切诸佛法身,与众
> 生身平等无二,即名一行三昧。"

《起信论》在说明修习奢摩他(止)时,说到"一行三昧"。基于法界一相,而显示"佛身"、"众生身"的平等不二,这一念佛而契入法界性的法门,正如《维摩诘经》所说:"观身实相,观佛亦然。"《阿閦佛国经》所说:"如仁者上向见空,观阿閦佛,及诸弟子,并诸佛刹,当如是。"以法界无差别为观,而契入生佛一

如、身土一如。"一行三昧"的特性,与此相合,而是以称名念佛与观法界性为修的。神秀所传"东山法门",宗于《文殊般若》的"一行三昧",应重视这一特性——念佛,法性平等的合修。这一特性,《传法宝纪》也明白说到:

> "忍、如、大通之世,则法门大启,根机不择,齐速念佛名,令净心。"

忍,是五祖弘忍。如,是五祖的弟子,潞州法如。大通,是神秀。《传法宝纪》说:五祖及法如与神秀,开启的禅门,是这样教导的。"念佛名","净心":这二者,就是教授修持的方便,正是《文殊所说般若经》中"一行三昧"的修持方便。现在专从这两点怎样的统一修持,来观察五祖门下分头弘化的禅门。

三　北宗的念佛、净心

先说北宗。在形式上,这是更近似"东山法门"的学派。一般以神秀为北宗。其实,神秀为北宗的代表人物,而北宗实为五祖门下,以嵩山为中心,而弘化于当时的政治中心——东(洛阳)西(长安)二京的禅系。神会秉承韶州慧能的禅风,以"南宗"为号召,黄河流域的五祖门下,也就被称为"北宗"了。这是五祖的大弟子们,神秀只是杰出的一位而已。从历史上看来,这一系中,以垂拱二年(六八六,五祖去世已十年了)法如在嵩山开法为始。法如于永昌元年(六八九)就去世了,所以不大著名。接着,神秀在荆州玉泉寺弘开禅法,门下盛极一时。久视元年(七〇〇),受则天帝的礼请进京,被推为"两京法主,三帝(则天、中宗、睿宗)国师",受到了无比的崇敬。神秀弘禅的时代,为六九〇——七〇六年。五祖的又一位弟子安州玄赜,也在景龙二年(七〇八)奉敕入西京,在东都广开禅法,约七二〇顷去世。在这一时期中,还有五祖弟子嵩山老安、隋州玄约、资州智诜,都被征召入京,在两京一带弘化。则天帝曾征请了八位禅师,大都是五祖门下。神秀的弟子中,义福、普寂。尤其是普寂,他奉则天的制命,代统本师神秀的法众,一直在京师弘化,一共三十多年,到开元二十七年(七三九)才去世,在当时的禅师中,享到了神秀那样的尊崇。普寂曾推神秀为六祖,自己为第七祖。这五十年,可说是北宗独占了北方禅门的时代。

北宗的禅风,过去只是从《坛经》的"时时勤拂拭"及圭峰的《圆觉经大疏钞》略知一二。近代由于敦煌写本,代表北宗的作品的发现,而逐渐明了出来。代表北宗的作品,有关史传的《传法宝纪》、《楞伽师资记》而外,重要的有《大乘北宗论》、《大乘无生方便门》、《大乘五方便》(《宗教研究》新十四卷二号)、《无题》(大英博物馆 S 二五〇三)、《无题附赞禅门诗》。《大乘无生方便门》、《大乘五方便》、《无题》、《无题附赞禅门诗》实为同一内容,只是传本不同——次第、详略,具阙的不同而已,为北宗当时传授禅法的一种记录。

代表这一禅门的,是"五方便":一、总彰佛体——离念门,依《起信论》。二、开智慧门——不动门,依《法华经》(也通释《金刚经》、《维摩诘经》、《华严经》)。三、显不思议门,依《维摩诘经》。四、诸法正性门,依《思益经》。五、无碍解脱——了无异门，依《华严经》。《坛经》中说：

> "又见有人教人坐，看心看净，不动不起，从此置功。"
>
> "此法门中坐禅，元不看心，亦不看净，亦不言（不）动。"

《坛经》所指责的，正是五方便中的前二门。看心看净，是离念门；不动不起，是不动门。这是北宗传授修持的法门；其余三门，只是以此解通大乘经义。所以圭峰称之为"拂尘看净，方便通经"。"不动门"，虽参合了《涅槃经》的闻不闻四句，而实则与《楞严经》有关。如说：

> "和尚打木问言：闻声不？（弟子答）：闻。不动。"
>
> "于耳根边证得闻慧，知六根本来不动。有声无声落谢常闻，常顺不动修行。以得此方便正定，即得圆寂，是大涅槃。"

这是根性常在不动的说明。和尚击木发声，问大家"闻声否"，与《楞严经》的击钟验常一样。从根（闻等）性不动用功，开智慧门，入佛知见。这部分搁下不谈。

北宗的传授，主要为总彰佛体——离念门。传授的前方便，是发愿、忏悔、受戒等。正授的方便，是这样：

> "次各令结跏趺坐。
>
> 问（原作"同"）：佛子！心湛然不动，是没（什么）？言：净。佛子！诸佛如来有入道大方便，一念净心，顿超佛地。

　　和尚击木,一时念佛。

　　和(尚)言:一切相总不得取相,所以《金刚经》云:凡所有相,皆是虚妄。看心若净,名净心地。莫卷缩身心! 舒展身心,放旷远看,平等尽虚空看!

　　和(尚)问言:见何物? (佛)子云:一物不见。

　　和(尚)言:看净,细细看。即用净心眼,无边无涯际远看,(原有"和言问"三字,应是衍文)无障碍看!

　　和(尚)问:见何物? 答:一物不见。

　　和(尚)言:向前远看,向后远看,四维上下一时平等看,尽虚空看。长用净心眼看,莫间断,亦不限多少看。使得者然(疑是"能"字)身心调,用无障碍。

　　和(尚)言:三点是何? (佛)子云:是佛(∴,见《涅槃经》,读为伊,代表佛大般涅槃。古人,现代的日本人,"佛"字每写作"仏",就从此意义而来)。"

　　"是没是佛? 佛心清净,离有离无,身心不起,常守真心。是没是真如? 心不起心真如,色不起色真如。心真如故心解脱,色真如色解脱。心色俱离,即无一物是大菩提树。

　　佛是西国梵音,此地往翻名为觉。所言觉义,谓心体离念。离念相者,等虚空界,无所不遍,法界一相,即是如来平等法身。于此法身,说名本觉。觉心初起,心无初相,远离微细念,了见心性性常(性常,疑是"常住"之误),名究竟觉。"

上来所引的,是《大乘无生方便门》文。这是当时传授禅法的实录。"和"是和尚,禅法的传授者。"子"是佛子,指来会受禅的大众。传授,采问答式:一面说,一面用功,一面问,一面答。在大家结跏趺坐后,和尚先标举主题:"心湛然不动"是什么?自己说:是"净"。这一"净"字,是北宗坐禅的要诀。所以接着说:"如来有入道大方便,一念净心,顿超佛地。"原则地说,北宗是直示"净心",顿成佛道的。"净",只是"净心"。主题宣示已了,和尚把"法木"(如惊堂木一样。现在讲经、传戒,也还用木)一拍,大家一起念佛。念什么佛?怎样念佛,虽不大明了,而北宗的禅法方便,的确是先念佛的。

来参加传授禅法的大会,只是为了成佛。念佛虽只是口里称名,却是引心向佛。进一步,要坐禅了。佛是"觉",是"心体离念",也就是"湛然不动"的"净心"。所以要大家从"净心"下手用功。据北宗原意,不是要你执著一个"净心",所以先引《金刚经》句,一切相都不得取。一切相不取不著,就是净心了。"看",就是"观",用"净心眼看",上下,前后,四方,尽虚空看。依北宗的见解,我们的身心,是卷缩的,就是局限在小圈子里,所以用尽一切处看的方便,从身心透出,直观无边无际,无障无碍。如《无题》(大英博物馆 S 二五〇三)说:

> "问:是没是净心体? 答:觉性是净心体。比来不觉故心使我,今日觉悟故觉使心。所以使伊边看,向前向后,上下十方,静闹明暗,行住坐卧,俱看。故知觉即是主,心是使。所以学此使心方便,透看十方界,乃至无染,即是菩提路。"

坐了一回，也就是看了一回，和尚就问：见个什么？坐者说："一物不见"，就是"无一物"。一再问答，"一物不见"。尽虚空观而没有什么可得的，这就是系缘法界一相。然后和尚又问：∴是什么？是佛。一转而直示净心即佛，所以说"佛心清净，离有离无"。看心看净，只是"离念门"，"无一物"是"大菩提树"（依此开花成果）。对于"佛"的开示，直引《大乘起信论》的"觉义"。觉是"心体离念"，"离念相……即是如来平等法身"。所以北宗是以"净"——无一物可得为方便；以"离念"成就"净心"，顿成佛道的。

这是传授方式。学者在平时，当然不用问答，只是念一回佛，然后摄心看净。初学到尽虚空看，也还是有次第（很像修四无量观，由小而大，由近而远）方便。到成就，就是证入。《楞伽师资记》传五祖弘忍说：

"尔坐时，平面端身正坐。宽放身心，尽虚空际远看一字（可能是佛字），自有次第。"

"若初心人攀缘多，且向心中看一字。"

"证后坐时，状若旷野泽中，迥处独一高山，山上露地坐。四顾远看，无有边畔。坐时，满世界，宽放身心，住佛境界。清净法身无有边畔，亦复如是。"

《文殊般若经》的"一行三昧"，专念佛名，系缘法界一相，能悟入众生与佛的法界无差别性。"一行三昧"的修持方便，是否与北宗一样，当然还待研究。然在形式上，"东山法门"以般若的"一行三昧"为宗，疾成佛道；北宗的修法，也可说最近似了！

四　净众与宣什宗

五祖门下分化于现今四川省方面的，不在少数。现今所能知道的，有"净众"（或作净泉）、"保唐"、"宣什"——三派。保唐宗是不念佛的。这一派，形式上继承五祖弟子，而实受到南宗——曹溪禅的影响。净众与宣什，都没有详备的记录可考，现就可知的略为叙述。

"净众"，继承五祖弟子资州智诜的法脉。智诜也曾应则天的礼请，回到资州（今四川资中县北）德纯寺，长安二年（七〇二）就去世了。弟子处寂（俗姓唐，人称唐和上）继承弘阐，开元二十年（七三二）去世。继承人为无相（俗姓金，新罗人，人称金和上），移住成都的净众寺，成"净众"一派。智诜与处寂的传禅方便，无可稽考。无相——净众的开法情形（称为"开缘"），如《历代法宝记》说：

> "金和上每年十二月、正月，与四众百千万人受缘。严饰道场，处高座说法。"

> "先教引声念佛，尽一气念绝，声停，念讫云：无忆、无念、莫妄。无忆是戒，无念是定，莫妄是慧。此三句语，即是总持门。"

净众宗的"开缘"，据《圆觉经大疏钞》卷三知道与当时的开戒一样。这是集合大众而进行传授与短期的学习，所以"十二月正月"，不是两次，而是从十二月到正月。大众集合后，先要修方等忏法,一七或二七,然后正授禅法。授时,先教大家引声念佛,也就是尽一口气而念。大概念了多少口气,声音停下来,开示禅法,总不离"无忆无念莫妄"三句。开示传授完了,接着就坐禅,如《圆觉经大疏钞》卷三之下说:

> "授法了,便令言下息念坐禅。至于远方来者,或尼众俗人之类,久住不得,亦须一七二七坐禅,然后随缘分散。"

"净众"的禅法,先引声念佛,然后息念坐禅。而禅的内容,不外乎"无忆无念莫妄"。从《文殊般若经》的"一行三昧"去看,这不外念佛,及以无忆无念莫妄的禅,而导入法界一相的境地。无相——金和上的禅法,无忆无念莫妄,是别有传承的,如《历代法宝记》说:

> "我此三句语,是达磨祖师本传教法,不言是诜和上,唐和上说。"

> "我达磨祖师所传,此三句语是总持门。念不起是戒门,念不起是定门,念不起是慧门;无念即是戒定慧具足。"

金和上不认这三句为从智诜、处寂传来,而说是达磨传来。我以为:这是受到了曹溪禅的影响。如《坛经》说:

> "悟此法者,即是无忆、无念,莫起诳妄。"

"无忆、无念、莫起诳妄",不就是"无忆、无念、莫妄"吗?金和上以无念为戒定慧具足,就是戒定慧等学。金和上弘禅的时代,与神会北上弘扬南宗的时代相当。在有关神会的作品中,没有"无忆、无念、莫妄"的开示。那时,手写秘本的《坛经》,金和上一定见到了,这才以达磨传来,与智诜、处寂不同,而以三句教人。

五祖门下的"宣什"宗,如《圆觉经大疏钞》卷三之下说:

> "即南山念佛门禅宗也。其先亦五祖下分出,法名宣什。果州未和上,阆州蕴玉,相如县尼一乘皆弘之。余不的知禀承师资昭穆。"

"法名宣什"的意义不明,或是宗派的名称。宗派,或从地方得名,如"洪州宗"、"牛头宗";或从寺院得名,如"荷泽宗"、"净众宗"、"保唐宗"。"宣什",大致不出这二类。但在宗密时代,这一派的传承法系已不能明确说明,只知道"从五祖下分出"而已。弘传这一宗的,有果州(今四川苍溪县)、阆州(今四川阆中县)、相如县。宗密在《中华传心地禅门师资承袭图》中也说到"果阆宣什"。这是弘化于四川嘉陵江上流的禅门。从他的传授仪式与"净众"大同而论,这多少受有"净众"或当时传戒的影响。

"宣什宗"的传授禅法,也如《圆觉经大疏钞》卷三之下说:

> "初集众,礼忏等仪式,如金和上门下。"

> "欲授法时,以传香为师资之信。"

> "正授法时,先说法门道理,修行意趣。然后令一字念佛:初引声由(?)念,后渐渐没(低?)声,微声,乃至无声。送佛至意,意念犹粗,又送至心。念念存想,有佛恒在心中。乃至无想,尽(?)得道。"

　　"宣什"的传授与"净众"一样,也是集众传授,而作短期的
修习。在仪式中,"传香"是这一宗的特色。传授时,先开示法
门道理,然后教授禅法。以念佛为方便:先念"一字"佛,就是只
念一个佛字。在上面"北宗"中,也曾说"看一字"。在摄心入定
的修习中,简单比复杂有效。五祖门下的念佛,大致是只念一
"佛"字的。《圆觉经疏钞》原文有些错字,但意义还可以了解。
传授即修持的方法是:先引(长)声念;渐渐地低声念;再渐渐地
微声念,声音轻到只有自己听到;再不用声音念,就是意想念佛
(一"佛"字)。意想念还是粗的,更微细是心念。心,应指肉团
心(通俗是以此为精神根源处的)。念念存想有佛在心里。这
还是有想念的,更微细到想念不起,心佛不二,佛恒住心中,那就
是得道开悟了。念佛与禅,"宣什"是真的统一起来。这一修
法,是可用以摄心入定的。在大小乘中,也有类似的修法。但只
是这样,以为是得道了,有些人是不会同意的。

五　曹溪的南宗

　　五祖门下,最特出而予未来佛教以重大影响的,是曹溪慧
能,也就是六祖。六祖所传,也还是"东山法门"(《宋高僧传·
慧能传》)。代表曹溪禅的,是《坛经》。虽然近代学者异说纷
纭,而足以代表曹溪禅风的,还只是《坛经》;《坛经》只是为后人
添附一些而已(《坛经》问题,别论)。

　　《坛经》的主题,是说"摩诃般若波罗蜜"。《文殊说般若
经》,曼陀罗仙所译的,正名《文殊所说摩诃般若波罗蜜经》。经

说修"一行三昧"，"当先闻般若波罗蜜，如说修学"。如从这一点看，六祖说"摩诃般若波罗蜜"，在五祖门下并非创新，而是学有禀承的。上面说到，五祖门下传禅，一般是"念佛名"、"令净心"（不但北宗如此）。而《坛经》主体——大梵寺施法部分，也是传禅的记录，却是这样说：

> "善知识！ 净心！念摩诃般若波罗蜜法。"

> "总各各至心，与善知识说摩诃般若波罗蜜法。善知识虽念不解，慧能与说，各各听！"

> "迷人口念，智者心行。……莫空口说！不修此行，非我弟子。"

六祖以"净心"（六祖自己"净神"良久，才说话）、"念摩诃般若波罗蜜"教授弟子。念是口念的，六祖以念摩诃般若波罗蜜，代替了念佛。传说四祖道信在吉州城被围困时，就劝大家"但念般若"（《续高僧传·道信传》）。"念般若"，在达摩禅系统中，道信已在提倡了。然念般若，如不解不行，是没有用的。真正的佛弟子，应该由念而解而实行的。上来五祖门下的念佛，并非称念佛名以求往生净土，主要是"佛"这个名词代表了修行目标。念佛是念念在心，深求佛的实义，也就是启悟自己的觉性，自成佛道的。所以五祖门下所念的，是"一字佛"（《文殊说般若经》，作"一佛"）。在《坛经》中，不说佛而直指"般若"，如说：

> "菩提般若之智，世人本自有之。即缘心迷，不能自悟，须求大善知识示道见性。"

"般若"、"菩提",是异名而实同的。依菩提而名为佛,也就是依般若而名为佛;佛与般若,本无差别。但在一般人的心目中,"佛"每解为外在的,十方三世佛,不免向外觅佛,或有求加持、求摄受的他力倾向。六祖禅的特色,是直探根本,将一切——发愿、忏悔、皈依、佛,都直从自身去体见,从自身本有"菩提般若"中去悟得。如说到佛时,就说:

> "三身在自法性,世人尽有,为迷不见,外觅三如来,不见自色身中三身佛。"

> "凡夫不解,从日至日,受三归依戒。若言归佛,佛在何处? 若不见佛,即无所归。"

六祖重于自性佛,自皈依佛,见自法性三身佛。而这就从念摩诃般若波罗蜜,开示本有般若而显示出来。所以,以"念般若"代"念佛",外表上不同,而实际一致。进一步说,比形式的念"一字佛",更得五祖禅的真意呢!

六祖也说到一行三昧,但与一般的见解也不相同。《坛经》说:

> "一行三昧中,于一切时中,行住坐卧,常直心是。净名经云:直心是道场,直心是净土。莫心行谄曲,口说法直。不行直心,非佛弟子。但行直心,于一切法上无有执著,名一行三昧。迷人著法相,执一行三昧,直心坐不动,除妄不起心。"

《坛经》以"直心"为"一行三昧",可说受到《起信论》的影

响。《起信论》说："直心,正念真如法故。"称"真如三昧"为"一
行三昧",也没有说到"念佛"。依《坛经》说："直心"——行住
坐卧,无不是"一行三昧"。这明显地弹斥那"直心坐不动,除妄
不起心"——重于坐禅、重于除妄的禅者。"东山法门"所弘传
的"一行三昧",一般以"念佛名"、"净心"为教。而实现净心成
佛的方便,是坐禅,离念(除妄),形成念佛与净心形式的。六祖
的"一行三昧",与一般不同,但不一定与五祖禅不合。

　　"北宗"、"净众宗"、"宣什宗",依"一行三昧"而念佛,都是
"一字佛",都不是求佛摄受,愿生净土的。六祖以"见自性自
净,自修自作,自性法身,自行佛行,自作自成佛道"为宗;念"般
若"而不念"佛名",当然不会说"往生净土"了。《坛经》有答韦
使君疑问一则——念阿弥陀佛能不能往生西方? 六祖的答说
中,指出"迷人念佛生彼,悟者自净其心"。有几句话说:

　　　"心但无不净,西方去此不远。心起不净之心,念佛往
　　生难到。"

　　　"但行十善,何须更愿往生? 不断十恶之心,何佛即来
　　迎请? 若悟无生顿法,见西方只在刹那。不悟顿教大乘,念
　　佛往生路遥,如何得达!"

　　六祖彻底发挥了自净自作的自力说,对弥陀的悲愿摄受、念
佛往生——他力佛教的特殊意趣,显然是不曾加以理会。从历
史看来,四祖、五祖、六祖,六祖弟子的时代(六二〇——七
七〇),一贯的是从自己身心去自悟自修,自成佛道。六祖对往
生净土的观点,有以为是为了破执。这是主观的解说,忽略了当

时(一二百年)的禅风。禅净合修,这是后人的调和,不是禅宗的原始意义。

这里想说到"保唐宗"的无住禅师(弘禅不久,约七六五——七七四),他批评向外求佛菩萨的人说:

> "大德! 佛在身心,文殊不远。妄念不生,即是见佛,何劳远去! ……说偈:迷子浪波波,巡山礼土坡。文殊只没(这么)在,背佛觅弥陀。"(《历代法宝记》)

在形式上,无住是继承无相——金和上的衣法,而实际是别成"保唐"一派。圭峰《圆觉经大疏钞》(卷三之下),以无住为五祖门下老安(嵩山慧安)的再传弟子,然据无住弟子所作的《历代法宝记》说,并不如此。《历代法宝记》说:

> (无住)"忽遇(老安的弟子)白衣居士陈楚璋……密契相知,默传心法。……三五年间,白衣修行。"
>
> "天宝年间,忽闻范阳到次山,有明和上;东京有神会和上;太原府有自在和上,并是第六祖师弟子,说顿教法。……遂往太原礼拜自在和上。自在和上说:净中无净相,即是真净佛性。和上(指无住)闻法已,心意快然。……(自在)老和上……便与削发披衣。"

无住从老安弟子陈楚璋得法,又从六祖弟子自在和上得法并出家。《历代法宝记》认慧能为六祖,对神会也有良好影响。"保唐"有曹溪禅的特色,如批评"看净"的说:"法无垢净,云何看净? ……看净即是垢。"论禅定说:"起心即是尘劳,动念即是魔缚。只没（这么）闲，不沉不浮，不流不转，活鲅鲅，一切时中总是禅。"这一派，圭峰称之为"教行不拘"，对佛教所有事相——"礼忏，转读，画佛，写经，一切毁之，皆为妄想"。这是不用任何仪式；出家众在一起，也没有任何制度；连日常经济也不去顾问的一派。这是着重理证的，受有曹溪禅的影响，而多少流于极端的学派。对佛教来说，不免引起破坏的副作用。与六祖门下有关，不向外求佛，所以附带地说在这里。

六　东山法门的原意

五祖门下传出的禅法，都是念佛名与坐禅相结合的。在弘传修习中，都成为定形的轨式，次第修习的历程。五祖禅门而流于这种形态，不是没有人感到失望而发出慨叹的。杜朏的《传法宝纪》就说：

"至乎今之学者（对"念佛名令净心"），将为委巷之谈，不知为知，未得为得。念佛净心之方便，混此彼流（？）；真如法身之端倪，曾何仿佛！悲夫！岂悟念性本空，焉有念处（责念佛）！净性已寂，夫何净心（责净心）！念净都亡，自然满照。呜呼！僧可有言曰：四世之后，变成名相，信矣！……今大通门人，法栋无挠，伏膺何远！裹足宜行，勉哉学流，光阴不弃也！"

杜朏是神秀弟子，对"念佛名"与"净心"，确认为五祖弘忍、神秀禅门化导的方便，但当时神秀门下的"念佛"与"净心"形式化而渐失五祖禅的真意义,不免发出了"悲夫"、"呜呼"的慨叹!末了几句,显然是勉励神秀弟子们的。《传法宝纪》的著作,一般论为开元初年(七一三——)作,约为六祖慧能在曹溪入灭前后。这是早在神会北上以前,北宗学者自觉禅风的蜕变,而对北宗的批评。

弘忍、法如、神秀,有"念佛名"、"令净心"的方便,与后来的北宗,应有多少不同的。另一位北宗学者净觉,曾从神秀、老安、玄赜——三大师修学。从景龙二年(七○八)起从玄赜学了十余年,成为玄赜的入门弟子,玄赜曾以衣钵付嘱他。净觉在神龙元年(七○五)——二十二岁,就作了一部《金刚般若理镜》,开元十五年(七二七),作了《注般若波罗蜜多心经》。李知非说他"由般若波罗蜜而得道",是北宗中重视般若的大师。李知非《心经略序》说净觉"三十余年居山学道",又说"比在两京,广开禅法,王公道俗,皈依者无数":这是北宗极盛时代,义福、普寂以外的又一系。他著有《楞伽师资记》,是继承玄赜的《楞伽人法志》而作的,约七二○年顷撰。《楞伽师资记》中,传说了四祖道信对"一行三昧"、"念佛名"、"令净心"的意见。净觉的出家学道,离四祖道信已五十多年,所传的道信禅法,不知根据什么?然距离并不太久。五祖及其门下,都重"一行三昧",而五祖的禅是禀承道信的,所以所传道信的意见,应有部分的真实性。净觉在《楞伽师资记》中,引用道信的《入道安心要方便门》。这部禅法,内容相当丰富,也相当杂,这是有过补充与附加的《入道安心要方便门》发端说:

　　"我此法要,依楞伽经诸佛心第一。又依文殊说般若经,一行三昧,即念佛心是佛,妄念是凡夫。"

这是标宗,提示了禅法的依据与宗要。在达磨禅(旧有的)用以印心的《楞伽经》外,又增《文殊说般若经》。以后五祖门下禅法的开展,都不离这一家法。如神秀"论楞伽经,玄理通快",而对则天却说"依文殊般若经一行三昧"。《楞伽》与《般若》的合一,是始于道信的。原文在标宗后,引《文殊说般若经》"一行三昧"文,然后说:

"夫身心方寸,举足下足,常在道场。施为举动,无非菩提。"

"除三毒心,攀缘心,觉观心;念佛心心相续,忽然澄寂,更无所缘念。大品经云:无所念者,是名念佛。何等名无所念? 即念佛心,名无所念。离心无有别佛,离佛无有别心。念佛即是念心,求心即是求佛。所以者何? 识无形,佛无形,佛无相貌。若也知此道理,即是安心。常忆念佛,攀缘不起,则泯然无相,平等不二。入此位中,忆佛心谢。即不须征。即看此等心,即是如来真实法性之身。……如是等心,要令清净常现在前,一切诸缘不能干乱。何以故? 一切诸事,皆是如来一法身故。"

"略举安心,不可具尽。其中善巧,出自方寸。"

这部分,是《入道安心要方便门》的根本。从念佛而契入"泯然无相,平等不二"的法界一相,就是"一行三昧"。念佛,是佛无相貌(经说"不取相貌")的;念佛而入无所念,即心即佛,为安心的方便。说到"看此等心","如是等心要令清净",也有"看心""看净"的意味。但这是在"忆佛心谢",无所念而显的"净心",这就是法身。"更不须征"(推求),只是照顾自心,净心常现前就得。

"一行三昧"的修证,虽如上所说,但众生的根性不一,所以从"念佛"而契入一法界性,情形也有多少不同,该论又说:

> "云何能得悟解法相,心得明净?"

> "信曰:亦不念佛,亦不捉心,亦不看心,亦不计心,亦不思惟,亦不观行,亦不散乱,直任运,亦不令去,亦不令住,独一清净,究竟处心自明净。"

> "或可谛看心,即得明净,心如明镜。或可一年,心更(便?)明净。或可三五年,心更(便?)明净。"

> "或可因人为说,即悟解。或可永不须说,得解。"

> "为学者取悟不同,有如此差别。今略出根缘不同,为人师者,善须识别。"

不同的安心方便中,有的是"不看心","不看净","不念佛",只是"直任运",心就自然明净。这与六祖的"不看心","不看净","不念佛",有着非常的近似。在七二○年顷,从神秀、老安、玄赜所传,从四祖以来的禅门,有不看心,不看净,不念佛的存在。在岭南的六祖,直提顿教,只是四祖以来,深彻而简易的部分,给予特别的倡导而已。从杜朏与净觉的撰述中,坚定地相信,五祖弘忍所传的禅法,不只是"念佛名","令净心";"看心"、"看净"那一类型的。在这自心是佛的立场,对于一般念佛求往生净土的方便,四祖与六祖所说自然归于一致(其实北宗等都是一样的)，如《入道安心要方便门》说：

> "问：用向西方不?"

> "信曰：若知心本来清净，不生不灭，究竟清净，即是净
> 佛国土，更不须向西方。……为钝根众生，令向西方，不为
> 利根人也。"

《入道安心要方便门》后安立五门，第五门为"守一不移"。
传为五祖所说的《修心要论》就是宣说"守心第一"。这样的"守
心第一"，禅风渐倾向于常坐，发展而成为北宗的"直坐不动"、
"除妄不起"。然而，四祖、五祖所传，是不限于此的。

七 结 说

再想说明两点，作本文的结论。

一、从上来的叙述，可见南宗与北宗的分立，都是渊源于黄
梅，而且是始于道信的。道信以《文殊说般若经》"一行三昧"为
方便，实为此后禅门开展的重要根源。天台学者荆溪湛然（七
一一——七八二）在《止观辅行传宏决》（卷二之一）也说：

> "信禅师元用此(《文殊说般若经》)经以为心要。后人
> 承用，情见不同，致使江表京河，禅宗乖互。"

这一说明，极为精确!《文殊说般若经》的"一行三昧"，智
者在《摩诃止观》明四种三昧，就引用以说明"常坐三昧"。这部
经从梁代译出以来，影响极为广泛。《起信论》引用它，智者引

用它,以"念佛"、"观心"作为即心即佛方便的道信,也引用这部经。道信是达摩禅大发展的重要关键。传说:道信在黄梅双峰以前,曾"留止庐山大林寺,……又经十年"(《续高僧传·道信传》)。大林寺,是智者门人智锴(六一〇年卒)开山的。道信到大林寺,约为智锴晚年。一住十年,对天台的禅法,多少会有影响的。道信在达摩禅的本质上,开展"一行三昧"的安心方便,而禅门大大地兴盛起来。"一行三昧"在四祖、五祖时代,是应机而顿渐浅深不一的。"法受双峰"的慧忠,也还是"论顿也不留朕迹,语渐也返常合道"(《宋高僧传·慧忠传》)。活泼泼的"一行三昧",到了五祖门下,逐渐分流而形成对立。

二、四祖、五祖、六祖,凡自认达摩系的禅,"念佛"、"净心"的方便极为普遍,也有"不念佛"、"不看心"、"不看净"的。然有一共同点,即从自心中自净成佛道。"念佛",浅的是称念佛名(一字佛),深的是离念或无念,就是佛。"念佛"是自力,而不是仰凭佛力以求往生净土的。金陵法持传说为弘忍弟子,有净土的倾向。如《净土往生录》卷中说:

> "法持……依黄梅忍大师得心焉。……持于净土,以系于念,凡九年,俯仰进止,必资观想。"

被称为五祖十大弟子之一的法持,晚年专心于净土的观想,倾向于他力的念佛。从唐代(中唐以上)禅宗的各派来看,这是多少感到奇突的。依《宋高僧传》、《景德传灯录》,说法持为十弟子之一,是五祖对玄赜说的。然检玄赜的弟子净觉依玄赜《楞伽人法志》而作的《楞伽师资记》,所说十弟子中,并没有法持。《历代法宝记》所说黄梅十弟子,也没有法持。虽然迟一些,圭峰已说到金陵法持,但这到底是变化了的传说,不足为据。从当时"一行三昧"的念佛来说,法持是不属于这一法系的。禅宗对念佛的原始见解,一贯是自力的,作为即心即佛之方便的。从"东山法门与念佛"的研究中,得到了这一明确的结论。

（录自《净土与禅》,181—216 页,本版 120—144 页。）

八　禅宗是否真常唯心论

我于《中国佛教之特色》中，说到"达摩传于北魏者，本为真常唯心之禅"。慧吉祥居士不以为然，以为禅宗是实相论，不是唯心论。以为"禅宗所谓之唯心，应为诸法实相心，而非如华严之唯心论"。《潮音》编者将原稿寄给我，要我表示意见，所以略为论列。

"诸法实相心"，到底是何意义？华严家之唯心，是一真法界心，此与诸法实相心、真常唯心，究竟有多大差别？承认禅宗之唯心是诸法实相心，而不承认是真常唯心，似乎不免误会。一分学者——日本人大多如此，分大乘为实相论、唯心论，本与中观与瑜伽、法性与法相之分类相近。然中观与瑜伽，皆空论与（瑜伽）唯识论，在成立染净因果时，不许法性能起、能生；从不将心与性混一，而作万化之本。然大乘有第三系（贤首家称之为法性宗），却不如此。空与心融合，自心清净与法性清净融合，以即心即性、即寂即照之真常心为本，说"性起"、"性生"。此义，华严与禅，并无根本不同，所以圭峰有教禅一致之说。所不同者，教多重于事理之叙说，禅多重于诸法实相心之体证。真常（诸法实相）唯心，决不离法性而说唯心所现也。

禅者确有"心亦不可得";"两个泥牛斗入海,直至于今绝消息"(心境并冥);"一心不生";"无心"等语句。如据此而不许禅宗为唯心论,即是大误会!如《成唯识论》说:"若执唯识是实有者,亦是法执。"《辩中边论》说:"许识有所得,境无所得生;依境无所得,识无所得生。由识有得性,亦成无所得,故知二有得,无得性平等。"佛法中任何唯心论,莫不归结于境空心寂,超越能所对待之自证。故摭拾少许心亦不可得等语句,以为非唯心论,实属不可。又如《楞伽经》说:"离一切诸见,及能所分别,无得亦无生,我说是心量。非有亦非无,有无二俱离;如是心亦离,我说是心量。真如空实际,涅槃及法界,种种意成身,我说是心量。妄想习气缠,种种从心生,众生见为外,我说是心量。外所见非有而心种种现,身资及所住,我说是心量。"心量,即唯心的别译。前三颂,即绝对唯心的体验。后二颂辨唯心所现,与瑜伽唯识学相同。所以禅者离名相、超能所,迥脱根尘之实相心,实为唯心论之一流。

禅者说法,切忌肯定,所以触著即犯,向背俱非。总是问有以无对,问无以有对,出没不定。而实骨子里,不但是真心论,还是真我论。从前神会说:"是诸佛之本源,神会之佛性。""直显心性",神会并没有说错,只是嫌他著相,嫌他是知解宗徒。依此发展下去,当然教禅一致。教禅并非二事,只是流于名相,作道理会,不易鞭辟入里,直趋修证而已。

禅宗得自达摩,达摩以《楞伽》印心。《楞伽经》为唯心论,疑者亦不否认。达摩"可惜此经四世而后,变为名相",并不说禅宗不是楞伽宗义。后来,《楞伽》"不为正系禅宗所依用",决非因为"禅宗之成立,起自实相论系什公传来三论而发达",只是道流南土,多少融摄空宗之方法而已。日子一久,不免数典忘祖而已。

疑者见禅宗之脱落名相,体露真常,以为不是唯心论,举一些文句为证。我不妨也引证几句,证明禅宗为千真万确之唯心论。如六祖说:"汝等诸人,自心是佛,切莫狐疑!""若欲求佛,即心是佛。若欲会道,无心是道。"南岳下马大师说:"各信自心是佛,此心即是佛心。""佛语心为宗,无门为法门。"青原下石头说:"吾之法门,先佛传授,不论禅定解脱,唯达佛之知见,即心即佛。……当知自己心灵,体离断常,性无垢染,湛然圆满。"即心即佛之心,是体离断常,迥绝名相之真常心。凡夫若欲契入,必须从远离分别戏论而入,所以说无心。从此得入,透出妄识牢笼,便是真心即真性之全体呈现,即是契入即心即佛之佛心——佛之知见。此之谓明心见性,如在唯识宗,即是现证唯识(性),或名庵摩罗识也。

禅者是唯心论,而且是真常唯心论,切勿以禅者少分遮诠之语句而疑之!

（录自《无诤之辩》,171—174 页,本版 113—115 页。）

九　三论宗风简说

三论宗,依鸠摩罗什三藏所译的——龙树的《中论》、《十二门论》及提婆的《百论》得名。在西元五世纪初,什公因秦王姚兴的迎请,从姑藏到长安来。当时,南北的优秀法师都慕名来到长安,从什公学习,也协助他翻译。什公的译品中,包括了大乘与小乘,经律论三藏,所以他不是专弘局部的学者,而是一位全体佛教的大通家!但他的教学中心,无疑是般若经论,特别是龙树与提婆的论典。后代的三论宗,可说以什公的译传为根源;但在什公时代,并无三论宗的派别意义,这是不可不知的。

什公去世以后,接着是姚秦的乱亡。什公的弟子们,各各带了新译的经论(三论也在内)分头去弘传。由于各人的爱好不同,什门的教学形成了不同的发展。其中,追随什公十几年,被称为"解空第一"的僧肇,不幸早死了。向东南弘传的,如彭城的僧嵩、寿春的僧导,都着重《成实论》。到江南的僧睿,从重视《法华》而信受涅槃常住的教说。尤其是"中途还南"的道生,独抒机运,而与《涅槃》的佛性说相契合。慧观他们热心于经典的译传,建立起南方的判教说——顿渐二教,渐分五时,也归宗于《法华》、《涅槃》。所以严格说起来,什公的教学中心——《般若》与三论，虽多少讲说，而实际是并没有受到尊重。宋代重顿悟与《涅槃》，齐代渐偏重于《成实论》的弘扬，到梁代，更是成论大乘的黄金时代。《般若》真空，以三论为中心的法门，几乎被遗忘了。

在这样的佛教发展过程中，首先发扬关河（什公时代的）古义而兴起三论宗风的，是齐梁间的辽东僧朗大师。那时，辽东属于高丽，所以也称"高丽朗"。齐建武（西元四九四——四九七）年间，朗大师到江南来，被称为"华严、三论，最所命家"。毕生隐居于摄山（即栖霞山），应机示导，专精止观。梁武帝派了僧诠等十人去向他学习三论，三论也就因僧诠的继承而日渐光大起来。关于朗大师的传承，三论宗的大成者——嘉祥大师说他在北方学得什、肇山门的正义，实际是传承不明。《僧传》说：朗公是摄山法度的弟子；法度是一位专精的净土行者。《中论疏记》说：朗公从昙庆学，昙庆也许是昙度的讹写吧！近人境野黄洋，推论为法度就是成实论师昙度。然从学行来说，朗公的三论大义，难以说是继承法度法师的。日僧凝然的《八宗纲要》说：朗公是继承道生、昙济的法门，那更是想像无稽的传说了。

朗公三论学的师承，虽缺乏明确的文证，但多少可以看出：他是受到南方的启发，而给予深度阐发的。这可先从《三宗论》说起。《三宗论》是齐代周颙所作的。三宗是：不空假名宗、空假名宗、假名空宗。论中，先以不空假名破空假名，次以空假名破不空假名，然后以假名空双破二宗，成立假名空为大乘空义的正宗。周颙《三宗论》的弘传，与高昌智林有关。据《梁僧传·智林传》说："智林申明二谛义有三宗不同。时汝南周颙，又作

《三宗论》,与林意相符。"智林去信,请周颙将《三宗论》公布出来。信中说到:"此(三宗)义旨趣,似非初开,妙音中绝,六十七载。理高常韵,莫有能传。贫道年二十时,便参得此义。……年少见长安耆老,多云:关中高胜,乃旧有此义。……传过江东,略无其人。"考什公门下,被称解空第一的僧肇,有《不真空论》,也就是假名空,为三论空的正义。这可见长安旧有的宗义,绝少人能理解,是江南佛教一向所不知道的。到智林、周颙,才互相倡导而揭示出来。智林有《中论》及《十二门论》的注解,可说是三论宗兴起的先声。智林是广州大亮(《僧传》作多宝寺道亮)的弟子,而大亮说"二谛为教",也是三论宗的特色所在。这样看来,说大亮与智林(还有周颙)对三论宗的兴起给予非常有力的影响,是谁也会同意的了。古代的三论学者有一传说:辽东朗大师到江南来,将三宗义传授了周颙,周颙才作《三宗论》。但这是难以信受的。周颙应卒于齐永明七年(西元四八九)前;智林得了《三宗论》回高昌去,也卒于永明七年。二人的年龄,都比朗公的老师法度还要年长(智林长三十八岁)!朗公到南方来(建武年间),周颙、智林都已去世呢!所以,如解说为:朗公受到大亮、智林、周颙论义的启发,而加以高度的阐扬,应该更合理些。

《中论疏》说:"假名空,原出僧肇《不真空论》。论云:虽无而有……虽有而无。虽有而无,所谓非有;虽无而有,所谓非无。如此则非无物也,物非真物,物非真物故,于何而可物?"肇公以物非真物,故物是假物,假物故即是空。这与不空假名及空假名的确不同。如参照西藏的中观学,那不空假名是不及派,空假名

是太过派,假名空才是中观的正义。但肇公为关河古义,即假为
空,是着重于"初重二谛"——假有为俗,即空为真的。而朗公
(参照广州大亮)立二谛为教,有他对治的意义。成实论师们,
都说有是俗谛,空是真谛,流露了执有空有二理的见解,所以依
《中论》的"诸佛依二谛,为众生说法",立教二谛。二谛都是摄
化众生的方便,说有说空,都只是世俗的假名说,真实是不落于
有空的不二中道。这等于说:二谛为教,中道为理,就是"第二
重二谛"——有空为俗、非有非空为真的立场。也就是有空为
假名,非有非空为中道的"中假义"。因此,关河古义与南土新
声,虽意趣相同,而立说已多少差别了。

僧诠,住摄山的止观寺,也是毕生不下山,而专于教学修持
的。弘扬《华严》、《大品》、三论等。门弟子请讲《涅槃经》,他
一直不允许。末了,只讲了"本有今无"一偈。诠公的弟子中,
有名的是:兴皇法朗、长干智辩、禅众慧勇、栖霞慧布。到了这,
三论宗才向外发展,从山林而走向都市,也可说分为山林与都市
二流。摄山朗与诠公,都是教观总持,宁可说是重于行持的。傅
缚说:"彼(摄山大师)静守幽谷,寂尔无为,凡有训勉,莫匪同
志,从容语默,物无间然。故其意虽深,其言甚约。"道宣曾称赞
诠公说:"摄山僧诠,受业朗公,玄旨所明,唯存中观。自非心会
析理,何能契此清言? 而顿迹幽林,禅味相得。"又说:"诠公命
曰:此法精妙,识者能行,莫使出房,辄有开示。故经云:计我见
者,莫说此经;深乐法者,莫为多说。良以药病有以,不可徒
行。"可见三论学风,原是恬澹笃行,而不是专重讲说的。也就
在这样的学风中,孕育出深厚的力量,而流演为大宗。继承摄山

固有学风的，是慧布，时人称之为"得意布"。他"常乐坐禅，远离嚣扰，誓不讲说，护持为务"。曾游历北方，访禅宗二祖的可禅师，可师赞他为："法师所述，可谓破我除见，莫过此也！"又访（智者的老师）思禅师，日夜论道，思以铁如意拍桌说："万里空矣！无此智者。"他又与邈禅师（与思禅师齐名的，是慧命禅师的师长）相契合，"邈引恭禅师，建立摄山栖霞寺，结净练众，江表所推"！这可见慧布维持摄山家风的一流，与禅宗及天台宗，本来互相契合。

另一流是：在诠公去世以后，兴皇朗等多少倾向于教学的弘传。兴皇朗是诠公门下最得力的大师！他到杨都弘法，一直二十五年，门下"众常千余"，上首弟子称"朗门二十五哲"。仅仅二十多年，使三论宗风遍布大江南北，一直到巴蜀，成为陈代佛教的主流，不能不说是希有的！兴皇禀承了摄山朗、诠的宗义，作《山门玄义》（为嘉祥的《三论玄义》所本），展开破邪显正的工作。嘉祥曾引述说："弹他释非，显山门正意。弹他者，凡弹两人：一弹成论，二斥学三论不得意者。"（其实还评破外道与毗昙，不过重心在两家而已）对于《成实论》的非难，主要是论断为属于小乘，成实的空义，与大乘不同。这对于风行梁代的成论大乘师，是一项有力的难破，成论大乘也就迅速地衰落下来。当时，大心暠法师不满于兴皇门下的评破诸家，著《无净论》。兴皇的在家学者傅縡，因此作《明道论》，以说明不得不如此。朗公的被称为"伏虎朗"，正说明他降伏他宗的威力！

兴皇朗公，不但呵斥有得的大乘，对同门的长干智辩、禅众慧勇，也评破为"中假师"，也就是"学三论而不得意者"。从辽东朗公立"二谛为教",就宣示有空(无)为假名、非有非空为中道的教学。拘滞于文句的,会误解为:非有非空的中道,超拔于有空以外,类似天台家的"但中"。但这决非摄山朗公的本意。嘉祥传述山中师(止观诠)说:"中假师罪重,永不见佛!"可见"中假师"一名,由来已久。大抵智辩他们偏重于中假的差别,所以被讥为中假师。从嘉祥的传述来看,非有非无为体中,而有而无为用中;非有非无为体假,而有而无为用假:消融了中与假的历别的执著。从四重二谛说,这是进入"第三重四谛"——有,无,非有非无为俗;非有,非无,非非有非无为真。探寻三论宗的主意:二谛的关系是即俗而真(即真而俗)的;那即俗而真的,又是泯绝无寄的。如解得这一意趣,佛说有为俗、空为真,已恰到好处了。这是第一重二谛,也可说是根本的二谛。但有些人,不得佛说二谛的意趣,别执真俗二谛,不即又不泯,佛这才又说:说有说空是俗谛,非有非空为真谛(第二重二谛)。但这非有非空,是有空相即而泯绝,不是离却有空,别有什么非有非空的。如著相而不相即——不得意,佛又不得不说第三重二谛:有,空,非有非空为俗;非有,非空,非非有非空为真。如不得意,还是无用的。总之,凡言思所及的(落于相对界)是俗;言忘虑绝的是真。三论宗四重二谛的建立,是通经的,对治当时执见的;也可以依此而说明三论宗学发展的程序。如关河古义是初重二谛(言说边近于天台家的通义);摄山的南土新义,是第二重二谛(言说边近于天台家的别义);兴皇以下的圆中圆假,是第三重二谛(言说边近于天台家的圆义)。但方便立说不同,而三论宗意,始终是一贯的。

兴皇朗的弘阐三论，着重破邪显正，与《中论》"青目释"的意趣相近，即破为显的学风，充分地发挥出来。朗公的讲说《中论》，不像台家的五门玄义等，形成一定方式，而是应机无方的；传说有三十余种势。说明《中论》的八不，有三种方言（可能从摄山传来），而着重于第一方言的洗破一切。《中论疏》说："师云：标此八不，摄一切大小内外有所得人，心之所行，口之所说，皆堕在八事中。今破此八事，即破此一切大小内外有所得人，故明八不。所以然者，一切有所得人……裁起一念，心即具此八种颠倒。今一一历心观此无从，令一切有所得心毕竟清净，故云不生灭，乃至不来不出也。师常多作此意，所以然者，三论未出之前，若毗昙，成实，有所得大乘，及禅律师，行道苦节，如此之人，皆是有所得。生灭断常，障中道正观。既障中道正观，亦障假名因缘无方大用。故一向破洗，令毕竟无遗，即悟实相。既悟实相之体，即解假名因缘无方大用也。"三论宗的但破不立，即破为显（与西藏所传的中观应成派相顺），如以语言说出（"吐之于口为论"），就是中论，开显了不共世间的八不中道。如专在言论上用力，容易落入竞辨是非的窠臼，而受人误解。如应用于自心（"存之于心为观"），就是中观。观破一切有所得人的种种执见，就是观破自心的种种执著。所以，三论的遍破一切，就是"遍呵自心"。《胜鬘经宝窟》说："家师朗和上，每登高座，诲彼门人：言以不住为端，心以无著为主。"可见兴皇虽倾向于论理的辩难、他宗的破斥，被誉为"伏虎朗"，而着重于自心的无得正观，还是继承摄山的一脉。

止观诠门下，得意布维持了摄山的固有家风，而兴皇朗却光大了三论的门庭，被称为传承止观诠的法统。同样的，兴皇门下，由嘉祥吉藏而使三论宗的义学大成；而能延续摄山宗风的，却是茅山明法师。明公大智若愚，在兴皇门下是被称为"痴明"的。兴皇临终时，授以领导学众的重任。明公"即日辞朗，领门人入茅山，终身不出"，宛然是摄山的风格！明公门下，如慧嵩、慧棱、法敏等，都是杰出的人物，尤其是牛头山法融。法融是牛头禅风（他创建禅房）的建树者。不问他是否受过禅宗四祖的化导，总之，牛头山的学众后来与禅宗的关系极深，而被人称为禅宗的一系。兴皇门下，还有智锴，曾从天台智者习禅，所以他是一位关涉于三论、天台两家的。他到庐山，造大林寺，"二十余载足不下山，常修定业"。禅宗四祖道信，在没有住双峰山以前，曾住大林寺十年，这对于智锴的门风，不能说没有影响。达磨禅本是以《楞伽经》印心的，而以后演化为般若，实是道入南方，受到了般若三论的融冶。这可见，兴皇门下而重于禅观的，与天台及禅宗，都能相互契合；也可见三论宗，不仅是教学的弘传。

三论义学的大成者，是嘉祥吉藏大师。七岁时，从兴皇朗出家。朗公卒于陈太建十三年（西元五八一），那时藏公还只三十二岁。他是朗门的少年英俊，而不是承受三论法统的上座。等到"隋灭百越"（西元五八九），藏公住会稽的嘉祥寺，著作了《法华玄论》。开皇末年，晋王召入杨都的慧日道场，藏公受命作《三论玄义》。不久，北上长安，住日严寺。在长安二十多年（约西元六〇一——六二三），卒于唐武德六年。

三论宗，本不是局限于三论的研求。三论是大乘的通论

（《智论》是别论。约文别义通说，合名四论）；三论宗是以三论
而通释一切大乘经义的。所以三论学者对《大品》（般若）、《维
摩》、《法华》、《华严经》等，都普遍地给予弘扬。在这以三论而
通一切经的立场上，嘉祥大师有了更大的发展，主要是与唯心大
乘的贯通。在印度，龙树的空宗、无著世亲的有宗（唯心论），是
有净论的；在中国，也曾经如此。真谛三藏在广州译出了无著世
亲的论典——《摄大乘论》、《转识论》等。当时（光大二年），真
谛的门人想请真谛到杨都来。那时杨都的大德们，主要是朗公
等三论学者，奏请陈帝而拒绝了他，理由是："岭表所译众部，多
明无尘唯识。言乖治术，有蔽国风；不隶诸华，可流荒服。"因
此，真谛的唯心大乘，不能在陈代流通。但在嘉祥到长安时，摄
论宗已流入北方，而且相当兴盛了；还有十地论师。面对这唯心
大乘的显学，嘉祥就依真谛的摄论宗义，而给予贯通。嘉祥引用
了十八空论的"方便唯识"与"正观唯识"，认为无境唯识是方
便，而心境并冥的都无所得为正观。这证明了无境唯识的宗极
与般若毕竟空义一致。特别在《百论疏》的《破尘品》中，增入
"破尘品要观"，发挥无尘说与三论的空义相通。还有，真谛的
正观唯识，本就是玄奘传的证唯识性，但真谛却称之为阿摩罗
识，或自性清净心。因此，嘉祥作《胜鬘经宝窟》，贯通了如来藏
与自性清净心的宗义。不只如此，嘉祥曾引用真谛所译的（已
佚）罗睺罗的《中论释》——以常乐我净释八不。这样，龙树的
八不中道，贯通了《涅槃经》、《胜鬘经》的大涅槃。真谛所译的
《无上依经》，明如来界（如来藏的别名）；《佛性论》说佛性（还
有勒那摩提译的《宝性论》），都说到：为四种人——阐提，外道，

声闻,独觉;除四种障——憎背大乘,我见,畏生死,不乐利他事;修四种因——信乐大乘,无分别智,破虚空三昧,大悲;成四波罗蜜果——常,乐,我,净。嘉祥引述罗睺罗的八不说,完全相同。这是如来藏法门;传说为提婆弟子的罗睺罗,果有这样解说八不的《中论释》吗? 然而,嘉祥确是引用这样的真谛译,而使三论的八不中道,与如来藏说、常乐我净的大涅槃说相贯通了。因此,诠公所不愿多说的《涅槃经》,嘉祥也为他作《涅槃经游意》。总之,在唯心与涅槃盛行的时代,嘉祥是本着三论宗义,引用真谛论,而尽着融通贯摄的努力! 晚年在长安时,由于北方的尊重《法华》,嘉祥也就多说《法华》,而且引用世亲的《法华论》来解说。所以三论宗到了嘉祥的时代,已超越了摄山的本义,而成为性空与唯心融摄贯通的教学了! 嘉祥大师的三论宗,是中国佛教的综合学派。

到了盛唐,三论宗显然地衰落了! 一分重于止观笃行的学者,由于与达磨的禅风相近,多数被禅宗吸收去了。一分重于教学的学者,多数失去了摄山的风格(嘉祥大师也不免如此),落入成论大乘师,专重玄辨的覆辙。义学,本是都市的佛教。陈代风行长江上下的三论宗,虽然盛极一时,由于梁、陈的覆亡,政治中心北移,日渐衰落下来(天台宗也衰了一个时期)。传到北方的,北方是唯心大乘的化区,不但是旧有的摄论与地论,接着来的是玄奘的唯识、贤首的华严。着重"极无所住"的三论学,对于但破不立的特质,又没有严密的论理组织,在以严密见称的唯心大乘前,显然是不免贫乏而难以弘传的。所以,综合三论的教观,自有它独到的精义! 如予以严密的论列、精勤的笃行,那是会永远光辉法界的。但在当时,教与观,由偏重而分离,那怎能与诸宗并存呢!等到会昌法难以后,三论宗也就消失于中国的佛教界了!

(录自《佛法是救世之光》,125—139 页,本版 84—93 页。)

一〇 论三谛三智与赖耶通真妄

——读《佛性与般若》

三年前,杨君惠南寄赠一部牟宗三先生著的《佛性与般若》,并说书中有论到我的地方,问我有什么意见。我的体力衰弱,正专心于某一论题的探讨,所以一直搁下来。最近在妙云兰若小住,才读完了这部书。我直觉得,这是一部难得的佳作!一、传统的中国学者,从前的理学大师,论衡佛法,大都只是受到些禅宗的影响。近代的《新唯识论》,进一步地学习唯识宗,所以批评唯识,也依唯识宗的见地而说空说有。现在,《佛性与般若》,更广泛地论到地论师、摄论师、天台学与贤首学。在"讲中国哲学之立场","展示其教义发展之关节,即为南北朝隋唐一阶段佛教哲学史之主要课题"。在更深广地理解佛学来说,即使我不同意作者的方法,也不能不表示我由衷的赞叹!二、全书以般若与佛性为纲领,大概地说,般若(实相)与佛性,代表了印度的初期大乘(西元二〇〇年以前)与后期大乘(西元二〇〇——五〇〇)。佛法传来中国,通过中国学者的思想方式,形成中国独到的佛学,如天台与贤首宗(禅宗重于行)。天台学为《法华经》圆义,贤首学为《华严经》圆义。其实,《法华》与《华严》是初期大乘经（《华严经》少分属于后期），而天台与贤首的圆义，是西元七世纪中国学者的卓越成就！三、作者"欣赏天台宗"，自称"主观的感受，不能不与个人的生命气质有关"。欣赏天台学，所以依天台的义例来衡量佛法。但对于通教，有他自己的一番看法。在别教中，赖耶缘起为"始别教"，如来藏缘起为"终别教"，调和了天台与贤首的意见。法界缘起为"别教一乘圆教"，表示《法华经》，应该说天台法华义的纯圆独妙。我以为，"别教一乘圆教"，到底也是圆教。"圆"，正是古代中国佛学者的理想，从出入经论，统贯该综而形成的中国佛学。读了这部书，觉得可讨论的地方很多；但这里，只想对有关论到我的部分，略作说明。

《摄大乘论讲记》、《中观论颂讲记》，是我四十年前的讲录，该书作者见到了而有所论列。我以为，《中论》但明二谛，说《中论》明三谛，是"违明文"、"违颂义"的。该书说："天台宗根据因缘所生法偈，说空假中三谛，虽不合偈文之原义，……无不合佛意处，甚至亦无不合龙树之意处。"（原书二六页）"焉能一见三谛，便觉其与《中论》相违！说其违原文语势可，不能说其违义也。说违二谛明文亦可，然二谛三谛相函，并不相冲突，故义亦无相违也。"（九七页）"说违原文语势可"，"说违二谛明文亦可"，那么我说三谛说违反《中论》的明文，应该是可以这样说的。我说"违颂义"，该书也说"虽不合偈文之原义"，似乎也没有什么不同的意见。我讲《中论》，只是说明《中论》的原义。如依天台（博涉经论）所立的义例，拿来讲《中论》，如说"五种三谛"等，那又当别论。这是古（《中论》）为今（天台）用；如依《中论》,我想是不可能悟出"五种三谛"等妙义的。

关于三智一心中得,我说:"天台宗说三智一心中得,以为是龙树《智度论》说,真是欺尽天下人！龙树的《智论》还在世间,何不去反省一下！"我既没有说明理由,话也似乎重了一点！该书广引论文,结论说:"今查《智论》明文如此,何故欺尽天下人！"(一八——三七页)我想,如论意义的可通或不可通,讨论是很难有结果的。既然是重在"《智论》明文",我也不妨再引论文,让读者自己去论断。《大智度论》是解释《大品般若经》的。(初品)经上(以下经论文,并见《智论》卷二七)说:

> "菩萨摩诃萨欲得道慧,当习行般若波罗蜜。菩萨摩诃萨欲以道慧具足道种慧,当习行般若波罗蜜。"
>
> "欲以道种慧具足一切智,当习行般若波罗蜜。欲以一切智具足一切种智,当习行般若波罗蜜。"
>
> "欲以一切种智断烦恼习,当习行般若波罗蜜。"

经文是连续的,论文分为三段。第一段,解说道慧、道种慧:"道",论举一道……一百六十二道,"无量道门"。论文没有明确地分别道慧与道种慧,但道慧与道种慧,总之是菩萨的二慧。第二段论说:

> "问曰:一切智、一切种智,有何差别?"
>
> 答曰:"佛一切智、一切种智,皆是真实。……佛是实一切智、一切种智。有如是无量名字,或时名佛为一切智人,或时名为一切种智人。"

第二段所论的,是一切智与一切种智,这二智是佛智。或说声闻得一切智,那是"但有名字一切智",其实佛才是一切智,佛才是一切智人、一切种智人。成佛,应该一念心中具足一切的,但经上说:"欲以道种慧(或简称道智)具足一切智","以一切智具足一切种智","以一切种智断烦恼习",似乎有先后的意义,所以论文在第二段末、第三段初说:

"问曰:如佛得佛道(菩提)时,以道智得具足一切智、一切种智,今何以言以一切智得具足一切种智? 答曰:以道智虽具足得一切智、一切种智,而未用一切种智。"(约用有先后说)

"问曰:一心中得一切智、一切种智,断烦恼习,今何以言以一切智具足得一切种智,以一切种智断烦恼习? 答曰:实一切一时得,此中为令信般若波罗蜜故,次第差别说。先说一切种智,即是一切智。道智名金刚三昧,佛初心即是一切智、一切种智。"

"一心中得一切智、一切种智","佛初心即是一切智、一切种智"。一切智与一切种智,是佛智,"一心中得"。上文说:"道智名金刚三昧",金刚三昧是菩萨最后心,下一念就是"佛初心,即是一切智、一切种智"。所以一切智与一切种智,是佛智;道(种)智是菩萨智,是先后而不能说"一心中得"的。道,无论是道慧、道种慧,或道智、道种智,总之是菩萨的智慧,论文说得非常明白,如说:

"初发心乃至坐道场,于其中间一切善法,尽名为道。此道中思惟分别而行,是名道智,如此经后说:道智是菩萨事。"

"问曰:佛,道事已备故,不名道智;阿罗汉,辟支佛诸
功德未备,何以不名道智? 答曰:阿罗汉,辟支佛道,自于所
行亦办,是故不名道智,道是行相故。……(菩萨所修成)
佛(之)道,大故,名为道智;声闻辟支佛(所修之)道,小故,
不名道智。"

道智是菩萨智,"道是行相",也就是修行的道。佛已修行
圆满,更无可修,所以不名道智,名为一切智与一切种智。二乘
中,阿罗汉与辟支佛也是"所作已办",与佛同样的称为"无学",
所以二乘不名为道智。本来,二乘的因行也是可以名为道的,但
比佛的因行——菩萨遍学一切道来说,微不足道,所以不名为道
智,而道智与道种智,成为菩萨智的专称。总之,在《智论》卷二
七中,"一心中得"的,是一切智与一切种智——佛智;道智或道
种智是菩萨智,论文是非常明白的!

天台学者的"三智一心中得",应该是取《大品经·三慧品》
的三智,附合于初品的"一心中得"。《三慧品》的三智是:"萨婆
若(一切智)是一切声闻、辟支佛智,道种智是菩萨摩诃萨智,一
切种智是诸佛智。"这是将二乘、菩萨、佛的智慧,约义浅深而给
以不同的名称。一切智是佛智,从《小品般若》以来,为大乘经
所通用。《大毗婆沙论》(卷一五)正义,也说一切智是佛智。佛
才是一切智者,二乘哪里能说是一切智!《智论》引《三慧品》,
也说:"佛一切智、一切种智,皆是真实,声闻、辟支佛但有名字
一切智,譬如画灯,但有灯名,无有灯用。"所以《三慧品》的三
智,只是"一途方便",显示智慧的浅深次第而已。以二乘、菩

萨、佛智的浅深次第，与"一心中得一切智、一切种智"相糅合，而说"三智一心中得"，是天台宗学而不是《智度论》义。论说"一心中得一切智、一切种智"，是二智一心中得，论文是这样的明白！

我的《摄大乘论讲记》，提到真谛的思想。真谛的《摄大乘论释》，比对隋达磨笈多、唐玄奘的译本，无疑是有所增附的。该书说："真谛本人的思想，是向往真心派的。……他之解释《摄论》，不合《摄论》原义，乃是事实。"（三一〇页）但依我的理解，真谛将如来藏学糅入瑜伽学，如《摄论释》；将瑜伽学糅入如来藏学，如《佛性论》：真谛存有调和二系的意图。调和二系的基本原理，是出于《摄大乘论》的，真谛是将《摄大乘论》的微言，引申而充分表显出来。所以不能说真谛"两派的混扰"，应该说是站在瑜伽学的立场，而进行二大系的调和。

论到无漏从何而生，我说唯识学有二系：《瑜伽论》与《大乘庄严论》，立"本性住种性"与"习所成种性"；《摄大乘论》但立新熏——"闻熏习"。不同意但立新熏的，如护法回复瑜伽学的古说，立本有与新熏二类；或立理性佛性。该书对我所说立理性佛性一段，认为"有相刺谬处"（三一三——三二〇页）。我说得简单了一点，没有说明"原是一个"，所以引起重重的疑难。《瑜伽论》（卷三五）所说无漏本性住种，是："本性住种性者，谓诸菩萨六处殊胜有如是相，从无始世展转传来，法尔所得，是名本性住种性。"《瑜伽论·菩萨地》的古译，《菩萨善戒经》（卷一）这样说：

"言本性者，阴界六入，次第相续，无始无终，法性自尔,是名本性。"

《瑜伽论》的"六处",只是"阴界六入"的略译。《善戒经》的本性(住种性),与如来藏说对比如下:

"一切众生有阴界入胜相种类,内外所现,无始时节相续流来,法尔所得至明妙善。"(《无上依经》上)

"如来法性,在有情蕴处界中,从无始来展转相续,烦恼所染,本性清净。"(《大般若经》卷五六九)

"如来藏自性清净,转三十二相入于一切众生身中,……阴界入垢衣所缠。"(《楞伽阿跋多罗宝经》卷二)

如来藏与本性住种,同样是在阴界入中的"胜相",无始相续流来,法尔所得的,我所以说"原是一个"。只是《瑜伽论》主不同意性德本有论,转化为事相的本性住种性。真谛所译的《佛性论》(不可能是世亲造的),以"二空所显真如"为应得因,就是理性佛性。立本性住种的,三乘究竟,五性各别,立理性佛性的,说一乘究竟:沿着不同的思想体系而互相对立。我所说的"不读大乘经的唯识学者",意指后代的唯识学者。立理性佛性,又立本性住种性,这本来是一事,所以说是"头上安头"。如立理性佛性,就应该《佛性论》那样,"唯是一乘,不能说有究竟三乘"!一乘,这是唯识学者所不能同意的。如承认了,就与自宗(瑜伽)的五性各别不合了。这一段,我觉得没有什么"刺谬处"。该书说:"此理性佛性,亦不能与如来藏自性清净心为同。印顺以诸法法性本具的一切无为功德(接近心性本净说),来意指世亲(指《佛性论》)的理性佛性,据上世亲文,未见其是。"

（三一八页）在佛教教典发展史所见，起初，如来藏是"如来藏（真）我"；后来，与心性本净说相合，成为"如来藏自性清净心"；迟一些，如来藏与阿赖耶识相合，而有"如来藏藏识心"，如《楞伽经》。对于有真我、真心模样的如来藏，瑜伽学系以为是不显了说，为诱引计我外道的方便说；以"清净真如无差别"，解说如来藏，如《大乘庄严经论》（卷三）《菩提品》、《摄大乘论释》（卷五）《所知相分》、《楞伽经》（卷二）。所以，真谛以"二空真如"为理性佛性，在瑜伽学者的论义中，正是如来藏，不能说"未见其是"。要知道，在佛教中，"经通论别"，经义总是随论者而异说的。如来藏的本义，是另一问题，瑜伽学者是解说为"真如"的。这正如《法华经》的本义是一回事，三论、贤首、天台，甚至唯识学者，各依自宗的义理来解说，都是觉得合于自宗的。"经通论别"，是佛教史上的事实，瑜伽学系以真如为如来藏，不能说不是的。

在我解说"阿赖耶为所知依"处，该书评为："此解语疏阔，颇有问题。"解说"果断殊胜"的"附论"，也以为"和他讲《摄论》开头阿赖耶为所知依一语时的话完全相同"（四二一——四二九页）。当然也是有问题了。我讲《摄论》时，确有些沟通阿赖耶缘起、如来藏缘起的意图。要知道，阿赖耶缘起，内部有不同的见解；如来藏缘起说，并不等于中国学者所说的"随缘不变，不变随缘"，更不等于一心开二门，真妄互相熏。我是研究印度经论，观察这二系是否可以沟通，沟通的关键何在。我以玄奘所译的《摄论》为讲本，希望取得唯识宗学者的尊重。我觉得，真谛的"一能变"说，阿赖耶有"解性"说，不是真谛的私意，而与

《摄论》有关。《摄大乘论》,主要是依《阿毗达磨大乘经·摄大乘品》而造的。这部经没有译出,但从部分的引文来看,在瑜伽唯识学中,是有特色的!《摄论》引《阿毗达磨大乘经》说:

　　"法有三种:一、杂染分;二、清净分;三、彼二分。"

　　无著解说为:"遍计所执自性是杂染分,圆成实自性是清净分,即依他起是彼二分。"举譬喻说:土,如杂染分;金,如清净分;地界(矿藏),如彼二分。依他起性,如矿藏一样,平时只见到泥土,但经过冶炼,就显出金质,金质是本有的。所以,在凡夫位分别心中,依他起现虚妄杂染,而内在有不变清净的真实。因此,《摄论》解释依他起性的定义时,在唯识学共义——"依他种子熏习而生起"以外,别立"依他杂染清净性不成故"。世亲解释为:"如是依他起性,若遍计时即成杂染,无分别时即成清净;由二分故,一性不成。"这就是《阿毗达磨大乘经》依他起通二分的意义。依他起性,依唯识说:"三界心心所,是虚妄分别。"而一切心心所,以阿赖耶识为本,为"所知依"。无著引《阿毗达磨大乘经》二偈,证成阿赖耶识体与名;但在解释中,仅解第二偈。真谛引如来藏说,解初偈为:"此即此阿黎耶识,界以解为性。"这虽是无著本论、世亲释论所没有的,但以初偈为如来藏(界),《宝性论》旧有此说。而且,矿藏一般的依他起性,通于二分,即使论无明文,说阿赖耶识有杂染性、清净性——二分,也是不会错的。从依他起通二分中,看出了染净、真妄间的关联所在。如《辩中边论·初品》,分"虚妄分别"(依他,心)、"所知空性"(圆成实性)二段。"所知空性"末了说:"非染非不染,非净非不净,心性本净故，由客尘所染。"这是说空性、真如为"心性本净"了。《大乘庄严经论·弘法品》说："已说心性净，而为客尘染；不离心真如，别有心性净。""心性本净"，约圆成实性说，不是依他起虚妄识相，而是不离依他起识（心）的真如本净。心性本净是心真实性，这是瑜伽学所共通的。《庄严论》所说的"不离心真如"，梵本作"不离法性心"。是"法性心"，那也可说"真如心"了。流支所译的《唯识论》说：相应心是"心意识了"，即一般的虚妄分别心；不相应心是"第一义谛常住不变自性清净心"。所以真如、法界，是心的法性，本性清净，也是可以称为"心"的。原来，"心清净，客尘所染"，本出于小乘的《增一阿含经》。在部派中，就写作"心性本净"。心性本净就是"心本性净"。本性也可以译作自性（与一切法无自性的自性，梵文不同），所以心性本净，就是心自性净。大乘经中，多数译作"自性清净心"；自性清净心与心性本净、心自性净，只是译文不同，梵文可说是一致的。瑜伽学者依真如说如来藏，经依他起性（心）通二分，而后（唯识学者所宗依的）《楞伽经》，立"如来藏藏识心"。如来藏是真如别名；"为无始虚伪恶习所熏"，也就是为无始来虚妄遍计所执种子熏，一切种子心识，名为藏识。藏识是虚妄的，而藏识的自真相，就是自性清净如来藏。如来藏与阿赖耶的关系，《密严经》更这样说："我说如来藏，以为阿赖耶，愚夫不能知，藏即赖耶识。"这样的真心（心真如，法性心）与妄识的关系，印度大乘是顺于唯识学的，在众生位，妄识与真如（心）不离，《起信论》也是大致相同的。

　　"世亲释论曾这样说：若（与有漏种子）有异者，……阿赖耶识刹那灭义亦不应成。"我这样说，认为有漏习气灭尽了，阿赖耶识也就不能成立；"转阿赖耶识得法身"，"常住为相"。该书不留意《摄论》的特义，专依《唯识论》的见解，评为"这段附论有问题"（四一五——四一六页）。《瑜伽论·抉择分》，正智属于依他起性。《成唯识论》依据这一原则，说四智菩提，与智相应的净识，都是无漏的有为生灭。然而，唯识学不一定是这样说的，如《楞伽经》说："正智、真如，是圆成实"；所以能起正智的"无漏习气，非刹那法"，也就是不生灭的。《摄大乘论》引《阿毗达磨大乘经》偈说：

> "若说四清净，是谓圆成实。自性与离垢，清净道所缘，一切清净法，皆四相所摄。"

四清净总摄一切清净法，是圆成实性，内涵极为广大。"自性（本性）清净"："真如、空、实际、无相、胜义、法界"，如来藏就是依此而说的。"离垢清净"：真如（等）离垢所显；最清净法界就是成佛。"得此道清净"：如菩提分法，一切波罗蜜多，是菩萨证得真如，证得究竟佛果的圣道。"生此境清净"：法界等流的圣教，（闻熏习，）是生此圣道的所缘。这四清净，前二类是"无有变异"——常，所以名圆成实。后二类是"无有颠倒"——谛，所以名圆成实。在这四清净中，佛果德不是"道"，更不是"所缘"。如不是"离垢清净"，常住的圆成实性，又是什么？《摄论》（卷下）所说的佛果，是这样的：

> "断，谓菩萨无住涅槃，以舍杂染，不舍生死，二所依止转依为相。此中生死，谓依他起性杂染分；涅槃谓依他起性

清净分;二所依止,谓通二分依他起性。转依,谓即依他起
性,对治起时,转舍杂染分,转得清净分。"

"诸佛法身以何为相? 应知法身略有五相:一、转依为
相:谓转灭一切障杂染分依他起性故;转得解脱一切障,于
法自在转现前,清净分依他起性故。"

大涅槃、法身,都是转依所得的"离垢清净"。转依,是转舍
依他起性杂染分,转得依他起性清净分:约依他起性通二分说,
是《摄大乘论》特有的胜义。涅槃,约离执证真寂灭说,是断德;
菩萨能分证真如,所以转依通于菩萨。法身是佛的自性身,"于
法自在转现前",就是无漏功德佛法的圆满自在;"白法所成",
名为法身,是智德。约依他起性通二分而说转依,安立涅槃与法
身,与唯识宗是不完全相同的。

在转染成净中,《摄大乘论》立"闻熏习","虽是世间(有
漏),而是出世心种子性"。等到引生出世心,无漏圣智现前,现
证真如,由此而起的无漏熏习,是否生灭? 怕是《楞伽经》那样,
"无漏习气非刹那法"! 依《摄论》说:闻熏习是寄在异熟阿赖耶
识中的,但非阿赖耶所摄。"虽是世间,应知初业菩萨所得,亦
法身摄";二乘是"解脱身"摄。所以,阿赖耶识为一切染净种子
依止,而闻熏习却是摄属法身的(初业菩萨的法身,是法界、如
来藏别名,如经说:法身流转五道,名为"众生")。《辩中边论》
(卷上)说:"由圣法因义,说为法界,以一切圣法缘此生故。"法
身(法界)摄得闻熏习,能起一切圣法(真谛《摄论释》卷三说:
"圣人依者,闻熏习与解性和合,以此为依,一切圣道皆由此
生",正是这个意思),一直到究竟离障清净,圆满功德,成为最

清净法界的法身。该书以为，无漏种"摄属于法身，但他本身并不就是法身"（四一六页）。如说无漏种子不就是法界，也许还可以说。圆满法身是佛的"果智殊胜"，如无漏种子并不就是法身，那又属于什么？从依他起性（阿赖耶识为本）通二分来说，可说有表里层的。表面上，阿赖耶识为一切有漏无漏种子所依止，一直到成佛为止的；而底里，从有漏闻熏习以来，一直属于心本净性——真如、法界，或称之为如来藏的。无漏习气是属于阿赖耶识的本净性；到了究竟清净，就失去了阿赖耶识的名字。

阿赖耶识为有漏无漏种子所依止，称为阿赖耶缘起的，《瑜伽师地论》（《本地分》）的成立最早，兴起于印度北方。如来藏（自性清净心）为依止，有生死、有涅槃，从众生到成佛的经典，称为如来藏缘起的，兴起于印度南方。妄识为依，真心（有真我意义）为依，成为不同的二大流。《阿毗达磨大乘经》是阿赖耶识、唯识说，立依他起通二分：表面上是赖耶缘起，而内在贯通真心说（主新闻熏习，与如来藏说还有多少距离）。《摄大乘论》就是依此，而有其特色的。《楞伽经》说五法、三自性、八识、二无我，多同于瑜伽唯识学，而立"如来藏藏识心"，立"无漏习气非刹那"，是在依他起性通二分的基础上，与如来藏缘起更接近一步。我讲《摄大乘论》，"附论"中涉及真、妄的关系，只是表示依他起性通二分，有会通真、妄的倾向。如偏据《成唯识论》，阿赖耶识唯妄唯染，以此来衡量我的讲记，那是由于所依不同，所说也不免不合了！

（录自《华雨集》五，107—126页，本版72—84页。）

一一 《起信论》平议

一 作者与译者

一 一般公认的传说

《大乘起信论》,向来传说是马鸣菩萨造的。名为马鸣的,印度不止一人,古来就有"六马鸣"的传说。然大家都意许是龙树以前的那位马鸣。据《马鸣传》及《付法藏因缘传》的传说,马鸣是胁尊者的弟子,或富那耶奢的弟子,时代约与迦腻色迦王同时。

本论的译者:梁时真谛译的,通常称为梁译。译《华严经》的实叉难陀,也曾译过这部论,通常称为唐译。现在所讲的,是梁译本。据《慈恩传》说:当时印度已没有《大乘起信论》了,玄奘特依中文本转译成梵文。这样说起来,本论是很有根据的!

二 古今怀疑者的意见

非真谛译 《起信论》不是真谛译的,这种说法是古已有之。隋时,与嘉祥同门的均正在《四论玄义》中说:"寻觅翻经目录中无有也。"法经奉诏编撰经录,把本论编入疑伪类,并且说:"勘真谛录无此论。"同时的费长房撰《历代三宝记》,即说本论为梁真谛译。彦琮等的《众经目录》,说是陈真谛译。一直到唐智升的《开元释教录》,才肯定说:这部论确是梁真谛译的。这些是古代的说法。近代如日本望月信亨等,根据均正、法经等的传说加以研究,也说《起信论》不是真谛译的。民国十二、三年,梁启超有《大乘起信论考证》一书问世,采用日人的说法;不但说本论不是真谛译的,论前的智恺序也是假的,甚至唐朝重译的《起信论》也靠不住。支那内学院的吕澂也以为:实叉难陀的译本,不过是梁译本的文字上少加修改而已。他们都提出详密的理由,证明他们所说的不错!

非马鸣造 《起信论》不但不是真谛译的,也不是马鸣造的。这在古代,首由均正倡说:"《起信论》一卷,人云马鸣菩萨造。北地诸论师云:非马鸣造,昔日地论师造论,借菩萨名目之。"但嘉祥即称之为"马鸣论"。到唐代,唯识学者还有说是世亲所作的不了义说。本论的作者,古代传说中确是游移而不定的。到近代,这样说的人更多,约可为二类:一、如梁启超他们,重于教理的发展史。从小乘到大乘,大乘从空宗到唯识,这是佛教义理发展的程序。可是,《起信论》的思想比唯识学还要圆满得多,所以就断定它是唯识兴盛以后的作品。龙树以前的马鸣,是不会造这样圆满的论典的。《起信论》不是马鸣造的;实是中国人造的,因此赞叹中国人思想的伟大。二、如欧阳竟无他们——也依据考证,但主要是从义理的疑似上说。据他们的见解,《起信论》所说的是不对的,因为《起信论》所说的与唯识学不相合。他们似乎以为:唯有瑜伽、唯识所说的教理才是正确的。《起信论》既与此不合,即是错误;所以也决定不是马鸣造的。欧阳竟无,还多少融通一点;到了王恩洋、吕澂他们,就直斥为伪造了。所以说《起信论》不是马鸣造的,也有二派:一派如梁启超等起而赞叹;一派如王恩洋等起而非毁,说它是"梁陈小儿所作,铲绝慧命"。

这是关于古往今来,说《起信论》非真谛译、非马鸣造的大概情形。本论在过去中国佛教界有崇高的地位;民国以来,由于考证与唯识学的兴起,开始遭遇恶运,受到多方面的怀疑和批评。

三 维护《起信论》的近代大师

肯定《起信论》是真谛译、马鸣造,出而尽力维护它的,那要算太虚大师了。大师极力维护《起信论》,那么,对于前面二派的说法,就非予以答复不可。关于考证的部分,大师以为:佛法是不可以从进化的观点来考证的。他以为:东方文化是不同于西方进化的文化的,所以用进化发展的方法来衡量佛法,极为错误。大师对于《起信论》的有关考证部分,从大处着眼,只略谈方法对不对而已。照大师的见解,《起信论》是龙树以前的作品。但他不能否认,龙树以前,像《起信论》的思想,并没有起着大影响。所以在《再议印度之佛教》说:大概马鸣造《起信论》以后,因为法不当机,即暂为藏诸名山,以待来日。当时虽没有大大地弘扬,但不能说没有造。他以这样的理由,维持《起信论》

是空宗以前的作品。大师为甚么要这样说？因为他的思想——中国佛教传统的思想，是和《起信论》一致的，是把这样的思想作为佛陀根本教法的。如《起信论》后起，或被人推翻了，那他的思想根源，以及中国佛教所受的威胁，是怎样的可怕！所以特为方便会通，尽力出来扶持。

关于义理方面的非议，大师是和事佬。他以为：《起信论》所说的很好，唯识宗所讲的也不错。那么，唯识与《起信论》的义理，应怎样融会它的矛盾呢？他提出二点来解说：一、《起信论》所说的真如与唯识所说的真如是不同的。唯识义的真如是偏于理性的，而《起信》的真如是包括理性与正智的。二、唯识家说有漏种子唯生有漏，无漏种子唯生无漏，而《起信论》说无漏与有漏互相熏生。大师以为：《起信论》（主要是）依等无间缘来说熏习的，这是菩萨应有的心境，与唯识学约因缘说不同。凡夫，是有漏生有漏的；佛是无漏生无漏的；唯有菩萨，才有漏无漏展转相生。这样的熏生，约等无间缘说。有漏无间生无漏，无漏无间生有漏，这在唯识家也是认可的；所以特以此会通《起信论》与唯识的矛盾。

四　从合理的观点来重新审定

考证真伪的问题　用考证方法研究佛法——这种治学方法，是不应该反对的。如大师以为东方式的文化，是先全体而后分化的。像《起信论》所说的，空与有都照顾周到；后来龙树、无著他们，据各方面的义理而特别发挥，才有大乘空有宗派的出现。西洋文化都是先有甲，再有乙，然后才有丙的综合。用这种西方式的发展法则来看《起信论》,那就无怪要说《起信论》是后出的了。西洋文化是着重外物的,而东方文化却是发自内心的,根本不同。这一见解,似乎应该修正。伟大的思想家,总是博大精深,思想的统一中含有多方面的。后学的继承者,往往只着重其中的部分,这就引起后来的分化了。这在西洋,也不能说没有,像黑格尔的哲学,有人跟他学,走着唯心的路线;有人学了,却走着唯物主义的路线。黑格尔的学说如此,其他哲学家的杰出者,也莫不如是。先分立后综合的例子,在中国也到处都是。以中国佛教来说,古代在南方流行的佛教,有天台智者出来综合它,判为四教。到后来,北方又新起了禅宗,贤首又起来综合它,改判五教。这不是合于正反合的发展例子吗? 因此,大师所说佛法不应该以进化发展的方法来考证,可能为一时的方便之谈! 我以为:考证的方法不应该推翻。思想是有演化的,但不一定是进化的。在发展演化的过程中,可以演化成好的,也可以演化成坏的,不该说凡是后来的就进步。

而且,即使考证得非马鸣作、非真谛译,《起信论》的价值,还得从长讨论。我的看法是:一、印度传来的不一定都是好的。中国佛教界一向有推崇印度的心理,以为凡是佛典,只要是从印度翻译来的就对;小乘论都是罗汉作,大乘论都是了不起的菩萨作。其实,印度译来的教典,有极精深的,也有浮浅的,也有杂乱而无章的。所以,不要以是否从印度翻译过来,作为佛典是非的标准。而且,印度也不少托名圣贤的作品;即使翻译过来,并不能保证它的正确。二、中国人作的不一定就错。佛法传到中国来,中国的古德、时贤,经详密的思考,深刻的体验,写出来的作品,也可以是很好的。如天台宗的典籍,主要是"智者大师说"的,不也还是照样的崇敬奉持!有些人,重视佛法的传承,以为从印度传来的,就是正确的;中国人造的,都不可靠,这看法是太不合理了。其实师资传承,也仅有相对的价值。印度、藏地,都大谈师承,还不也是众说纷纭,是是非非吗?我们应该用考证的方法,考证经论的编作者,或某时代某地方的作品;但不应该将考证出来的结果,作为没有价值或绝对正确的论据。在佛教思想上,《起信论》有它自己的价值。这不能和鉴别古董一样,不是某时某人的作品,就认为不值一钱!

义理正谬的问题　站在唯识学的立场,评论《起信论》的教理不对,这不过是立场的不同,衡量是非的标准不同,并不能就此断定了《起信论》的价值。佛法中的大小乘,有种种派别,像小乘有十八部、二十部之多。从大体上分,也还有:有部、犊子部、分别说部、大众部的四大系。大乘中也有有宗、空宗的不同。佛法流行在世间,因为时、地、根机、方法的不同,演化成各部各派的佛法。现在来研究佛法,对各部各派的教理,可以比较、评论,但切不可专凭主观,凡是不合于自宗的,就以为都是不对的、错误的。这种宗派的独断态度,是万万要不得的。站在唯识的立场,说别宗不对,不合正理;别的宗派,也可以站在另一立场,说唯识的不对,不符正理;但决不会因此而问题就解决了。我觉得,唯识学者对于《起信论》,应以讨论、商榷的态度,不应以"同我则是,异我则非"的态度来否定《起信论》。然对于以唯识融会《起信论》,似乎也终于多此一举。《起信论》与唯识论,各有独特的立场,不同的方法,不同的理论,一定要说它们恰好会通,事实是不易做到的。学派的教理,既各有不同处,就是费尽力量以求圆融会通,而结果,别人也还是不会承认的。所以,我们先应了解他们的不同;不要偏执,也不要附会。先明白各论的特殊意义,再来考虑它在佛法中的地位。我觉得,我们应该这样!

二 《起信论》在佛法中的地位

一、从学派的系统说:佛灭四五百年的时候,佛法分为大小乘。本论是属于大乘的;论中所谈的发心、修行、证果,都是属于大乘的。大乘法也有学派的差别,但分别大乘学派,要从义理去分别。太虚大师分大乘为三宗,即法相唯识宗、法性空慧宗、法界圆觉宗。我在《印度之佛教》,称之为虚妄唯识论、性空唯名论、真常唯心论;内容与大师所说相近(台家的通、别、圆;贤家的法相、破相、法性,也相近)。本论是属于法界圆觉宗,或真常唯心论的。佛法是否唯心论,这是另一回事;但本论,彻底彻尾的是唯心论,是绝对唯心论,这是谁也不能否认的。本论所说的"众生心",含摄得,生起的生灭杂染,而本质是不生不灭的、清净的,所以唯心而又是真常的,与无著系的虚妄唯识学不同。大乘法的三宗论,有些人是不承认的。他们分大乘为二宗:(一)空(中观)宗,(二)唯识宗。这因为他们是重论的;唯识宗与空宗都有丰富的论典,而真常唯心一系论典极少。西藏所传的,也以论师为主,所以也说大乘但有二宗。然确实地考察起来,三宗的体系是存在的。流传在中国的大乘,决定有此三系的差别;从印度传来的经论去看,也是有此三系的。如《楞伽经》、《密严经》，虽说是唯识宗的论典，但仔细地研究起来，倒是与真常唯心论的体系相合的。我所理解的是：大乘经可以分为二系：（一）判大小二乘的空相应大乘；（二）判有空中三教的唯心不空大乘。如《般若经》等，这是性空系的；《密严》、《楞伽》、《涅槃》、《金光明》等经，是以唯心不空为究竟了义的。大乘法到达西北印，部分的一切有系（有部、经部）的学者，承受了大乘法——性空与唯心不空的大乘经，而通过一切有系的见地，融会而修正它，发挥出法相唯识的学系。大乘法定有三大系的差别：真常唯心系的要典，几乎都是契经的。性空系的要典，有经也有论。唯识系的要典，则几乎都是论的；契经，也许就是《解深密》与《阿毗达磨大乘经》（还不一定偏属唯识）吧！像唯识宗所依的六经，若没有受过唯识论的深切影响，去研究《华严》、《楞伽》、《密严》等，那所得到的结论，是难得与唯识系相应的，反而会接近真常唯心论的。论典可大分为二宗：即中观与唯识；契经也可以分为二系：即性空系与唯心不空系。由此即总合为三宗。本论是属于真常唯心论一系，所以不应该专以空宗及唯识宗的观点而论断它。也就因此，本论无论是中国或是印度造的，它所代表的思想，在佛教思想中有它的独到价值，值得我们深长地研究。

二、从染净所依说：佛法有两大问题：（一）杂染的生死，（二）清净的解脱。《阿含经》和早期的圣典，一致地说：世间生死是缘起的。缘起法中，主要而有摄导性能的，是无明。十二缘起，说明生死流转的杂染法，有它发展的程序；如由无明而起种种的行（业），由行（业）而招感有识的生死身。缘起虽如环无端,无明也由于因缘,但从缘起支的重心说,是无明——愚痴、无知。无明,是一切杂染法的重心。从生死而得解脱,证得涅槃的清净法,也是有摄导重心的,就是明;明即是般若,也即是觉。所以说:"无明为杂染法根本,明为清净法根本。"或说:"以无明为上首故,生一切世间杂染法;以明为上首故,生一切出世清净法。"

因无明故有生死,因明故得涅槃。这与性空大乘所说的相近。性空大乘说:世间是缘起的。众生所以长受世间生死,即由于缘起中的无明;无明是不了诸法自性的本空,由此无明为迷本,所以生死不了。这与《阿含》小不同,《阿含经》说无明,不专重不知性空的无常无我,更说无明为不知苦、不知集、不知灭、不知道等(大乘着重了无明中的根本妄执)。从生死而能得解脱,由于般若;般若为悟本,即证悟诸法的本性空寂。然般若可分为二种:一、有为般若,二、无为般若(见《大智度论》)。有为般若,约未证法性空的有漏智慧说。无为般若,约悟证空性的智慧说;般若与空性相契相应,与法性无为不二而得名。这在《阿含》的根本教义中,有一问题存在。佛说因缘所生法,主要是约杂染法说的。有为(为业感所生的)缘起,即苦谛与集谛。涅槃是灭谛无为法。这从染而净,能证法性寂灭的,是以慧为摄导的戒定慧——道谛。道谛是有为呢,还是无为? 有为缘起,一向约苦集说,无为但约涅槃灭谛说。从道谛的因缘相资说,有说是有为的;从道谛的不因涅槃而永灭说,有说是无为的。《大智度论》的分别般若(道谛的根本)为二,可说是会通了《阿含经》中略说而未尽的诤论:即般若不与空性相应的是有为,与空性相应的是无为。这如唯识者所说的圆成实一样:如说有染依他与净依他(清净的缘起),那圆成实即专指空性。如不立清净依他,那么无漏的道谛,也即称为圆成实了(如无为般若)。但性空者以杂染法的根本为无明,清净法的根本是般若。而唯识者说:以无明、般若为本的,是约迷悟说。而建立杂染法与清净法的本依,说缘生法即是依他起,根本依是阿赖耶识。赖耶为生死杂染依;也由此转染依成净依。然初期的唯识学,依(唯心不空)大乘经立论:以法界即真如法性为清净法本。一切众生,虽(大都)有无漏种子是法界性所摄;但在众生位,此无漏种子(不是阿赖耶识)却是附属于阿赖耶识的。到无漏现前,无漏种起无漏现行,即依属于法界。所以,菩萨发菩提心,修菩萨行,一切以法界为依;法界即圣法的因。但后来,更倾向于一切有系的,如《成唯识论》等;清净无漏法依,又偏重阿赖耶识中的种子了。本论是真常唯心论,对生死杂染(不觉)的迷妄方面,从阿赖耶与无明的统一中,而说为依为本的;以无明为本,即是说以阿赖耶为本(《阿含经》所说的阿赖耶,本与染执是不能分离的)。这等于统一了唯识家的阿赖耶缘起与爱非爱(无明)缘起(这两者的分离,本不是佛法本义)。说到觉悟与清净方面,本论是从法界(真如)与般若的统一中,而说为本为依的。觉,就是明和智慧。单说觉,即与《阿含经》、空宗等一致;单说法界,即与初期的唯识学相合。而本论约法界与明觉的统一说,所以觉又是本觉,是与法界不离的本觉性。以法界为本,即般若为本,为本论的特色。

三、从三类的着重说:一切,可以归纳为三:(一)色,一般称为物质,即是占有空间的、有体质的事物。(二)心,即一般所说的精神。（三）理性，佛法中名为法性，即物质与精神的真相或真理。这三者，相当于一般哲学中的物质界、精神界、本体界。依《阿含经》与性空大乘说，这三者是平等的：

色
心　＞　法
性　——法性

如人，是色、心相依而有的，相依相待而存在的缘起法，如瞎子和跛子一样，互相依存起来，看得见也走得路；一旦分离，就不成了。色心是相依互待而有生命的、文化的、伟大的作用；这是有为生灭的现象。论到本性——法性，是无为不生不灭的。不说一切法只是理性，也不说一切法只是色与心；色心与法性，不一不异，而各有它的特征。

唯识者不这样说，特别看重了心，说色是依心而起的。以为心从种子生起的时候，自然而然地现起二种相：一、能取的精神的识知作用——见分，二、所取的境相作用——相分。如以客观存在的为色，那么境相即是色（古有判色、心、空三谛的，即三性的另一解说）。

自证心　——相分境（色）
　　　　　└ 见分心
法　性

心自体是自证分，心自体起用时，见分、相分同时而生。这样的成立一切法唯识，心即被剖析为二。色与心虽都是从种子生的因缘所生法，即依他起法；但依他起的本质，是虚妄分别的心心所法为性，而色不过是现似心外存在的心相而已。唯识家以为：有为法（心心所为本的）与无为法是平等的、不一不异的；法性不离心识，所以名为唯识。

本论是真常唯心系的，所说的心，比唯识学还要强化。心——众生心，不但含摄了色；而且统有理性与事象，即无为与有为。如说一心法有二种门：一者心真如门，二者心生灭门。生灭心，是不离心真如的。从不离真如心而现起的生灭心说，含摄得本觉与不觉。不觉，即生死杂染的心；本觉，即开展为清净解脱的心。从不顺真如而发展为生灭杂染的，即依不觉为本，又开展为一般的精神物质。我们现前的精神与物质（心、色），都是从不觉而生起的；不觉又依于统摄理事染净的众生心而存在的。这样，《起信论》所说的心，即可为三级：

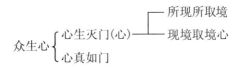

理性与事象，精神与物质，都含摄在一心——众生心里；这是绝对的唯心论（现代的辩证法唯物论，把这三者都依属于物质：精神是由物质派生出来的；理性是物质的一般法则。这是与绝对唯心论，恰好相反）。把理性与事象，物质与精神，都统一于众生心，为本论的特色。

（录自《大乘起信论讲记》，1—22 页，本版 1—15 页。）

一二　评周继武居士《起信论正谬》

　　检周君之文，要义有四：一、真如能生非随缘义；二、真如实有非性空义；三、起信熏智非熏种义；四、缘起法中无真如义。前二后一，应加分别；其第三义，倒说难信。略叙愚见如下：

　　一、真如能生非随缘义者：其能生义，约依持义，约所缘义，弹内院诸师真如不生，文义可资参考。非随缘义，破贤首论师似多不宜。（一）周氏以唯识不许随缘，乃想像《起信》同于唯识亦不随缘，言随缘者是贤首臆见创说。今谓《起信》、唯识，思想渊源不同，明义有异，《起信》未必同于唯识。《起信》谈心性本净，客尘所染，心净即是本觉，学承大众心性本净。唯识谈心性无记，言本净者心体非烦恼故，学承有部心是相应善恶，体实无记。唯识纵言约心所显空理名心本净，亦不得言是本觉（觉是有为非空性故），其异一也。《起信》但立染净，学承大众但有二性，不立无记。唯识立于三性，还同有部等说，二也。唯识有漏无漏不俱，《起信》分觉已上，心识未尽即有无明，学出大众未计道与烦恼容俱现前，其异三也。《起信》梨耶，生灭不生灭和合而成，梨耶还具本觉不觉二义。其自真相即是本觉，不觉即是客体。唯识赖耶唯妄唯染，纵有无漏种子，但是依附，主客之势互倒，其异四也。《起信》梨耶但摄本觉及根本不觉，余变现根尘等摄于意中（学同地论师）。唯识"意"但取执我我所一义，余属赖耶，心意含义之广狭大异，五也。唯识真如能生（约增上缘、所缘缘）而非随缘，《起信》何必相同耶？（二）周氏谓中国学无师承，不知贤首梨耶即真如，渊源十地论师，真如随缘，非贤首首创。十地论师迷真起妄，真随妄转；天台家一理随缘；三论家亦有此意，周氏那得谓贤首创说，妄肆攻讦！（三）《起信》究竟有无随缘义！周氏谓有和合义无随缘义，有随缘义无和合义，似乎势不两立。今谓自有和合而非随缘，凡随缘者必有和合。如二人共举一石，可言和合非随缘义。随缘必和合者，且举三例：如摩尼净珠，与青染色合，现似青珠。净珠与青染色合，和合义也；净珠随青色缘而现似青珠，则随缘也。如水本无味，取盐入中，水成咸水。盐入水中，即是和合；水随盐缘而名咸水，随缘义也。如水本不动，因风波动。风水不离，和合义也；水以风缘而成动水，随缘义也。应知贤首随缘之义，无碍和合。周氏侧重不生灭与生灭和合，定言生灭是名词非动词，详如风动水之喻，无明（周氏每偏指境界，非也）熏（熏染含有动作）真之旨，可谓妙见《起信论》意，岂守文作解可窥仿佛？（四）梨耶是否即是真如，此义极难。最好依《楞伽》、《密严》，考核如来藏者何，阿赖耶者何，二者关系云何？惟学说转变，非无异义。梨耶即真，实承十地论师之学。《地论》谓阿梨耶即是第一义谛，非出贤首臆说。以《起信》本论而谈：生灭不生灭和合非一非异名阿梨耶，梨耶具本觉不觉二义，似与唯真相乖。然流支既主唯真，而十卷《楞伽疏》，亦云梨耶有二：一真，二妄。唯真与真妄和合，实不相违。

言唯真者,寻其实体(藏识之自真相);言真妄者,主客合论,何所乖违?(五)若谓真如不与生灭相应,真如不作生灭,何得言随缘?不知地论乃至贤家,既云不变随缘,亦言随缘不变。如水随盐缘而名咸水,实则盐相盐中住(出《百论》文),水还非咸。又如珠唯似青,体还本净。总之,论真如于动静之间,早成戏论。若能细味《起信》建立本觉不觉等之微意,庶或稍得超越手眼乎!

二、真如实有非性空义者:真如因空所显,体非即空,第三时教意正如此。王化中先生之说,似小难。唯周氏涉及龙树学,多不应理。即以无我而言,无我即实相,《智论》有明文。非我非无我为实相,《中论》、《智论》并有此义。周氏偏取双非为胜义有,而遗一空,盖未见圆旨。龙树言实相超四句,双非何独是耶?《中论》"一切实一切非实,一切亦实亦非实,一切非实非不实,是名诸法之实相",四句皆是,何为于中偏生取舍?离执寄诠,胜义称有;寄诠离执,胜义必空。究论实相,心行处断,言语亦灭,空有之谈,何是何非?《解深密经》谓五事具足之人,闻一切皆空即悟实相;五事不具之人,或信而未解,或解而成倒,劳我世尊曲垂方便。偏依第三时教其言可通,遍论《般若》及龙树之学,翻成摸象之谈!

三、《起信》熏智非熏种义者:彼见《起信》、唯识熏习不同,妄生臆见,正违《起信》。依《起信》文,真如熏习有二:(一)体熏习:即在缠众生本具如来藏,内在熏发,自生厌苦求乐之动机(内因)。(二)用熏习:即诸佛菩萨,于如来藏满分清净,即体起用,为平等缘而起报身,为差别缘而起化身,现通说法,三轮示导(外缘)。众生以内具厌求之因,外遇知识之缘,染法渐去,净法渐生。如是熏习，岂是真如等流圣教起闻熏习？岂是从真如所缘缘生无漏智？总缘主观太深，以是非解《起信》者谬，即解唯识者谬，乃至不惜违背《起信》，杜撰理由。一念之乖，失常千里，可不惧哉！

四、缘起法中无真如义者：众生无量，法门非一，自有缘起即真，（离倒寂灭者方显，不可以凡夫之妄染缘起为论，但可言本真）自有离缘起而有实相。《般若经》云："为新学菩萨说生灭如化，不生不灭不如化"，此离幻化而说实也。"为久学菩萨说生灭不生灭一切如化"，此即幻离倒（实生实灭等）为实相也。离倒缘起即实相，《法华经》文最显，如云："唯佛与佛乃能究尽诸法实相。"然所谓实相，只是因、果、业、力、性、相等。又云："如来见于三界，不如三界所见。""是法住、法位，世间相常住"，岂必舍诸法而别求实相乎！但倒不倒异耳。余经所谓见缘起即见法性，即此意也。依龙树论，则有粗慧、妙慧之分。粗慧如淘沙取金，妙慧如指石成金，一切诸法即是实相。观十二缘起如虚空不可尽，即是菩萨坐道场时不共中道妙观，岂同小乘十二缘起（《智论》分三种），离缘起而求一灭。《圆觉经》云："诸幻尽灭，非幻不灭"等，并是离幻说实。然寻其意趣，偏指染执边而作此言。若能离诸妄执，岂不五蕴、十八界等，皆是如来藏妙真如性乎？周氏知于一切法离一切相，不能离一切相即一切法，虽复不许一理随缘，终是缘理断九之机。离缘起性空别指一实，古人所谓但中，非即此乎？

（录自《华雨集》五，93—98页，本版63—66页。）

一三 《台湾当代净土思想的动向》读后

　　《台湾当代净土思想的动向》,江灿腾先生所作,是一篇有意义的文字。该文说到我的地方,似乎过分推崇了,期待也就不免高了些。有关佛教思想的史实,我想略作补充。

　　一、我是太虚大师门下的后进,受虚大师思想的影响很大。大师说:"律为三乘共基,净为三乘共庇。"广义的净土说,就是我论列净土思想的原则。一九四〇年,虚大师讲《我怎样判摄一切佛法》,分佛教为三期:"一、依声闻乘行果趣发大乘心的正法时期。""二、依天乘行果趣获大乘果的像法时期。在印度进入第二千年的佛法,正是传于西藏的密法。中国内地则是禅宗、净土宗。""三、依人乘行果趣进修大乘行的末法时期。……到了这时候(现代)……依声闻行果,是要被诟为消极逃世的;依天乘行果(密、净),是要被谤为迷信神权的,不惟不是方便,而反成为障碍了。"这是虚大师的晚年定论,方便地融摄了密与净,而主张现在应弘扬"人生佛教"。关于净土,一九三二年冬,大师在厦门成立慈(弥勒)宗学会;并合编《弥勒上生经》、《瑜伽师地论·真实义品》、《瑜伽菩萨戒本》为《慈宗三要》。一九四六年,还在上海玉佛寺讲《弥勒大成佛经》。我的赞扬弥勒净土,就是依这一思想而来的。一般说,大师是中国佛教传统,其实游化欧美归来,已大有变化。一九三一年七月,在北平讲《大乘宗地图释》,说到:"今后之佛学,应趋于世界性,作最普遍之研究、修证与发扬。……今后研究佛学,非复一宗一派之研究,当于经论中选取若干要中之要,作深切之研究,而后博通且融会一切经律论,成圆满之胜解。"那时已不是早期"上不征五天,下不征各地"的中国传统,而趋向世界性的佛教了。所以一九四〇年从锡、缅回来,要说中国佛教,"说大乘教,修小乘行";缅甸、锡兰方面,"所说虽是小乘教,所修的却是大乘行",有采取南传佛教长处的意思(上来所引大师说,都可在《太虚大师年谱》中找到)。有世界性的佛教倾向,所以对"天乘行果"的大乘,不反对而认为不适宜于现代;针对重死重鬼的中国传统而说"人生佛教",大师是深入中国佛学而又超越了旧传统的。至于我,秉承大师所说的研究方针。着重印度佛教,正因为这是一切佛教的根源;从印度长期发展演变的佛教去研究,才能贯摄世界不同类型的佛教。

我与大师是有些不同的:一、大师太伟大了!"大师是峰峦万状,而我只能孤峰独拔。"二、大师长于融贯,而我却偏重辨异。如我论到迦叶与阿难,大师评为:"点到为止。"意思说:有些问题,知道了就好,不要说得太清楚。我总觉得还是说得明白些好,哪知说得太明显了,有些是会惹人厌的。三、大师说"人生佛教",我说"人间佛教":"一般专重死与鬼,太虚大师特提示人生佛教以为对治。然佛法以人为本,也不应天化、神化。不是鬼教,不是(天)神教,非鬼化非神化的人间佛教,才能阐明佛法的真意义。"(《游心法海六十年》)其实,大师也说:"融摄魔梵,渐丧佛真之泛神秘密乘,殊非建立三宝之根本。"可是"点到为止",只说不适宜于现代而已。四、在印度大乘佛教中,大师立三宗,我也说三系,内容大同。不过我认为:在佛教历史上,"真常唯心论"是迟一些的;大师以此为大乘根本,所以说早于龙树、无著。我与大师间的不同,除个性不同外,也许我生长的年代迟些;遵循大师的研究方针,世界性(佛教)的倾向更多一些。我虽"不为民族情感所拘蔽",而对流行于印度或中国的"怪力乱神"、"索隐行怪"的佛教,与大师同样的不会尊重他们,也许我还是个真正的中国人!

　　二、一九五一年冬,我在香港讲《净土新论》,"是依虚大师所说,净为三乘共庇,说明佛法中的不同净土,在往生净土以外,还有人间净土与创造净土"(《游心法海六十年》)。《念佛浅说》,是一九五三年冬,在弥陀佛七法会中所讲,由人记录下来的。《念佛浅说》中说:"照着经论的意趣说,不敢抹煞,也不敢强调。……并没有贬低净土法门的价值。"弥陀诞以后,"漫天风雨","在我平凡的一生中,成为最不平凡的一年"。"年底年初,传播的谣言,也越来越多。有的说印顺被捕了。有的说拘禁了三天(最近还有杂志,说到我被拘)。有的说……"传说《念佛浅说》被"少数教徒"焚毁,也就是那个时候。江文以为:"少数教徒,即指大名鼎鼎的李炳南先生",那是传说中的"少数教徒",又转而成为一人了。那时的流言、传说非常多,传说是越说越多的;传说就是传说,是不用过分重视的。一九五三、五四年间,我受到"漫天风雨"的侵袭(一直影响下去),主要是"一、我来台去日本出席世佛会。……二、我(到台湾)来了,就住在善导寺。"(以上引文,都见于《平凡的一生》)我在台湾佛教界,大家"不以为然",这才是主因;衰落的中国佛教界,思想只是附带的成分。一九六五年三月,日本藤吉慈海教授来访。他"这次访问台湾佛教界,一提到印顺,似乎都表示不以为然,但到底什么事不对,大家又说不出来。我不好意思说别的,只说也许与净土有关吧"(《法海微波·序》)!"我不好意思说别的",在国际佛教友人面前,我还能说"漫天风雨"问题吗!"大家又说不出来",我想也是不愿提到具体问题。对藤吉教授的谈话,如推想为大家对印顺"不以为然",就是为了《净土新论》,那可不免误会了。

三、江文末后说:"《净土新论》的高超理想……,却不被台湾佛教界广为接受。显然存在着理想与现实的差异。"这句话说得非常正确!现实的中国佛教,或称之为"庶民的宗教",那是佛教已与民间习俗相结合的(不只是"念佛")。流行民间而成为习俗,要改革谈何容易!然不能适合现实,也并非毫无意义。如虚大师倡导改革佛教,没有成功,但对现代佛教界,多少有些启发性。孔子怀抱大志,周游列国,毫无成就,但他的思想,由弟子传述而流传后世。至于我,如《游心法海六十年》说:"虚大师所提倡的改革运动,我原则是赞成的,但觉得不容易成功。出家以来,多少感觉到,现实佛教界的问题,根本是思想问题。我不像虚大师那样,提出教理革命,却愿意多多理解教理,对佛教思想起一点澄清作用。""理论和现实是有差距的",写一本书,就想"台湾(或他处)佛教界广为接受",我从没有这种天真的想法。我只是默默地为佛法而研究,为佛法而写作,尽一分自己所能尽的义务。我从经论所得到的,写出来提供于佛教界,我想多少会引起些启发与影响的。不过,也许我是一位在冰雪大地撒种的愚痴汉!

（录自《华雨集》五,99—105 页,本版67—71 页。）

一四 评《精刻大藏缘起》

读欧阳渐老居士《精刻大藏缘起》，百感交并，为之怅然久之。闻其所为而喜，寻其所学而疑，于所删所评则忧，于所削疑伪则痛，于所严部别则失笑，于考订则嘿然。

闻其所为何故喜？曰："抗战三年余，忠魂数百万"，有待于救拔；"藏貌虽存，藏真早丧"，有待于整理。欧阳老议精刻大藏以慰忠魂，扶至教，吾抗战期中之佛教徒也，闻之何得不喜！孔子，东海圣人也，删《诗》、《书》，修《春秋》，制礼，定乐而儒道昌。欧阳老生二千五百年之后，心孔子之心，事孔子之事，于经、律、论、撰，删芜伪，严部别，精考订，佛道之昌可期，则亦佛门之孔子也！佛教有孔子，东海添一圣人，吾佛弟子而又东海之人也，闻之又何得不喜！

寻其所学何故疑？曰：圣人不易学，三藏之整理实难。整理而当则孔子，不则秦政也。自是而非它，执一以概全，此是实，余皆妄语，戏论净竟是愚痴相，未足以言整理。空有莫辨，内外杂糅，"学纲未明，教网先缠"，以牵强割裂为精严，亦不足以言整理。欧阳老以学鸣，愿一寻其所学。欧阳老传："龙树、无著，两圣一宗。"然龙树学以无自性故缘起，若有自性如毫厘许者，则缘起不成。无著学则若一切法都无自性,则缘起不成;以由自相安立故,亦胜义有。二圣立说之所依,如何可一? 龙树言三世,不离过、未有现在;无著则现在是有,依之假立过、未。言世俗,龙树则心境都无自性,于假名则皆有。无著则依他心有,遍计境无。言胜义,龙树谈但空,则诸法无自性;不但空则现空无碍。无著理智见真非不但,因空所显异但空。龙树、无著之学纲,吾不敢言明;圣人之学,亦未敢言达。然于两圣一宗之谈,不能无所疑。"东海有圣人焉,此心同,此理同也。西海有圣人焉,此心同,此理同也。以西圣人之三藏十二部,解东圣人之四书五经。""中国实无孔学",此老出乃有真孔学,真孔学即真佛学,发东西圣人之秘,此老何多能乃尔! 以中为无余涅槃,以庸为从定发慧;东海圣人无此语,西海圣人亦无此语,此语出欧阳老胸臆! 夫回外入内为方便,滥佛于儒,则吾所未忍言也!"台、贤、藏、密,绝口不谈。盖《法华》《华严》自有真谛,决不容一家之垄断也。密不尊教,藏时背理,皆法界之陷害也。"欧阳老以不谈为谈,方便莫大!《论》《孟》《学》《庸》,与西圣人同心同理;台、贤、藏、密,皆法界之陷害。尊儒抑佛,唯欧阳老乃能出此! 藉曰孔是真孔,佛是伪佛,真伪一唯欧阳之解说是依,几乎不同持私秤入市,谓他人不与己同! 实则儒佛自有其体系,决不容一人之垄断也!

于所删所评何故忧? 曰:在昔小乘部执纷纭,释尊悬记"如析金杖,分分皆金"。又谓:"虽有五部,不妨如来法界及大般涅槃。"龙树则曰:"不得般若,愚者谓为乖错。智者得般若波罗密故,入三种法门无所碍。"以知法贵当机,离恶、行善、净心,皆可存也。法门不妨或异,于偏执者失之。龙树以六解两评释般若,一则曰皆得,再则曰离戏论为实。辨菩萨断障,虽最后生断障与得无生法忍究竟断,非究竟谈,然亦不无其义。得般若而毗昙无乖,偏执则迦旃延宁复释子。释尊与龙树所谈,抑何不与欧阳老合之甚也?彼谓:"研究诸部,得佛法全体之统绪曰:般若、瑜伽之教,龙树、无著之学,罗什、玄奘之文。曰:宗趣唯一无余涅槃;法门无边,三智三渐次。台、贤、藏、密,绝口不谈。"然则所谓"学纲未明,教网先缠,急删第一"者,台、贤、藏、密绝口不谈者也。删之而不已,"存目但评判"。嗟乎!藉整理之名,行垄断之实。将见一任胸臆,妄肆评黜。此老之设想何其巧!用心亦何其毒!亦知佛法全体之统绪,自有真谛,决不容一家之垄断也!欧阳老老矣,勿以刻藏因缘,造匿正法业!华报现在,果报未来,吾以是为此老忧。

于所削疑伪何故痛?曰:"此方谬种,源于菩提流支。"闻此谬说也,如三百矛刺心。留支学谬,《精刻大藏缘起》未明其故,今亦难为评解。然圣学异义,决不容偏执者陷害法界。何者?展转传流,诵本之非一,一也。如世亲造《三十论》,不闻再出。安慧、护法所依之本颂多不同,立说亦异,欧阳老何以判其真伪?又经论立说不必同,二也。闻《楞伽》与无著唯识学异,欧阳老欲创唯智学,吕澂则以无著为善说,判《楞伽》体用未明。吾不知宗《楞伽》者,亦得判无著谬传赖耶唯妄,偏执体用差别否?又思想演变,前后容有异说,三也。《十地论》系世亲入大之作,殊难强以必合后期之学。一真七妄之谈,犹滞七心论,与《胜鬘》大同,唯识初创义应尔。吕澂引留支译《唯识论》之不相应心,以证法性心,亦谓是非未可言也。又传者译者之见解不同,四也。以取解不同,传译之学说乃有演变。但可于演变中谅其用意,察其体系,取适于己机者而说之、行之。直谓谬妄,何其大胆!愚者不知佛法理论之体系非一,前后多所演变,偏执己见,用局大方。求自宗见之固也,而疑伪经论兴。此不但流支系学者为然,即如奘、基糅十师之学,衡以奘见,成《成唯识论》,亦何莫不然,此所以吕澂欲别为唐人学以治之。整理者,于文献可征,确出国人之手笔者(印人亦有伪托),犹不妨视为某时某系之思想以察其演变,奈何以所见未合,上斥菩提流支为谬种欤?

于所严部别何故失笑?曰:大经、小经,大律、小律,大论、小论,次以秘密,盖常途(大乘显教学者)之言尔。平平无奇,何精严之可夸?可笑者一。责它以"既非结集源流,亦无圣量根据"。其自立也,"遵瑜伽师地五分"。以《阿含》当"摄事分",以大论、小论当"摄释分",于"摄事"、"摄释"间次以大律、小律,此亦唯欧阳老乃觉其有圣量根据!可笑者二。大乘诸经,未闻结集源流。经论及传记中,亦不见有精严部别者,此所以随义分别,人各不同。《华严》取最初说,意不定在圆。《般若》经称佛母,论谓十二部经根本。列般若于首,非如欧阳老所见之谈空。道听途说,三可笑也。以《宝积》为"本事",以《楞伽》、《般若》、《华严》、《涅槃》当"抉择"。抉择者抉择于本事,《般若》、《华严》亦曾抉择《宝积》否?四可笑也。约境行果以判大经,则《涅槃》列方等、般若、涅槃矣,较之臆说为何如?可笑者五。以精严自居,责它无圣量,以半斤轻八两,此其所以为可笑也。

　　于所考订何故嘿然？曰:所考所订,是否类孔子之"雅颂得所,乐然后成"？今既未见,置不论。

　　　　（录自《无诤之辩》,101—106 页,本版68—71 页。）

一五 汉明帝与《四十二章经》

佛教的传入中国,历来史家所公认的,是"汉明感梦,初传其道"(《高僧传》)。这一传说的最早记录者,是《四十二章经序》、《牟子理惑论》。《牟子理惑论》是汉献帝时候的作品(约西元二〇〇年顷),说到了明帝梦见金人,遣使求法。《四十二章经序》叙述明帝的遣使求法,与《牟子》大体相同,多少简略一点。《理惑论》已明显地引用《四十二章经》,所以《经序》应曾为《理惑论》所参考。早在桓帝延熹九年(一六六),襄楷疏上《太平清领书》,也有引用《四十二章经》的痕迹(参汤用彤《汉魏两晋南北朝佛教史》前四章)。经序称明帝为"昔汉孝明皇帝",可见经序的写作,在明帝以后。那么,汉明帝梦见金人,遣使求法的开始记录,总在明帝以后到桓帝延熹年间(七六——一六六),不能不说是古老的传说了!

事实上,佛教的流行中国,比明帝永平时代要早得多。明帝的异母弟楚王英,建武二十八年(五二)到楚国去。《汉书·楚王英传》,说"英晚节更喜黄老学,为浮屠斋戒祭祀"。永平八年(六五),楚王英奉缣赎罪,诏曰:"楚王诵黄老之微言,尚浮屠之仁祠。洁斋三月,与神为誓,何嫌何疑,当有悔吝! 其还赎以助伊蒲塞桑门之盛馔。"据此,那时佛教的年三(月)斋,以及出家(桑门)在家(伊蒲塞)弟子,供僧等制度,都已在中国流行。受到楚王的信仰、明帝的尊重,可想见当时的佛教情况已相当的发达。更早一些,"昔汉哀帝元寿元年(前二年),博士弟子景卢,受大月氏王使伊存口授浮屠经。曰后立者,其人也"(鱼豢《魏略·西戎传》)。博士弟子景卢,《世说新语·文学篇》注作"景虑"。《魏书·释老志》作"秦景宪";《通典》作"秦景";《通志》作"景匿"。其中比较通行的是景宪。景,是楚人的大姓。卢、虑、宪、匿,都只是传写的不同。这一传说,是有确实来源的。宋董逌《广川画跋》卷二也叙述此事,说是"引晋中经"的。梁阮孝绪《七录》序,说晋中经簿有佛经书簿十六卷(《广弘明集》);而《隋书·经籍志》,说晋中经源出魏中经。这可见魏晋的王家("中")藏书中,有十六卷佛经;景宪从大月氏使取受的佛经,也在其中。《魏略》说:"後立者,其人也";《世说新语》注作"後豆"。"後"是复字的讹写,"後豆"——复豆即佛陀的古译。这是说景宪所受的那卷佛经,佛是译作"复豆"的。这是确而可信的传说,可说是佛经的最早传译了!

我相信,佛教的传来中国,比这还要早一些。

中国国史及中国佛教史,以汉明帝梦见金人,遣使求法,为佛教的初传,决不会是无因的。当时佛教界,应该有一番盛事,受到国家的正式尊敬,这才以此为佛教传入的开始。先将《牟子》有关此事的记载录下来,再来分别考察:

　　　　昔孝明皇帝,梦见神人,身有日光,飞在殿前,欣然悦之。明日,博问群臣,此为何神? 有通人傅毅曰:"臣闻天竺有得道者,号之曰佛,飞行虚空,身有日光,殆将其神也!"于是,上悟,遣使者张骞,羽林郎中秦景,博士弟子王遵等十二人,于大月氏写佛经四十二章,藏在兰台石室第十四间。时于洛阳城西雍门外起佛寺,于其壁画千乘万骑绕塔三匝。又于南宫清凉台,及开阳城门上作佛像。明帝存时,预修造寿陵,陵曰显节,亦于其上作佛图像。

明帝梦见的神人,《经序》作"身体有金色,项有日光";《后汉纪》作"金人长大,项有日月光"。金色的,长大的,项有圆光的,这当然是佛。明帝有此金人的瑞梦,虽仅记录于《四十二章经序》;但明帝有金人的瑞兆,却确实见于史书。汉初,自以为得土德;光武二年,才改定为火德。但一般还以为是土德的,如王充《论衡》说:"土色黄;汉土德也,故金化出。"汉得土德,就有土德的符瑞,如《明帝本纪》说:"十一年,濊湖出黄金,庐江太守以献。"在《本纪》中,湖出黄金的符瑞,还不觉得与金人有关。但读到晋葛洪《抱朴子·外篇》:"灵禽鷔喈于阿阁,金象焜昱乎清沼",就显见与金人有关了。老庄学者鲍敬言,不信汉代所传的符瑞,以为这不过是"王者钦想奇瑞,引诱幽荒"。葛洪引了上面的事实,证明符瑞的不召自来,非"卑辞所致,厚币所诱"得的。其中"灵禽鷔喈于阿阁",在汉宣帝、明帝、章帝时代,都是有的。而"金象焜昱乎清沼",那唯有明帝十一年,濊湖所出的黄金了。《本纪》说"金"(其实水里发现几块黄金,说不上祥瑞),《抱朴子》说是"金象",这是值得重视的事!金象就是金人;《后汉书·王景传》,也明白地说到:"先是杜陵杜笃,奏上《论都赋》,欲令车驾迁还长安。耆老闻者,皆动怀土之心,莫不眷然伫立西望。景以宫庙已立,恐人情疑惑,会时有神雀(就是'灵禽噰喈于阿阁')诸瑞,乃作《金人论》,颂洛邑之美,天人之符。"王景的《金人论》歌颂定都洛阳以来的人和天瑞。"神雀"以外,特别以"金人"为题,可想见当时确有"金人"的祥瑞,不只是晋《抱朴子》"金象"的传说了。金人即金象,不仅是民间的传说,还见于朝廷的颂赞。这是皇汉的符瑞,也是佛教东来的瑞兆;明帝的梦见金人,应该与此有关。

因明帝的问起金人(金象),而有人谈到佛的,是傅毅。《汉书·文苑列传》有傅毅传。说到"通人",王充《论衡》说:"通人胸中,怀百家之言。""通人之官,兰台令史(皇家图书馆长)……班固、贾逵、杨终、傅毅之徒。"通人是综贯百家的,尊汉德而薄三代的,文华与武功并重,不信儒家的谶记、方士的仙术,代表当时进步而踏实的学者。傅毅是这一型的学者,知道西方有佛,应该是可以信任的。

明帝遣使求法,《经序》与《牟子理惑论》所叙的求法使,都是实有其人,也多少与西域有关。但说到奉明帝的命令去求法,都是不可能的。一、"使者张骞",这是众所周知的西域使者,到过大月氏。但他是汉武帝时人,比明帝早二百年。遣张骞去西方求法,《四十二章经序》的作者,似乎太缺乏历史的观念了。梁刘孝标的《世说新语》注,引《牟子》,只说"遣羽林将军秦景,博士弟子王遵等",删去张骞。梁慧皎《高僧传》,取使者蔡愔说而不取张骞,大概都是觉到这时代的错误吧! 二、秦景,实就是秦景宪或景宪,确乎在大月氏王使伊存那里受过浮屠经。但秦景是哀帝时人,他如能生存到明帝时代,也要接近百岁了。百岁老翁,派他去通过流沙、雪岭去求法,当然是不会有的事。三、王遵是光武时人,《隗嚣传》中有他的事迹。王遵曾到过陇西,晚年的事迹不明。但他是军人,与"博士弟子"的身份不合。

《四十二章经序》的作者,知道《四十二章经》是明帝时代传来的,却不知道译者是谁。他听到明帝有金人的瑞兆,遣使求法,也根本不知道派遣的是谁,这才将与西域有关的张骞、秦景等写在上面。这是一位平凡的信仰者!虽然错误太多,但凭此序而引起我们注意,知道明帝时代有金象的符瑞,还是有价值的!

明帝的时候,江淮一带的佛法相当流行;这从楚王英的奉佛、供僧、持斋,而可以理解出来。所以濠湖发现金象,作为国家的符瑞,而引起国家对佛教的尊敬,是并不稀奇的。当时,遣使求法,而有《四十二章经》,被珍藏于兰台石室。可惜《四十二章经序》的作者,不知道译者是谁,派遣的使者是谁。对于这,南齐王琰《冥祥记》,说是:"初使者蔡愔,将西域沙门迦叶摩腾等,赍优填王画释迦佛像(来),帝重之,如梦所见也。"使者蔡愔与摩腾同来,王琰说"如诸传备载",他是有所据的,摩腾与《四十二章经》的传译有关。从《四十二章经》来说,一般流通的《四十二章经》,是宋守遂所传的,经过禅宗大德糅合了禅家的辞句,所以曾引起近代学者的误会,认为充满禅宗色彩的《四十二章经》是晚出的伪经。其实,别有《四十二章经》古本,编在《宋藏》与《丽藏》。古传的《四十二章经》,道安的《综理众经目录》(西元三四七作)虽没有记录,但西晋惠帝时(西元二九〇——三〇六)的支敏度,已记录"孝明皇帝四十二章"了。刘宋时作的《别录》,说《四十二章经》有二本,支谦第二译,"与摩腾译者小异"。这可见摩腾的初译四十二章,在王琰以前,早有了明文的记录。考察起来,这是完全正确的! 古代的《四十二章经》,曾有二译:(一)汉译。桓帝时的襄楷,献帝时的牟子,都曾引用过,辞句比现存本要古拙一点。《牟子》与《经序》所说的《四十二章》,就是汉译本。但《经序》的作者(《牟子》只是引用而已)只说到十二使者去大月氏取经,却没有说译者是谁,也没有说有否大德同来。但这是不说,不能说没有,《四十二章经》是应有译者或口授者的。(二)吴支谦译。《别录》说他"文义允正,辞句可观"。现存的《宋藏》本,就是这第二译。支谦是一位汉化的月氏人,他对于汉支谶译的《首楞严经》、《道行般若经》,吴维祇难译的《法句经》,都曾加以文辞的修润。《四十二章经》的支谦再译,也许就是文义的修润。有了支谦的新译,《别录》在说明前后二译时,才说到汉摩腾的初译《四十二章经》。这虽然记录得迟一点,但汉译是应有译者的。如没有积极的文证证明汉译本不是摩腾所译,那对于汉明帝时摩腾译《四十二章》的传说,是应加以信任的。汉译《四十二章经序》,说使者张骞等,不说译者是谁,是中原的传说。汉末,传到交广,被牟子采用了。吴译《四十二章经》,是江东支谦译的;说汉译是摩腾所译,这是江东的传说。这一传说,被《别录》采用了。王琰的"使者蔡愔与摩腾同来",也是属于江东的传说。中原的传说,译者不明,使者又多是不可能的。反之,江东的传说,说使者蔡愔与摩腾同来;说摩腾译经,并没有显著的矛盾。为了辨别汉、吴二译,才提到汉摩腾的译经。记录虽迟一点,却属于学者的传闻。比起《经序》

来,可信的程度要高得多!

《四十二章经》的旧译与新译,中原与江东的不同传说原是分明的。但在梁慧皎的《高僧传》中,糅成一团;古来传说的真面目,从此迷糊不清。慧皎《高僧传》说:"使者蔡愔,博士弟子秦景等",这明是二种传说的糅合。说使者到了月氏,请了摄摩腾与竺法兰二人;摩腾与竺法兰,合译了《四十二章经》。慧皎不谈支谦的再译,却添上一位竺法兰,使人感到可怪! 其实,竺法兰是确有其人,确与《四十二章经》有关。梁宝唱《名僧传》,说《四十二章经》是竺法兰译的。梁僧祐《出三藏记·支谦传》说:"支谦……太子登阼(二四一),遂隐于穹隘山,不交世务,从竺法兰道人,更练五戒。"这可见竺法兰与支谦有关,是汉末吴初时人。支谦从他修学,也许支谦的再译《四十二章经》,曾请教过竺法兰(所以有竺法兰译《四十二章经》的传说)。关于《四十二章经》,慧皎不应该略去支谦的再译;不应该把支谦同时的竺法兰,提前到汉明帝时代(《高僧传》说竺法兰来中国迟一点,也就泄漏了此意);更不应该把《四十二章经》的前后二译,作为二人的合译本。总之,慧皎糅合说,是完全错了! 然而梁僧祐《出三藏记》支谦的传说,慧皎的糅合说,尽管有多少不同,而"孝明皇帝四十二章",明帝遣使求法,还是彼此一致的!

到中国来传译《四十二章经》的摩腾,《高僧传》作摄摩腾,《出三藏记》作竺摩腾,《冥祥记》作迦叶摩腾。这位弘传佛法的大师,在初期佛教的发展中曾起过重大的作用。以我的研究,燕昭王时的尸罗、秦始皇时的室利防,都是摄摩腾故事的变形。东晋王嘉的《拾遗记》说:"(燕昭王)七年,沐胥之国来朝,则申毒国之一名也。有道术人名尸罗，……于其指端，出浮图十层，高三尺。"隋费长房的《历代三宝纪》说："秦始皇时，西域沙门室利防等十八人，赍佛经来咸阳；始皇投之于狱。"尸罗、室利防、摄摩腾的传说，粗看起来，都是片文孤证，不足为据，而且尸罗与室利防的故事近于神话，但仔细考察，觉得彼此间大有共同性。在名字上，尸罗与室利防，是同名异译，是谁都可以承认的。室利防大概是舍利弗（Sāriputra）的音译。摩腾与 putta 也是相近的（MP 通转）。不但名字相近，从西方到中国来，都有开始弘传佛教的意味。这是同一事件的不同传说。同一事件而能成为多样的传说，可想见原始事件必是影响社会很深切的。在这不同传说中，摄摩腾的译经建寺记录最早，当与事实相近。到底经过了长期的传说，而后见于记录，所以有关摄摩腾的事迹，如国籍是月氏还是天竺；译经是口译还是带原本来中国；佛像是西方带来还是从中国画出，都是不能确定的。不过，这是枝末问题，而摩腾从西方传来经像，始终是一致的。

　　汉明帝时，《经序》说"起立塔寺"；《牟子》说"于洛阳城西雍门外起佛寺"；《冥祥记》说"白马寺"：中国的佛寺，从此开始建筑。塔，是梵语塔婆的简称，原是印度埋骨的建筑物（塔是高显的意思，与中国的坟意义一样）。佛涅槃后，供养佛舍利（骨）的，称为佛塔或舍利塔。后来，供养佛的经典，或佛的画像、塑像、雕像，也称为佛塔，佛塔是供佛的所在。寺，这是中国固有名词，与印度的僧伽蓝相近，是僧众的住处。为什么在中国称为寺呢？寺的本义是"近侍"。古代从家而扩大为国，所有国家的行政，起初都不过在王家近臣的手中；行政的公署，也就称为寺。

《汉书·元帝纪》注："凡府廷所在,皆谓之寺。"在汉代,寺是中央与地方的政事机关。不过帝王的近侍集团,也还特别的称为寺。寺在汉朝,是朝廷、官厅,佛教在此时建筑道场,也称为寺,这不能不说与国家有关。古人有这样的传说:摄摩腾初从西域来,最初住在鸿胪寺(这是招待诸侯及四方边民的),所以佛教的道场也就称为寺。这是非常近情的。当时,《经序》只说造寺。《牟子》没有说什么寺,却说"寺在洛阳城西雍门外"。牟子到过洛阳,他的叙述,至少是当时的事实。王琰说是白马寺。《水经注》与《洛阳伽蓝记》,都说白马寺西阳门外;西阳是雍门的别名。西晋竺法护的译经记中,也曾说到"洛阳城西白马寺","洛阳白马寺"。这些记录,与《牟子》所说的完全相合。汉明帝时初建的,是洛阳西门外的白马寺,应该是确实可信的。

　　从上来的考察,汉明帝梦见金人、遣使求法的故事,大致是这样的:明帝永平十一年,庐江郡太守献上溧湖所发见的金象——金人。这是一件难得的祥瑞！在朝在野,都归功于圣天子的明德,歌颂皇汉的太平。明帝心里非常欢喜,欢喜得梦中也见到金人的飞行。一天与朝臣说起,通人傅毅说:天竺有圣人,名叫佛,是身作金色的。佛的教化,从天竺到西域,也多少流行来中国。金人的瑞应,或许是西域佛教赞助圣明的瑞兆吧！永平十六年春天,"命将帅北征匈奴,取伊吾卢地,遂通西域"(《后汉书·西域传》)。十七年春天,"西域诸国,遣子入侍"(《明帝纪》)。那个时候(从明帝十一年到十七年),蔡愔奉使去月氏,受明帝的嘱咐,请了一位德学兼优的摄摩腾大师,带着经像到中国来。到了洛阳,先在鸿胪寺住下。明帝召见摄摩腾,摩腾奉上《四十二章经》与佛像。明帝见图绘的佛像与过去所见的一模一样,生起敬心。除了把《四十二章经》珍藏在兰台石室而外,特别在洛阳西门外建了一所佛寺,为大汉与皇上祝福!

（录自《佛教史地考论》,343—356 页,本版 225—234 页。）

一六　玄奘大师年代之论定

　　罗香林先生承梁任公之说,撰《玄奘法师年代考》,坚主奘公享年六十九岁,载于《香港佛教》一——三期。然察其论证,未为平允。奘公为我国杰出之大师,有关中印文化之交流者甚大,近人多所论述。因取而论证之,非敢与时贤故为出入焉。

　　详叙奘公一代事迹者,不外三书:(一)冥详所撰《大唐故三藏玄奘法师行状》(简称《行状》),最为先出。奘公卒于麟德元年(西元六六四年)二月五日。三月十五日,敕京城僧尼以幢盖送葬。四月十五日,葬于浐东白鹿原。《行状》说及敕葬而未及葬事,有"舍命时经六十日,头发渐生"之语,可断为四月初旬,临葬前所作。(二)道宣撰《续高僧传》卷四之《京大慈恩寺释玄奘传》(简称《僧传》)。道宣卒于乾封三年(西元六六七年),距奘公之卒仅三年。《僧传》之写定,当即此二、三年内。(三)《大慈恩寺三藏法师传》(简称《慈恩传》),沙门慧立本,释彦悰笺。慧立为奘公弟子,传本五卷,未以传通。临终以付门人,又复散失,搜购乃全。彦悰为之整理,垂拱四年三月十五日,为之序曰:"乃参犬羊以虎豹,糅瓦石以琳瑈。错综本文,笺为十卷。"是知今传间异慧立之旧。垂拱四年,即西元六八八年,去奘公之卒已二十四年矣。余如唐刘轲所作《唐三藏大遍觉法师塔铭并序》（简称《塔铭》），撰于文宗开成二年（西元八三七年）。《旧唐书》卷一百九十一之《僧玄奘传》（简称《本传》），虽或以唐臣所修国史为本，而实成于后晋之世（西元九三六——九四六年）。文既后出，义多因袭。论奘公之年代，应以前述三书为主。

　　奘公卒于麟德元年，享寿则有《行状》之六十三岁说，《僧传》之六十五岁说，《慈恩传》（文隐而义显）及《塔铭》之六十九岁说，究以何说为是？兹先检考三书，察其自身之有否矛盾。（一）《行状》有"今麟德元年，吾行年六十有三，必卒于玉华"（宫）之说，据此，奘公应生于隋仁寿二年（西元六○二年）。《行状》谓："法师年二十有一，以武德五年，于成都受具。"武德五年为西元六二二年，确为二十一岁。又谓："贞观三年（西元六二九年），将欲首涂。……遂即行矣，时年二十九。"此则自相矛盾；盖如生于仁寿二年，贞观三年应为二十八岁。然西游之年岁，各书俱自相乖违，不应偏责。（二）《僧传》有"行年六十五矣，必卒玉华"之说，异于《行状》。然如麟德元年为六十五岁，则应生于隋开皇二十年（西元六○○年）。武德五年，应为二十三岁，而《僧传》仍谓："武德五年，二十有一。"贞观三年西游，应为三十岁，而《僧传》仍谓"年二十九"。可知道宣之《僧传》，今本虽主六十五岁说，而于受具、西游之年，并因袭《行状》，宜其矛盾。（三）《慈恩传》云："今年六十有五，必当卒命于此伽蓝。"此说同于《行状》、《僧传》，但系于初译《般若经》时。显庆五年（西元六六○年）正月，初译《般若》；如此时年已六十五，则卒年应为六十九，此即《塔铭》六十九岁之所本。据此，奘公应生于隋开皇十六年(西元五九六年)。《慈恩传》云:"法师年满二十(即二十一),即以武德五年,于成都受具。"依六十九岁说,此年实为二十七岁。又云:"贞观三年秋……遂即行矣,时年二十六矣。"依六十九岁说,此年应为三十四岁。总察三书,虽所说年代俱不无自相刺谬之处,此或传写致误。《僧传》与《慈恩传》虽别主六十五、六十九说,而实沿袭《行状》之说,宜其多所矛盾。

奘公享年,虽三说不同,然并本于奘公——"吾年六十×矣,将卒于玉华"之传说。其中六十九岁,决非吾人所敢赞同,兹列其说而后比论之。

《行状》:"麟德元年正月一日,玉华寺众及僧等,请翻《大宝积经》。法师……谓弟子及翻经僧等:有为之法,必归磨灭。泡幻之质,何得久停!今麟德元年,吾行年六十有三,必卒于玉华。……徒众闻者,无不惊泣。……正月三日,法师又告门人:吾恐无常,欲往辞佛。……九日申时……曰:某必当死。"

《僧传》:"麟德元年,告翻经僧及门人曰:有为之法,必归磨灭。泡幻形质,何得久停!行年六十五矣,必卒玉华。……遂往辞佛。……正月九日,告寺僧曰:奘必当死。"

《慈恩传》:"(显庆)五年春正月一日,起首翻《大般若经》。……法师翻此经时,汲汲然恒虑无常,谓诸僧曰:玄奘今年六十有五,必当卒命于此伽蓝。……麟德元年春正月朔一日……请翻《大宝积经》。……玄奘自量气力不复办此,死期已至,势非赊远。今欲往兰芝等谷,礼辞俱胝佛像。"

《行状》与《僧传》所说相同,仅六十三与六十五之异,此或传写之误，姑置不论。奘公卒于二月五日与正月一日，相距不过月余，奘公宣称将卒于玉华，事固近情可信。《慈恩传》系此语于初翻《般若经》时——显庆五年（西元六〇〇）正月一日，下距奘公之卒，四年一月有余。四年以前，奘公即宣称将卒于玉华，揆之常情，殆难取信！使无《行状》与《僧传》，无异说以存疑或否定之，犹得以宗教修持而通释之。今有《行状》、《僧传》之说，文既早出，义复近情，乃觉《慈恩传》之失实。彦悰自谓："参犬羊于虎豹，糅瓦石以琳瑯；错综本文"，盖有自知之明矣！罗氏主六十九岁说，责《行状》"今麟德元年"之说为难信。麟德乃上年十二月所诏改，奘公说此，究有何不可！退言之，使奘公但言"行年六十三"，撰《行状》者加上"麟德元年"字样，亦不足以证其谬。盖系此语于麟德元年，非《行状》私说，亦《僧传》所同。乃罗氏必指此为"违异者一"，诚可异也！

次从奘公出家、受具、西行之年代，以推论三说之孰为允当。为推论便宜计，先论西行之年代。奘公于贞观三年西游天竺，为从来所公认。贞观十八年，奘公自于阗上表，即谓："贞观三年四月，冒越宪章，私往天竺。"二十年，请三藏圣教序表，亦谓："奘以贞观三年，私往天竺。"辨机《西域记》谓："贞观三年，杖锡遵路。""贞观三年仲秋朔日，褰裳遵路，杖锡西征。"道宣《内典录》亦谓："贞观三年，出观释化。"是并奘公在世时之文记。此后《行状》、《僧传》、《慈恩传》等，更无异说。然自梁任公考出：叶护可汗卒于贞观二年，而后奘公于贞观元年西行，乃成不易之定论。

今略为叙述：奘公西去，曾晤见西突厥叶护可汗，并得其助力。然《新唐书·薛延陀传》谓："贞观二年，叶护死，其国乱。"《新唐书·突厥传》，亦谓叶护死后，"乙毗钵罗肆叶护可汗，与俟毗可汗，分王其国，挐斗不解，各遣使朝献"。《旧唐书》同。此与《太宗本纪》"贞观三年冬十一月丙午，西突厥、高昌，遣使朝贡"之说合。贞观三年，叶护已卒。如奘公于三年西行（抵突厥应在四年），则何能与叶护可汗相见？三年西行之说，悖于事实。《续高僧传》云："会贞观三年，时遭霜俭，下敕道俗，逐丰四出。（玄奘）幸因斯际，径往姑臧。"考之《唐书》："贞观元年八月……关东及河南陇右沿边诸郡，霜害秋稼"；三年则并无霜俭之事。乃知《僧传》之三年，实为贞观元年之误。元年秋西行，故得见叶护可汗，并得其助力也。

然则诸书何以悉云贞观三年西行，事殊费解。梁任公之《历史研究法》，以为诸书为依据同一蓝本，蓝本误而悉误。此为唯一合理之解说，盖古书多属抄写，杂以行草，误读元年为三年，极为可能。罗君不取此说而创为别解，以为："贞观三年四月，冒越宪章，私往天竺"，乃"指其西行已达北印之时间而言，非指其自长安出发年月"，"玄奘或已不便明言，曾受高昌王与西突厥遣使护送之事实"。然按之文记，决不如此。奘公见太宗奏对时曰："玄奘昔去之时，以再三表奏，但诚愿微浅，不蒙允许。无任慕道之至，乃辄私行。"《行状》载：未出玉门关时，有胡人忠告："国家法，私向外国，罪名极重。"《慈恩传》作："王法不可忤。"《慈恩传》叙此极详："时国政尚新，疆场未远，禁约百姓，不许出蕃。时李大亮为凉州都督，既奉严敕，防禁特切。""未发之间，凉州访牒又至。云有僧字玄奘，欲入西蕃，所在州县，宜严候捉。"可知"冒越宪章,私往天竺",指私出玉门而言。且奘公奏表,于"私往天竺"下,接云:"践流沙之漫漫,陟雪岭之峨峨,铁门巉险之涂,热海腾波之路。始自长安神邑,终于王舍新城。"私往之说,明明若是,何得别解为"已达北印之时"? 然此实应为贞观元年,故三年之说,必为误写无疑。

旧传奘公于贞观三年西征,《行状》及《僧传》作二十九岁,《慈恩传》作二十六岁,俱不符合。今考定为贞观元年成行,依六十九岁说,时为三十二岁;依六十五岁说,时为二十八岁;依六十三岁说,则为二十六岁。《慈恩传》之二十六岁西行说,与《慈恩传》所持之六十九岁说不相合。《慈恩传》究何所根据,而定为二十六岁? 窃谓:《行状》作六十三岁,此年适为二十六岁,殊可注意! 前来考证,三书所持之年龄虽不相同,而武德五年,二十一岁(二十岁满)受具说,《僧传》及《慈恩传》,并取《行状》之说。而西行之年,《僧传》亦与《行状》同。可推见关于西行之年岁,本为二十六岁,《慈恩传》乃据而书之。唯《行状》及《僧传》之"六"字,已形误而传写为"九",致与六十三岁说不符耳。

关于奘公西行之年月,其自于阗上表,作"三年四月"。《西域记》作"三年仲秋朔日",《慈恩传》慧立序作"三年秋八月"。今知三年乃元年之误,四月与八月(仲秋)之歧说,应如何决定? 今谓应是八月。其理由为:一、《西域记》与《慈恩传》同,仲秋即八月,明文不应有误;而四月之四,可能乃以八为草书四字而致误。二、《高僧传》谓:奘公乘霜俭而西行,《唐书》固明记霜害谷稼为八月事。三、考之奘公西去,通过凌山之时,亦应以八月成行为合。兹据《慈恩传》所载奘公行迹而详叙之:《释迦方志》

云："从京师西北行三千三百余里,至瓜州。"以每日行百里计,
须时三十余日。而奘公在凉州,"停月余日";至瓜州,又"经月
余日"。"月余日",姑以三十五日计,则自长安起行,至瓜州动
身,道行及停留,共约一百零五日。据八月初起行以为推算,瓜
州动身时,为十一月中旬。次"从此(瓜州)北行,五十余里……
上置玉门关"。奘公当夜至关,第二夜过第一烽,第三夜过第四
烽。次行百余里(可二日程),失水,"四夜五日,无一滴沾喉"。
夜半得水,"就草池一日停息","更经两日,方出流沙到伊吾"。
此一艰苦行程,约十三、四日。是则奘公抵伊吾时,已十一月底
矣。次"在伊吾经十余日","经六日至高昌界";"停十余日欲辞
行",为高昌王苦留,乃"水浆不涉于口三日";第四日,王意回,
"仍屈停一月,讲《仁王经》"。临行,奉表高昌王致谢。自入伊
吾,至别离高昌,约经七旬,则是时已贞观二年二月中旬。次自
高昌西行,七百余里至阿耆尼(见《释迦方志》),未有停留,可八
日程。次"西南行三百余里",又"川行七百里",至屈支。时为
三月初旬,与《慈恩传》之"时为凌山雪路未开,不得进发,淹停
六十余日"之情形相合。依《西域记》,凌山固"山谷积雪,春夏
含冻",非盛夏不宜通行者。奘公约于五月中旬离屈支。"西行
二日",逢贼;"又前行六百里",至跋禄迦国;再"西北行三百里"
而至凌山。五月下旬(或六月上旬),通过凌山雪道,甚为适合。
若奘公四月成行,则此时为正二月间,其不宜通过凌山,至为显
然。故奘公应为贞观元年八月,西往天竺。

论奘公出家之年,罗君之误说特多。彼谓:"考玄奘初于洛
阳被度为僧,《慈恩传》与《塔铭》,均谓在其年十三岁之年。而

《行状》则谓在大业之际,时年十五岁也。僧本传则谓其年在十一岁时。若以玄奘本人所自述者言之,则以十三岁一说为最得实。"然精读《行状》、《僧传》及《慈恩传》,乃知罗君所说悉是误会之谈,无一与实际相应。试对列诸文以解之:

《行 状》	《僧 传》	《慈恩传》
爰以宿植,早厌樊笼……	以奘少罹穷酷,携以将之。日授精理,旁通巧论。年十一,诵《维摩》、《法华》。	察法师堪传法教,因将诣道场,诵习经业。
大业之际,诏度僧尼。……因听落饰,止东都净土道场。	东都恒度,便预其次……	俄而有敕,于洛阳度二七僧……得出家。
时寺有景法师讲《涅槃经》……又学严法师摄论……升座覆述,抑扬剖畅,备尽师宗。美闻芳声,从兹发爽(矣),时年十五也。	时《涅槃》、《摄论》,轮驰相系。……僧徒异其欣奉,美其风素……重其学功,私开役务,时年十五。	时寺有景法师讲《涅槃经》……又学严法师《摄论》……升座覆述,抑扬剖畅,备尽师宗。美闻芳声,从兹发爽,时年十三也。

察《行状》、《僧传》之"时年十五",《慈恩传》之"时年十三",非指奘公得度为僧,乃于净土寺研学《涅槃》、《摄大乘论》,登座覆述,而为寺众推重之时。《涅槃经》三六卷(南本),梁译《摄大乘论》一五卷,并当时有名之大经大论,文繁义富,年十五(或十三)而能备尽师宗,诚非易事!修学经论,振誉寺僧,《行状》作十五岁时,《僧传》亦同,罗君何得妄为分别?至《僧传》之"年十一",指其兄携奘公之洛阳,诵习《维摩》、《法华》,亦无十一岁出家之明文。故知罗君所叙,出家有十五、十三、十一之三说,全属

子虚。据此而妄申取舍，自难确当。然据文以推论奘公出家之年，自以十一岁为近之。《慈恩传》于将"诣道场，诵习经业"下，接曰："俄而有敕，于洛阳度二七僧"，乃得出家。《僧传》于"年十一，诵《维摩》、《法华》"下，接谓"东都恒度，便预其次"。曰"俄而"，曰"便"，可想见其即十一也。更考之文记，奘公出家，年龄固甚幼小。如：一、永徽三年，奘公安慈恩寺塔基发愿曰："庆少得出家。"二、《内典录》谓："小年出家。"三、《行状》谓："郑善果……谓人：此子年齿虽幼，风骨甚奇。"四、《古今译经图记》谓："鸠车之龄落彩，竹马之齿通玄。"推论为十一岁出家，应无不合之处。十五与十三岁，为修学经论振誉之时，不应视为得度之年。《行状》与《僧传》之十五，《慈恩传》作十三，不外传写之误。此如《行状》之"年六十三"，《僧传》及《慈恩传》传写为六十五。据武德五年为二十一岁论之，亦是传写之误。三五互误，非关传闻之异。

奘公离高昌时，上高昌王表云："宿因有庆，早预缁门，负笈从师，年将二纪。"罗君推为"为考定玄奘年代之最大关键"。然《行状》主行年六十三说，应生于仁寿二年（西元六〇二年）。十一岁出家，为大业八年（西元六一二），与"大业之际"合。依上来叙述，奘公离高昌上表时，为贞观二年（西元六二八年）二月。出家至此，始末十七年，与"年将二纪"之说，并无不合。将者，将至未至，大抵十六、七年以上，即可称"年将二纪"也。

《行状》之"法师年二十一，以武德五年，于成都受具坐夏学律"。《慈恩传》全同，但作"年满二十"。年满二十，即中国习用之二十一岁。《僧传》亦同说"武德五年，二十有一"。佛制：出家之称,通于沙弥,故七岁以上,即可出家。受具,即受具足戒。受此具足戒已,名为比丘。此则佛制以"年满二十",即二十一岁,乃合法定之受具足戒年龄。故奘公谨遵佛制,武德五年为二十一岁(《行状》说正尔),于成都受具。坐夏,即安居。佛制比丘,夏三月安居,不得远行游化,故亦称坐夏。比丘受具足戒已,遇安居期,即应夏安居。此在今日,虽多数不知此事,然在印度及隋、唐之际,固为教界所共知者。律说:"五年以前,专精戒律。"此非谓不学经论,而是受具足戒已,五年内依止师长,修学戒律,不得离依止师。故依佛制,受具以后即应坐夏学律。以此,《行状》及《慈恩传》所说"年满二十,即于武德五年,于成都受具坐夏学律",深合佛制。罗君虽长于史,然佛教中事,想未能深知。由于坚主六十九岁说,觉与武德五年,二十一岁受具等不合,乃创为别解,曲说万端。以为《唐书·玄奘传》之"大业末出家","殆以受具足之年为出家之年";"而此大业十二年,则正为玄奘二十一岁"。以为"受具足戒,与坐夏学律,本为不同之二事";"至武德五年,乃于成都坐夏学律。依其生于开皇十六年推算,则是年实已二十七岁"。彼想像为大业末受具,武德五年坐夏学律,不知受具即应坐夏学律之佛制,其误一。以武德五年为二十七岁,遍与《行状》、《僧传》及《慈恩传》之明文相违,其误二。解《唐书》之出家为受具,反指《慈恩传》等之受具为误,臆解无稽,其误三。实则武德五年,年二十一,为三书所公认。受具坐夏学律,即是受具坐夏学律,不劳别解也。

《唐书·玄奘传》,以奘公"大业末出家","年五十六",梁任公深致其不满之意。然"大业末",应即《行状》之"大业之际"。依《行状》，推知十一岁出家，为大业八年。时当衰乱之末世，故曰"末"，何用定指为大业十二年？例如"清末"，岂是局指宣统三年？"年五十六"，罗君解说为僧腊，乃加以自己所定之十三岁出家，以之证成生年六十九岁之正确。不知六十九岁说，实从误系"年六十五"于显庆元年而来；十三岁出家，乃罗君误读《慈恩传》而来；六十九岁说又不足取信，何用别解"年五十六"为僧腊？予以为："年五十六"，或是"年六十五"之传写致误。否则，史书晚出，记载失实而已。

证为六十九岁说而似有可信者，为显庆二年（西元六五七年）九月，表请入少林寺译经，中有"六十之年，飒然已至"之句。如奘公卒年六十三，则显庆二年为五十六岁；若卒年六十五，亦为五十八岁，并与"已至"之语不合。若卒年为六十九岁，则显庆二年为六十二岁，乃能与"六十之年，飒然已至"相合。然详考之，奘公自述，间亦自相违异。显庆二年二月，奘公随帝至洛阳，因回乡省视先茔，乃表请改葬父母。表有："玄奘不天，夙钟荼蓼。兼复时逢隋乱，殡掩仓卒，日月不居，已经四十余载。"若依六十九岁说，依罗君之十三岁出家说（父母应先已去世），则父母去世，应为西元六○七年（大业三年）。至显庆二年，已经五十一载，与"四十余载"说不合。反之，如依年六十三说，十一岁出家为大业八年（西元六一二）。《僧传》有（兄）"以奘少罹穷酷，携以将之"之语，父母之丧，在出家之前，为出家之重要原因。如父母亡于奘公十岁之年（西元六一一），则至显庆二年为四十七年，与"四十余载"说合。即以年六十五计，则显庆二年，去父母之丧为四十九年，亦尚可通。该年春秋二表，显有乖违，如偏执"已至"之句,则与一切文记相乖违,故应别求解说。以,古每写作目;已与以,古多通用。故可解说为:"已至"乃"且至"之讹夺。如"六十之年,飒然且至",则《行状》之年六十有三说,无有不合者矣。

吾今独取《行状》所说,奘公享年六十有三者,理由为:(一)《行状》最先出。(二)武德五年,为二十一岁;此与六十三岁说相合。且此不特《行状》所说,亦《僧传》与《慈恩传》所共说。(三)奘公西行,应为贞观元年。《慈恩传》作时年二十六,与《慈恩传》之六十九岁说不合,反与《行状》六十三岁合。此应慧立作传,犹见及古说。至《行状》与《僧传》作年二十九,悉与自说相乖,故决其本为二十六,而误写为二十九。(四)贞观二年,表谢高昌王,有"负笈从师,年将二纪"之语。与《行状》相合,时出家已十七年。(五)显庆二年表奏改葬父母,谓父母之丧,"已经四十余载"。亦与《行状》合,时去父母之丧,约四十七年。唯一不合,为当年表奏所说"六十之年,飒然已至"。然如依此而信六十九岁,不但与一切文献相乖,即与当年表奏之"已经四十余载"亦不合。不应偏取片文只语,故应解"已至"为"且至",则《行状》所传之六十三岁说,一切均合。

《高僧传》虽大致可通,但多一不合,即"武德五年,二十一岁"之说。故以《行状》之说为正;而以《僧传》之六十五说,为六十三之误传也。

依《行状》所说,考定奘公之年代如下:

一、奘公生于隋仁寿二年。

二、奘公出家于隋大业八年,时年十一。

三、唐武德五年,奘公受具足戒,时年二十一。

四、贞观元年八月西行,时年二十六。

五、贞观二年,表谢高昌王。时年二十七,出家已十七年。

六、贞观十八年,还抵于阗,表奏。时年四十五,西游已十七年。

七、贞观十九年春,还至长安,时年四十六。

八、显庆二年,至洛阳,改葬父母,时年五十六。

九、显庆二年秋,表请入少林寺译经。

十、显庆五年,初译《般若经》于玉华宫,时年五十九。

十一、麟德元年二月,卒,时年六十三。

（录自《佛教史地考论》,357—376页,本版235—247页。）

一七　点头顽石话生公

"生公说法,顽石点头",久已传为佛教的佳话。生公的为人,如事迹、品格、思想,以及时代的关系,生公给予中国佛教的影响,这一切都值得认识一下。

生公名道生,杨都竺法汰的弟子。依当时的习惯,依师为姓,就称为竺道生。他死在宋元嘉十一年(西元四三四)冬十月庚子,不知享年多少。梁《高僧传》说:"年在志学(十五岁),便登讲座;年至具戒(二十岁),器鉴日深。……初入庐山,幽栖七年以求其志。……后与慧睿、慧严,同游长安。"竺法汰是晋太元十二年(西元三八七)死的,生公的年纪还不大。他到庐山住了七年,依止远公。在此期间,学过(僧伽)"提婆小道之要"。僧伽提婆,太元十六年(三九一)在庐山译《阿毗昙心论》;隆安元年(三九七)才东向杨都。生公后来听到罗什三藏到了长安(秦弘始三年,即四〇一),这才与同学们一起上长安。那时,肇公才十九岁,生公似乎还不到三十岁(二十岁加七年)。在罗什三藏门下,是优秀的青年。所以当时人说:"老则融、睿,少则生、肇。"这样,生公约生于西元三七五,死在元嘉十一年,享年约六十岁左右!

　　生公在去长安以前，早已受到人的赞许。《僧传》说："性度机警，神气清穆。"慧琳的《道生法师诔》文说："性静而刚烈，气谐而易遵，喜舍以接诱。"这可见，生公不仅是聪敏的青年，还是和乐易处的、沉潜刚毅的、喜舍乐意助人的青年。他澹泊静默，所以能在青年时代耐得了"幽栖七年"的生活，承受庐山精神的陶冶。也因为他刚直，晚年才会受人的排挤。庐山精神是三学（戒、定、慧）并重的，恬澹而精进。但生公却偏重慧学，他以为："入道之要，慧解为本；故钻仰群经，斟酌杂论。"他的慧解为本，与谢灵运的"成佛是慧业文人事"，如出一口。生公以"慧解为本"，所以又到长安去修学。诔文说："中年游学，广搜异闻。"这位强毅明敏的青年，是怎样的求知若渴！

　　他到长安，可能是什公入关的来年（四〇二）。"关中僧众，咸谓神悟。"在什公的号称三千弟子中，有四圣、八俊、十哲，其中都有他。当时的评语是："通情则生、融上首，精难则观、肇第一。""生、睿发天真，严、观洼流得。"生公的被人器重，主要是颖悟。但他住不几久就先走了！什公在弘始六年（四〇四），翻译《大品经》；七年十二月，《大智度论》也译毕了；这才又把《大品经》作了最后的修正。"因出《大品》之后，（僧）肇便著《般若无知论》。"这部论被生公带回庐山。这可见生公的南下，不能早于弘始七年。一个夏天，《般若无知论》被刘遗民看见了。下一年冬，写信向肇公质疑，信上说："去年夏末，始见生上人示《无知论》。"肇公接了信，又到下一年中秋，才回信给刘遗民说："得去年十二月疏并问。……八月十五日，僧肇疏。"回信的时候，已是生公回庐山的第三年了。回信中说："领公远举，乃千载之津梁也！于西域还，得方等新经二百余部。请大乘禅师一人，三藏法师一人，毗婆沙师二人。……禅师于宫寺教习禅道，门徒数百，夙夜匪懈，邕邕萧萧，致自欣乐。三藏法师于中寺出律藏，本末精悉，若睹初制。毗婆沙法师于石羊寺出《舍利弗毗昙》胡本，虽未及译。……生上人顷在此同止数年，……中途还南。"肇公回信时，禅师佛陀跋陀罗还在关中传禅。他的被摈出关，迟不过弘始十一年（另考）。在中寺出律藏的佛陀耶舍，弘始十二年始译；支法领（领公）也是此年回长安的。在石羊寺译《舍利弗毗昙》的昙摩耶舍与昙摩崛多，出胡文，是弘始九年。从这些事实看来，肇公回信时，佛陀跋陀罗还在，《四分律》已译，而《舍利弗毗昙》也译出胡本，这约在弘始十年或十一年。生公已早两年走了，那么生公的回庐山，迟不过弘始九年（四〇七）。这样，道生在什公门下，不过五、六年。什门的优秀弟子，生公是最早离去的一人。弘始八年，什公译《维摩》《法华》，生公是否参与译场，还不得而知（生公有《维摩诘经注》《法华经疏》）。而弘始十一年所译的《中论》《十二门论》，生公都没有受学。这所以只能"发天真"与"通情第一"，而不能"洼流得"。这在生公的学历中，是不可弥补的损失！他所以匆促地回去，是为了对于什公的不满。诔文说："虽遇殊闻，弥觉同近。途穷无归，回辕改轸。"这与佛陀跋陀罗的面诘什公："君所释不出人意，而致高名何耶？"是同一口吻。后人以生公为三论宗的继承者，真是错误到极点！记得什公翻译的《智度论》，慧远作钞序说："童寿以此论深广，难卒精究，因方言易省，故约本以为百卷。计所遗落，殆过三倍，而文藻之士，犹以为繁，咸累于博，罕既其实。"远公还嫌它繁，"与同止诸僧，共别撰以为集要，凡二十卷"。《智论》是弘始七年译毕的，生公八、九年间就走了。"文藻之士，犹以为繁"，"同止诸僧，撰为集要"，其中应该都有生公在。生公是学不厌博的，但厌恶名相的纷繁；这种性格，使他不能完满承受什公的训导。但晚年伟大的卓见，也就是这种精神的陶养所成。

生公到庐山以后，诔文说"自杨徂秦，登庐蹑霍"，似乎还到过霍山。霍山，是安徽的天柱山；古典一点，是南岳衡山。此后，一直到宋元熙元年（四一九），才知道他到了建业。依《祐录》，义熙五年还东都，但《僧传》削去义熙五年说，但说"后还都止青园寺，寺是晋恭思皇后褚氏所立。生既当时法匠，请以居焉"。恭思皇后是恭帝的皇后，元年正月册立的。到明年六月，恭帝就被废。这可以想见恭思皇后青园寺的建立，总在这两年中。后来青园寺改名龙光寺，生公也就被人称为"龙光道生"。从出关到住青园寺，有十二、三年，事迹不详，大概是长住庐山（远公还在）、霍山，是他综贯所学，作深切的体验，精思入神以达圆熟的时期。生公的智慧如皎洁的秋月，品格像孤芳自赏的寒梅，经一番冰雪的澡浴，这自然要幽香四溢了！

生公再到杨都来，除了景平元年（四二三）、元嘉元年（四二四），与东安寺慧严协助佛陀什翻译《五分律》以外，着实有些值得我们留意的事实。先说一件不大不小的争辩，看生公采取怎样的立场。当时，祇洹寺的僧众，在饭食时，有的沿用印度式的踞坐，有的改用中国式的方坐。祇洹寺的施主范泰，热心护法到极点。他觉得踞坐与方坐，不关重要，却有点不和合，所以向祇

洹寺的住持慧义建议，一律中国化——方坐。慧义是有名的
"惔惇进"，"意强气猛"；而同时，祇洹寺是"西域名僧，多投止此
寺，或传译经典，或训授禅法"的所在，是典型印度式的寺院，特
别是那时有号称"大禅师"的昙摩蜜多在寺中教授。所以对范
泰的建议，慧义是置而不答。于是乎小事大做，范泰要一再与慧
义辩论；进一步向满朝的公卿呼援；索性向文帝一再上表，希望
文帝能授意宰相出来解决。郑道子与司徒王弘，都是同情范泰
的。郑道子甚至直接向禅师诘问，责备他"禅念化心而守迹不
变；在理既未，于用又粗"！这不小不大的争辩，含有一个重要
问题，就是佛教是否需要适合中国的民情习俗。典型印度化的
慧义，始终是"谨守经律，以信顺为本"。道场寺慧观，也始终是
"未肯悔其始位"，还是赞成印度式的踞坐。但生公却不同，
"道生便是悬同"，"道生本自不企"。像生公那样得意忘言，
直探心要的人，哪里会拘泥到如此！这件事，是王弘当司徒的
时候，约在宋元嘉三年（任职）到五年六月（去职）间（四二
六——四二八）。

生公的不愿拘执印度俗习，还有可以证明的。一次，"太祖
设会，帝亲同众御于地筵。下食良久，众咸疑日晚。帝曰：始可
中耳。生曰：白日丽天，天言始中，何得非中！遂取钵便食，于是
一众从之"。过午不食，在印度佛教是怎样严格的大事！但生
公临机巧用，竟破了时食的定律。他与印度"随宜饮食"的鸡胤
部学者，岂不是有共同的见解！

生公读到了新译的六卷《泥洹经》（四一七——四一八译
出），这在他的理境中，起着重要的作用。生公不断地发表卓越

的见地,如"顿悟成佛","佛性当有","善不受报","法身无色","佛无净土","应有缘"等,成为一时争辩的中心,使一般"守文之徒,多生嫌嫉"。生公哪里是竞异好辩的! 这确从他的自有所得而来。他的独到理境,以佛法的思想来说,不愧为第一流的真常论者。他不受名迹的封蔽,能从名迹中解放出来,更进而净化他。他不为习俗的知见所限,能大胆地提供自得的见地,忠于所见,不惜与世人争,愿受世人无情的待遇。深见、真诚、勇敢,生公是伟大的! 他的悟解,如《高僧传》说:"潜思日久,彻悟言外。乃喟然叹曰:夫象以尽意,得意则象忘;言以诠理,入理则言息。自经典东流,译人重隔,多守滞文,鲜见圆意。若忘筌取鱼,始可以言道矣!"诔文说:"悟曰:象者理之所假,执象则迷理;教者化之所因,束教则愚化。是以征名责实,惑于虚诞;求心应事,芒昧格言。……乃收迷独运,存履遗迹。于是众经云披,群疑冰释。释迦之旨,淡然可寻;珍怪之辞,皆成通论!"生公的悟境,不仅是遗言得实;还要本于所得的实义,从适合国情的立场,加以净化。本来,"得意忘言",是佛法现觉离言性的应有之谈。自什公的传译般若经论以来,更特别地注意发挥,如僧睿的《十二门论序》说:"然则丧我在乎落筌,筌忘存乎遗寄;筌我兼忘,始可以几乎实矣!"但其中应有一种分别:佛法的证悟,是超越名相思惟的;但施设教化,却又非名相不可。这其中,如确为世间现实,是现证所依的正见正行,这是不能忽略的,忽略就是"不落因果","执理废事"。如确为适应时机的假说,那就应超脱名迹去把握经意。否则,就不免读死书,泥迹不化。大概偏于信仰的,常是无条件地接受,如慧义、慧观他们,连时食、踞坐,都看作天经地义。富于理智的，常加以抉择、洗炼（太过了，会破坏一切）。法师们多是前一类的；印证自己心境的禅师，常是后一类的。"佛法大海，信为能入，智为能度"，这需要得当。否则，不流于愚痴，就成为邪见。生公的"存履遗迹"，是后一类的。在生公，从自得的理境来看佛法，觉得那些"征名责实"者，不了解佛经的适应印度，融贯了印度的民俗传说，把神话都看真了，这自不免要"惑于虚诞"。而那些"求心应事"的，不明白经中的象征、譬喻，以为是事实，那就要"芒昧格言"（格，譬类的意思）。所以生公的得意忘言，是进而"芟夷名迹，阐扬事表"，这就是净化与合理化。这么一来，自然是"释迦之旨，淡然可寻；珍怪之辞，皆成通论"了！生公的见地，是怎样的卓越！这是南中国精神的佛化。中国的江南民族性，好简略，崇尚意境，富于直觉的洞见。这如两晋的老、庄之学，唐代的禅宗，南宋的理学，以及南画，都表现这一贯精神。虽不免流于虚玄，但在缭绕汗漫的文化堆中，常能咀味精华，透进一番新鲜的空气，提高拘于现实者的意境而净化他。东晋有一位支公道林，他"善标宗会，而章句或有所遗，时为守文者所陋。谢安闻而善之曰：此乃九方皋之相马也，略其玄黄而取其骏逸"。支公的精神，就是生公的精神。生公的解说教典，常是作为应物的方便，所以自由而活泼的理致，平淡又新鲜。这种精神，在唐代的禅门中获得广大的成就。他们标示不立文字，肃清一切的葛藤络索，从和蔼、朴质中显出刚强。禅者与法师们谈道，如涉及教相，也总是销归理性的。生公与禅宗，没有师承的关系，却有气象与理境上的共同。

生公的见地，得力在《般若》、《法华》、《涅槃》。《般若》扫荡一切,是安公、什公所重的本典。而《法华》、《涅槃》的三乘是方便,"是灭非真灭";释迦的诞生入灭是方便,真佛常住不变,都是引发生公妙悟的因缘。现在先来谈顿悟成佛。刘虬(齐时人)《无量义经序》说:"生公曰:道品可以泥洹,非罗汉之名;六度可以至佛,非树王之谓。斩木之喻(渐悟者的比喻),木成故尺寸可渐;无生之证,生尽故其照必顿。"生公的意见:在生灭心上用功,损之又损之,似乎是渐入的。但真性是无差别的,常住本净的,所以有一毫的戏论在,到底不能证入。无生的"真知",不见就不见,见就一了百了,无欠无余。所以,唯成佛才是真悟。嘉祥《二谛义》引竺道生说:"果报是变谢之宅,生死是大梦之境;从生死至金刚心,皆是梦,金刚后心,豁然大悟,无复所见。"这个渐学顿悟的见地,阐述得明白一些的,保存在《广弘明集》卷二○宋谢灵运的《辨宗论》,及与诸道人(法勖、僧维等)及王休之的问答里。当时,谢灵运"枕疾务寡,颇多暇日",答王休之书说:"海峤岨迥,披叙无期",可见为作永嘉太守时(四二二——四二三)。谢灵运的风格,才华卓越而狂放,有点近于生公;他爱好山水,却过不惯幽独,就与生公不同。关于顿悟,谢灵运是同情生公的。他的《辨宗论》,代生公发言说:"有新论道士(指生公。古人称比丘为道士、道人),以为鉴寂微妙,不容阶级。积学无限,何为自绝!今去释氏之渐悟,而取其能至;去孔氏之殆庶,而取其一极。一极异渐悟,能至非殆庶。故理之所去,虽合各取,然其离孔释矣。……窃谓新论为然。"从这简要的叙述中,看出他拂拭儒、释的名迹,撷取儒、释的精英。他不但超脱名相,还是综合中印文化的学者。他不是笼统的圆融,是从玄悟的理境,否定而又综合它。生公以为:儒家的一极无二是对的;但颜氏子也只能做到殆庶,不能亲切证入,是不究竟的。佛家说证入无生法性,是对的;但见了一层又一层,是不了义的。他融合了儒者的一极,佛家的证入。有证入,所以有道可学,不会如"华人悟理无渐而诬道无学"。因为一极,所以必是顿入的,也不会如"夷(印)人有学而诬道有渐"。这不能说儒佛的本身矛盾或欠缺,因为儒、佛两家都是适应民族性的"救物之言"。谢灵运推论此义说:"大而校之,华民易于见理,难于受教,故闭其累学而开其一极。夷人易于受教,难于见理,故闭其顿了而开其渐悟。"这样,儒、释的所以不同,是适应民族性的不同。中国人是偏于理性的,印度人是偏于信仰的。他批评又综合,从渐学的方便,到顿悟一极。这渐学顿悟,自许为"得意之说"。精进的渐学,到一旦大悟,那就"一悟万滞同尽耳",大有禅宗"参学事毕"的意味。他的见地,在"信顺为先"的仰信者看来,是非常危险的。为了教权的维护,不能不群起而攻。生公的渐修顿悟,在当时是"顿解不见三藏","然离孔释",不能指出经典的证明。他此种见地,确有自得的理境,这理境是"鉴寂微妙",是"真常知"。如谢灵运的代辩说:"暂者假也,真者常也。假知无常,常知无假。今岂可以假知之暂,而侵常知之真哉!"这真常的鉴寂(后人称为寂照)微妙,哪里会有阶级?生公是第一流的真常论者,在印度佛教真常论的发展中,就很有与生公的悟见巧合的,如《楞伽经》的"净除一切众生自心现流,亦复如是:渐而非顿。净除一切众生自心现流,亦复如是:顿现无相无所有清净境界"。"于第一义无次第相续,说无所有妄想寂灭法","言说别施设,真实离名字;分别应初业,修行示真实"。这都是渐学顿悟而理无次第的。生公的弟子竺道攸,见到了《胜鬘经》(也是真常论的),便慨叹地说:"先师昔义,暗与经合,但岁月不待人,经袭义后。"生公不见经而能与后来的经典吻合,这证明了佛教在某种倾向下,有某种必然的理境;中国与印度人间,有意境上共同的可能。

生公所体见的"真知","鉴寂微妙",是真常论者的悟境。在意志集中的准备下,直觉到浑然一体,无著无碍。心光焕发,充满超然的妙乐;从这个体验中,流出丰富的力量。有了这种体验,自然地会流露出万化一体的见地。但他是偏于真实、常住、一体的,与世间现象,常不能无碍地贯彻,有忽略事象的倾向。因有了浑融一体的经验,所以常是圆融而无所不可的。至于他怎样的解说,那要看个人的品性、学问、时代风尚、社会习俗来决定。但大体上,不是唯神、唯我,就是唯心论。印度的真常论者,最初,脱略名迹,如鸡胤部学者,就有点近于生公。后来,又表现为严格精苦的律行,或为扶律谈常的一大流。但是,超脱名相(近于道),精严苦行(近于墨),都是第一流的真常论者,但仅是少数卓越者的,不能普遍化。如果普遍化,不转为思辨的真常唯心论,那常会从超脱名相而声色庄严,从精严苦行到欲乐自在。印度佛教,在婆罗门教的环境中,流为声色欲乐,牛鬼蛇神;在庄严秘密中,体验真常的心境,这是真常论的末流。生公真常妙心的理境,融化在中国儒家的文化中,于是能做出净化神秘的工作,使真常之道接近平常。这一点,后代的禅宗也有一致的倾向。中国真常论者的成就,比印度的真常论者超过多多!不过,禅宗的超脱名相给予中国佛教的创伤,到现在还无法恢复呢!

再谈阐提有佛性,这是生公一生最悲壮的一幕。当时,《法华经》说小乘的阿罗汉终于要回心作佛的,但没有说人人可以成佛,也没明说如来常住。生公从庐山来,见到六卷《泥洹经》,经中说如来常住不变,但也没有说人人可以成佛,反而说"一阐提人无佛性"。一阐提人,是没有出世意向的人;他无论如何,没有解脱成佛的可能。但生公从"鉴寂微妙"的理境中,洞见经义的必至之势,作出了"一阐提人皆得作佛"的结论。他所以如此说,以我理解的佛教思想来说,这依然是偏重真常(浑一无别的,常住不变的)的必然结论。在印度后期佛教的发展中,真常与佛性、一乘,结着不解之缘。在常住而浑一的理境中,阐提为什么没有佛性? 鉴寂微妙,哪里有这些差别? 只要多少偏滞于真常,没有不如此结论的。生公所读的经典,十九是初、二期的,也有几种第三期的。在他敏锐的心目中,窥透了必至之理,才会说阐提有佛性。但这是他卓越的先见,没有经文可证,于是乎成为大问题了。《高僧传》说:"洞入幽微,乃说一阐提人皆得成佛。于时大本(北本《大涅槃经》)未传,孤明先发,独见忤众。于是旧学以为邪说,讥愤滋甚,遂显于众,摈而遣之。"在佛教的制度中,如执著反佛法的邪说而不肯放弃,这可以在大众下宣布他的罪状而把他摈了。生公就在这样的情况下,离开了当时的首都。其实,生公的融会儒佛,净化珍怪,早已成为守文者的眼中钉。论风度,论见地,论行为,生公都是超人一等的。他"性静而气烈",不能与庸俗者妥协。那些"守文之徒,多生嫌嫉",早已"与夺之声,纷然竞起"。而生公又唱出"一阐提有佛性"的孤调,这总算被他们找到了话柄,名正言顺地把他撵了。

在生公孤军作战的过程中,出家人中也还有一位共鸣者。但这位同道,在中国教史中并不是光荣的,这就是黑衣宰相释慧琳。生公老死庐山以后,慧琳写了一篇诔文,说到"物忌光颖,人疾贞越,怨结同服"。说到当时的情形:"告子晦言:道诚在斯,群听咸播,不独抵峙,诮毁多闻。予谓无害,劝是宣传。"这是说,生公告诉他:真道呢,确实是在此,而且是传播给群众了。但是,不但是反对,却讥讽我越学越糊涂乱说了。慧琳可说是生公的知音者,就安慰他:我以为不成问题,劝你要尽量地宣传。顺便可以谈谈黑衣宰相。慧琳是寇道渊的弟子,《僧传》批评他"为性傲诞,颇自矜伐"。他"好语笑,长于制作",文帝着实器重他,与他商议朝廷大事,因此参与权要,"置通呈书佐",被人唤作黑衣宰相。不知在哪一年(总在元嘉十年左右),写了一篇《白黑论》,这是扬儒而抑佛的。结果,"慧琳道人作《白黑论》,乃为众僧排摈。赖蒙值明主善救,得免波罗夷耳"。慧琳成为佛教的叛徒,不能使我们同意。他的所以不能作一完善的比丘,病根在不能像生公那样的恬澹自得。同时,这可能是孤愤而情感激化的作品。《白黑论》中,否认珍怪的神话,不满意悲观情调的无常苦,不满意布施生天的功利心,不满意寺庙的严丽奢华,觉得佛法说空(他误解了空)而并不能损伤现实。所以他主张"宜废显晦之迹,存其所要之旨"。他的不满怪诞、功利、声色、厌现实而求来生,与生公极相同;但他缺乏佛法的深刻认识,又没有淡泊自得的操持,在一时心境的激昂下,成为反佛教者。他反对的一部分,或是释尊适应印度民族的方便,或是佛教发展中羼入的毒素，其实也还是当时佛教病态的反映。像慧琳那样的品格、人才，见了生公的以佛为宗，而给予适合国情的净化融洽，自然会使他同情。

那个时代，思想激荡得厉害。有儒、道与佛教的争论；佛教中有印度式与中国化的争论。儒、道的思想，当时不免贫乏。佛法涌到中国来，无微不入，帝王公卿也群起接受。这个气运，不是何承天们所能阻抑的。但是中国精神的高简空灵、平淡切实，不能不使中国人骄傲，不能不使第一流的佛学者同情。可是一方面，西域的高僧不断地到中国来，全盘印度化的倾向也自然会在佛教（特别是出家人）中发展。于是乎佛教本身，展开了思想的争论。祇洹寺的踞坐与方坐，是一件。当时，王弘、范泰、郑道子们，是与生公取一致态度的。但慧琳的《白黑论》，离开了佛教立场，当然不能获得佛弟子的援助。就是生公的先见，一旦被人指为离经背道，白衣弟子的同情者，也有点无可如何。不但生公、慧琳如此，就是谢灵运的被杀，也还是与此有关。起初，谢灵运轻视孟颉说："成佛是慧业文人事"；"生天君在灵运前，成佛君在灵运后"。这自然是灵运的恃才傲物，但孟颉偏重信仰、功德，灵运轻视孟颉的动机，也还是思想的不合。灵运做永嘉太守，天天去游山玩水，"从者数百人，伐木开径，百姓惊扰以为山贼"。那时不满谢灵运的孟颉，做会稽太守，就弹劾他有异志。总算文帝明鉴，改调临川内史完事。他依然玩他的山水，又被人弹纠。一而再，再而三，弄得有点不真不假，才被杀了，这是元嘉十年。生公死在十一年，五年还在建业。他的被摈，约在六年。慧琳的《白黑论》，文帝在十二年曾与何尚之谈到，可见也是那时的作品。我想，慧琳眼见灵运的被贬、生公的被摈，不免有思想上孤独的悲哀。从愤慨而走上极端，唯有与何承天们呼应，才能发泄一点郁积的不平。但这是不择手段而更走向黑暗了，他自己也承认"予沦泥淬"。灵运在十年被杀，而生公又死在十一年，这使慧琳悲慨万分，痛惜"兰荪连类，气伤于偶"。甚至说："天道茫昧，信顺可推；理不湮灭，庶或同归"，唯有寄情到来生了。

谢灵运说："协理置论，百家未见其是；因心自了，一己不患其踬。"我觉得，生公才有这一番情调。他钩剔佛法的深义，使它在适合国情下发展，吐露了卓越的洞见。他被摈，却造成了他的光荣。反之，拒摈生公者，终于要"内惭自疚"。据《大正藏》所收的——实法师所作的《一乘佛性章》（书名已记不清，检三论章疏）说，是被慧观们所摈的。当时建业的大德，能与生公并肩，为一时宗望的，也的确唯有慧观。慧观能虚心承受一切佛典，这是他的长处，所以被称为"洼流得"。他热心追求佛法，长随佛陀跋陀罗。宋代的迎请西方大德，都有他。他参加译场，在宋代佛法的开展中，他是很有功绩的。但是，他过于拘谨，所以不满罗什的卓荦不群；他是不肯方坐而饮食的。他代表印度式的佛教，与生公的佛教中国化，恰恰地对立。慧观虽是"妙善佛理，探究老庄，又精通十诵"的名学者，但他自己却方寸无主，不但没有卓见，也没有坚确的见解，不过依他作解，为印度大德与经典所转弄而已。他是知识的输运者，尽管爱好禅思，也不是禅心自得者。范泰曾批评他说："（僧伽）提婆始来，（慧）义、（慧）观之徒，莫不沐浴钻仰。此盖小乘法耳，便谓理之所极；谓无生方等(大乘)之经,皆是魔书。提婆末后说经,乃不登高座。法显后至,泥洹(经)始唱,便谓常住之言,众理之最;般若(性空)宗极,皆出其下。以此推之,便是无主于内,有闻辄变。"这道尽了依他作解者的进退失据。小乘来,就谤大乘。常住来,就批评性空。在三期佛教上看,永远是落在两边。他虽然搀走了说一切众生有佛性的生公,但等到说一切众生有佛性的《大般涅槃经》从西方传来,又要为他卖力。他好在不再面见生公,否则真要自惭渺小了。

生公被搀,总在元嘉六年间,诔文说:"爱念初离,三秋告暮,风肃流清,云高林素;送君南浦,交手分路。"这是九月底的天气,慧琳是亲送生公出发,握握手而分别的。要走时,生公从自得的见地中,涌出一种确信的力量,他所以"在大众中,正容誓曰:若我所说反于经者,请于现身即表疠疾。若与实相不相违背者,愿舍寿之时,据师子座"。他走了,到苏州的虎丘山,"旬日之中,学徒数百",这可见拥护生公的也不在少数。传说生公在虎丘时,觉得世俗的不辨是非,已没有人可以共论的了。他向石头说法,说到一切众生有佛性,连顽石都点头了。生公的为顽石说法,与屈原的天问一样,确是同样的忠诚!不知为了什么,生公又离开虎丘,"投迹庐山",又重行过他的幽栖生活。说来凑巧,生公一走,说一切众生有佛性的《大涅槃经》就传到了南方。经是北凉昙无谶翻译的,在玄始十年(即宋永初三年)译毕。不过为了交通与抄传的困难,过了几年才传到南都。那时生公已走,谢灵运还在,这应该是元嘉七、八年间的事(可检)。《涅槃经》传到了庐山,生公该是怎样的被人推尊呀!在"十一年冬十一月庚子,(生公)于庐山精舍,升于法座,神色开朗,德音俊发,论议数番,穷理尽妙! 观听之众,莫不悟悦。法席将毕,忽见麈尾纷然而坠,端坐正容,隐几而卒"。这居然应验他临走的誓言了! 生公的死在法座上,也有唐宋间禅者坐亡立脱的风格。生公弟子竺道攸,在大明四年(辛丑)讲《胜鬘经》。记述经义的慈法师,就说到"法师至元嘉十一年,于法座之上,迁神异世"。这与生公的死,相差不过"三十许载"。生公在法座上坐化,应该是当时的事实。

生公的著述,有《净名经注》、《泥洹经注》。此外,有七珍论,即"二谛论,佛性当有论,法身无色论,佛无净土论,应有缘论等"。但现存的,除了三论学者引述的片文只句而外,在梁宝亮等编的《大涅槃经集注》里,保存了生公《泥洹经注》一部分。合编什、肇、生、睿的《净名经注》,而题名《维摩经肇注》的(《大正藏》有广本),保存了他的《净名经注》不少。谢灵运的《辨宗论》,有他的顿悟说。"法身无色","佛无净土",《净名经注》中,有完美的解说。这些,都是中国佛教文献中的珍品。

我得把他总结一下:生公有淡泊的操持,卓越的深见,真诚的勇气。他想使佛教中国化,使它合理化,使佛教的真理显发出来;他不肯阿世取容。这一切,在两千年的中国佛教中,能有几人! 但当时,佛教还是翻译的时代,没有成熟。需要的是多多益善的翻译;适应民间的,是施戒修福。佛法从西方来,所以西方来的和尚,都是尊者、菩萨、活佛,真理在他们的口中。生公的孤明独朗,前进得离时代与信众太远了。纵然顿悟成佛、阐提有佛性,可以被人推重,而他的"释迦之旨,淡然可寻,珍怪之辞,皆成通论"的特色,再也不能为他们重视。他们要接受虚诞与格言,组织伟大的玄学。这要让佛教跟南朝而走向没落;让北中国朴实、精严、强毅的精神来洗刷一下,调和一下,生公的精神,才在唐代的禅宗里复活、光大起来,射出中国佛教独特的光芒!

　　(录自《佛教史地考论》,377—401 页,本版 248—264 页。)

一八　护法韦驮考

　　"护法韦驮",在北宋时已成佛教界共许之事实,如法云之《翻译名义集》云:"今所称之护法韦驮,……盖跋阇啰波腻,此云金刚手,其手执金刚杵,因以立名。……今因状其像于伽蓝之门。"然今所称之护法韦驮,圣典既记载未明,后人亦多异说,或有疑其始于唐代之韦将军,伪妄而不足信者,因作《护法韦驮考》。

　　立于大雄殿前之护法韦驮天将,丛林中每视之为韦琨将军。韦将军事,出道宣律师之《感通录》。此书或有疑其非宣律师撰,然与宣律师同时之道世之《法苑珠林》,已言及此事,谓"有一天人","姓韦名琨","南天八大将军之一臣","三洲感应"等。可知宣律师之诚感天人,韦琨天将之诚护正法,确为当时流行之传说。宣律师持律得名,道世亦法门硕彦,似不致诡说惑众。其现身于宣律师前之天人,内容究属如何,虽非吾人所知,然事出有因,则可断言。

　　韦琨将军,一韦琨将军耳,何以世人并目为护法韦驮? 则自应一考韦驮之名。北凉昙无谶三藏之译籍中,有韦驮天名,如《金光明经》云"风水诸神,韦陀天神"。《大般涅槃经》云:"梵天、大自在天、违陀天。"《大云经》云:"见事韦驮作韦驮像。"此字虽不同,然韦陀、违陀之即为韦驮天,为学者所公认也。《一切经音义》,谓其为私建陀(阴)天之误译。误与不误,可勿论,昙无谶实译为韦驮或韦陀、违陀,并无"私"音。察《大云经》意,韦驮天本系印度人所崇拜群神之一。其在佛教中,梁时已视之为护法神矣。梁武帝之《断酒肉文》,以韦驮天为善神,与密迹金刚等护法神同列,可为诚证。依此,吾人可作此假定:今所称之护法韦驮,系经中之韦驮天与韦琨天将之合化。若无护法善神之韦驮天,则韦琨终于一韦琨;若无韦琨将军之传说,韦驮天纵为护法神,亦但为一般之护法神,不能如此普遍也。

若稍加寻索,则上说未为定论。依中国佛教界一般之意见,立于大雄殿前之韦驮,系佛教占有特殊地位之护法神,手执金刚杵者。此则不能不注意圣典中之佛教特殊护法神及执金刚杵之护法神。在佛典中,确有一特殊之护法神而又恰巧为手执金刚杵者之密迹金刚力士,吾人当不能漠然视之。在律部及《大涅槃经》等,多叙及有童子盗听说戒,为密迹金刚之所击杀。凡外道不答佛陀之询问时,密迹金刚以金刚杵临其头上,"若不速答,碎汝头为七分",此事为《阿含经》中所常见者。《毗奈耶杂事》卷一七,给孤独长者意欲庄严祇园之寺门,佛许其画两执杖药叉。密迹金刚,以手执金刚杵得名,本系大力夜叉,为四天王所统率。因其常随侍佛,守护佛教,成为佛教中最切要最热诚之护法神。此则小乘经律所详载,说出佛世者也。大乘之《密迹金刚力士经》(编入《大宝积经》),谓释迦会上之密迹金刚,即誓愿护持千兄正法之法意太子之后身。现夜叉身,执金刚杵,而实为大菩萨,此即发小乘密迹金刚之本地者。密迹金刚力士,在小乘经律中,似为夜叉群,观祇洹之画像可知。吾国守护山门之哼哈(表示暗呜叱咤之威声)二将,犹其遗意。然在密迹力士会中,则又似指金刚众中之一。《智度论》谓"五百执金刚神,是力士金刚手所现"。总之,执金刚杵之夜叉众,不必尽为护法者。法意后身之密迹力士,则常示现为夜叉群以护正法;其护正法之夜叉,亦多加入此护法团,似为大乘佛教之共义。佛世绘两(多数)夜叉于山门,中国塑一执金刚于佛前,固无不合理者(唯塑哼哈二将又塑护法韦驮,不免重复,亦可谓二将系散众,韦驮是主体也)。隋吉藏误以密迹金刚为楼至佛化身,此说至宋犹存;后人谓韦驮系楼至佛者,则又因循此说而误传者。密迹金刚力士,本以护侍释尊、守护正法为事;一转而为密部之金刚萨埵——秘密主,即以护持传承密宗大法之身份而出现。此中演化之迹,实历然可见。中国之护法韦驮,现天将身,执金刚杵,为佛教之特殊护法神,与密迹金刚力士之神格,最为相合,此法云之所以以护法韦驮为密迹也。

中国之护法韦驮,其本质应为密迹金刚,与《大云经》之韦驮天本非一神。其所以被称为护法韦驮,可作两种解说:一、佛教本有执金刚之特殊护法神,与韦驮天各别。自韦琨或简称韦将军之热诚护法说传布后,即渐与名义相近之密迹金刚(意义相近:现天将身,专诚护持释尊遗法)、韦驮天(韦驮天将与韦琨或韦将军名称相近)相合化。二、金刚二字,梵语跋阇(或作折)罗,阇在华文中有陀音,如荼毗之或译阇维。韦陀之韦,则古人常译作毗,如吠陀之或译毗陀、皮陀;迦毗罗之或译迦维。执金刚之跋阇罗与韦陀，梵音虽各别，或者一部分国人早已误为一神。迨韦将军说广播后，三者即合化为一，成为唐宋以来之护法韦驮。总之，韦驮之名称，出于韦驮天。现（夜叉）天将身，执金刚杵，为佛教最热诚之护法者，出于密迹金刚。流行于中国佛教界，早晚供养，成为无人不知之护法韦驮，不能谓与韦琨将军无关。此三者缺一，不能有吾人心目中之护法韦驮者也。吾于护法韦驮，敢作此结论：以密迹金刚为主体，经韦琨将军说之联系，而与韦驮天合化者也。

（录自《佛教史地考论》，245—249 页，本版 161—164 页。）

一九 中国的宗教兴衰与儒家

　　中国的传统文化,过分着重于当前事实,所以宗教的情绪一向不够热烈,特别是在理学支配下的时代。

　　中国固有的民族宗教,如古典的《书》、《诗》、《礼》、《易》、《春秋》(诸子一分)等所传说的,是上层的王侯士大夫的宗教。诸子传说的一分,与《山海经》等所传说的,有着较迟的、民间的庶民宗教的成分。中国的宗教观,老早就适合于宗法制、父家长制、阶级制。祖宗的崇拜最为普遍,但着重于近亲的三代、七代,所以如创造神教——人类之父的思想,不能发达,而最高神只是帝王(天子——民族长子的意味)的宗教特权。天是象征宇宙的统一神;上帝是民族的祖先。由于民族的代兴,帝也就有赤帝、黄帝、白帝等。帝王以自己的祖宗,配天配上帝,使本有宇宙大神、民族祖神的神格,在祖宗的祭祀中冲淡了! 诸侯,依封地所在而祭名山大川。庶民不过祭祖宗、祭里社(土地庙)、祭灶等而已。"礼不下庶民";上层的宗教,也是庶民无分的。天神、地祇、人鬼,有着多神教的特色,而被组织化、层级化,织成秩然有序的神界,适应于政治的封建世界。我的故乡有谚语说:"风吹箬帽告诉天,天高皇帝远。"中国一般平民,对于政治与宗教上的帝王与天神，可望而不可及，关系确是那样的非常松弛。

中国宗教的又一特质，是世俗的，这因为停滞于自然宗教的缘故。以人间罪恶苦痛而求生天国；以世间为虚幻而寻求解脱：这种西方式与印度式的宗教，在中国不能发展成长。生天与自我解脱的宗教要求，在以自然哲学为基础的道家中，发展为神仙说，也还是充满人间现实乐的内容。天地人间，有着高尚宗教成分的神格，被局限为上层者的宗教。而民间信仰，祭祖、祭灶而外，始终为鬼教与巫教的领域。中国宗教的分化，就是政治上大人与小人的分化，劳心的治者与劳力的被治者的分化。宗教的精神，始终是世俗的、功利的（如宗教精神堕落，就是贿赂的）。然而，不管如何，中国古代到底是有宗教的。

从浑融的民族文化中，首先分化出而成为大宗的，是孔子所代表的儒家。儒，本是宗教师（如以主持婚丧礼节为职业，即是"小人之儒"），而倾向于现实的教育与政治。这虽是上层的（大人之学），但促进中国文化的普及民间，有着不可磨灭的功绩。整理古典，从事政治、教育，这使得儒者所代表的，成为中国文化主流。孔子是儒家的大成者，对于上层的宗教信仰，也是有的。如"迅雷烈风必变"；"乡人傩，朝服而立于阼阶"等，都可以看出他有某些宗教情绪。然而，在他倾向于现实的政治与教育中，孔子虽不是反宗教的，却有非宗教的浓厚色彩。"未能事人，焉能事鬼？""未知生，焉知死？""子不语怪力乱神。""六合之外，圣人存而不论。"虽尊重祭礼，但不说"神在"，而说"如神在"。凡有关宗教的——宇宙的来源、死后的命运、鬼神的情况、神秘的现象，这都被孔子置而不论。"敬鬼神而远之"，确是孔子以来的儒家精神。特别是"圣人以神道设教"，充分表示了不知宗教是什么，但知利用宗教作为统治愚民的工具。这种非宗教的功利观与唯物论者的宗教观，实在看不出什么不同。

孔子的时代以来，民间的文化大大地提高。在政局的混乱变革过程中，由于王纲失坠，而天子独占的宗教失去了尊严。社会的文化发达，造成诸子百家的战国时代。宗教色彩特浓的，如墨家的"敬天"、"明鬼"，老庄的"久视"、"真人"说，阴阳家的"符谶"、"五行"说。在战国时代，有着进一步的发展；江淮一带的黄老之学，全真葆命，趋向于独善的隐逸。这与燕齐一带的方士道，都是后来道教的主要根源。道教，是在这些上综合民间的巫教而形成的，实为中国民族宗教的大杂脍。当时的儒家，从《中庸》到《孟子》，唯心的形而上学大有进步，也重视身心修养。周秦间的儒者，结合了阴阳、五行、符谶，加深了神秘的气息。

战国时代的诸子，不但儒与法重视现实的政治，道家与墨家，也还是不离治国平天下。道家，是天子南面之术；而阴阳家的五德终始说，也与政治的变革要求相呼应。此外，儒家仰慕西周的政教，而高推尧舜的禅让；墨家本出殷宋，而高推夏禹；道家高推黄帝；而许行他们，更高推神农。除了法家的法后王而外，大家都披上一领复古的外衣。

儒家的孟子，是值得注意的人物。在儒家中，他不大重视礼乐，而好谈身心性命。孔子还推重管仲，而孟子偏重王道，羞谈霸业。孔子说"性相近也"，而孟子偏说性善。他不但弘道，而自认为卫道者，大骂杨朱、墨翟，以为"无父无君，是禽兽也"。儒者的中道精神，代以偏激的唯心论，对于未来的宋儒，起着重大的示范作用。

从秦到汉初,政治是道家而兼法家。宗教方面,为道教根源的方士道非常隆盛。秦始皇、淮南王、汉武帝,都是(方士)道的信仰者。他们有充沛的生命力,丰富的想像力。秦皇是六国的统一者;汉武是北逐匈奴,西通西域的雄主;淮南王也有帝皇的企图。他们渡着神秘的宗教生活,而事功却非常卓著。宗教是近于道的,学术是以道而统百家的。中国文化灿烂的时代,大统一、大扩展的时代,并不属于儒者。

儒冠儒服的儒者,多少有点保守,拘泥烦琐的礼仪,"言必称尧舜",即使不是复古的,也是重古的。这是不能适应当时——混乱与不得不变改的时代。总算叔孙通通权达变,这才凭一套尊君的礼仪,取得政治一席地。汉武帝是(方士)道教的信仰者,文化上却来一次独尊孔子,罢斥百家。我以为,儒家隆盛到成为文化主流,应追谢秦皇的"以吏为师"、"焚书坑儒"(实在也是阴阳符谶化的)。一般学派,经这一番打击,经多年战乱,都衰落了。而古代典籍的保存、研究,亏了重视古典的儒者而传续下来。在文化领域中,儒者无形间取得了优越的地位。无为而治的道家政治,因人口增加、经济繁荣而显得紊乱。谨慎、老成、廉洁、忠实的儒者,在帝王心目中,一天天被重视起来。然而两汉的儒者,与孔子的非宗教精神,并不相合。他们神化了孔子,以为孔子预为汉家立法;五经的纬书也出来了;符谶也被尊重。论休征、天人合一的董仲舒,是代表者。取得政治权威的儒者,是一般宗教化的;虽然宗教的见解并不高明。这样的儒者,王莽是有数的人物。他模仿周公,实行禅让、复古,但终因拘泥古制,不达治道而完全失败。从此以来,儒家的理想政治,再也不曾尝试过。

战国以来的道家、阴阳家,到汉代,逐渐形成有组织的道教。张鲁、张角、张修,都是大同小异的。他们所重的,是祭祀、祈禳、忏悔、厌胜、符水治病,预言世界大乱,予人类以光明的远景。导引、吐纳、辟谷的长生术,是独善的一流,也与此相呼应。一方面,专守经学的儒家,崇古、拘礼,引起一分学者的不满,这是重文学,重事功,重后王,学览百家的"通人"。这有着道家的气息,大抵不信谶纬等迷信,也不信方士的神秘,为玄学与清谈的前驱。汉儒的迷妄固陋,逐渐蜕变,纬谶也被废置了,加上汉末的党祸,急剧地没落下来。

汉末以来的道教,经葛洪、陶弘景、寇谦之他们,一方剽窃佛经,一方创作,渐与玄学相融合。他们称天师,使帝王受天的符命。但一般社会的宗教活动,不外符水、祈禳,或吐纳、烧炼的长生术。佛教起初与道教相并而行,等到不断传译而充实兴盛以后,南朝的玄学为佛教的义学所代替。北方朴实而重事功,道教与佛教相争,佛教受到多次打击,但还是日渐壮大。从汉末到唐初,宗教方面全为佛教与道教;唐代更有新来的景教、摩尼教等。这都是一般的、平等的宗教,中国古代的阶级宗教,毫无力量。政治上、学问上,儒家虽有强大的地位,然真能代表儒家的,并不太多。除少数唯物论者(如神灭论者范缜)而外,都接受佛教与道教的信仰,而第一流的学者,属于佛教。

从汉到唐,儒家虽一度独占,然非宗教精神始终不曾起重大作用。儒家所保存的,古代传来的宗法的宗教(王侯与庶民分别的宗教），不能支配社会人心。人类的宗教要求，贫乏的功利的道教，不能适应人心。外来的佛教，这才一天天发达，发达到笼罩一切的领导地位。儒、佛、道，虽有多少争论，而真能互相协调，予社会以合理的推进，属于这一时代。汉末以来的变乱，到隋、唐而再度统一，隆盛，扩展。隋、唐融摄着极多的外来文化，而笼罩一切、吐纳众流的指导精神，不外乎佛教与道教。中国民族的充实与扩展，等到唐武宗的毁灭一切外来宗教，开始非常的复古的剧变。

　　唐代，为一华戎混融的大帝国，摄受了甚多的外来文化，重用了附属与归化的边族人士。其后，引起安禄山的叛乱，藩镇的跋扈（特别是回纥的非常骚扰）；五代的混战局面，也只是这一局势的延长与扩大。在这种情况下，启发了中华民族，主要为儒者的反抗。在唐的国力衰退中，由于壮丁逃避，财政困难，佛教首先受到注意。早在宪宗时代，韩愈便以卫道自任，开始反佛教，反佛老的运动。他虽只是一位词章仕宦的文士，根本代表不了儒家，但引起的影响却非常深切。从民族精神的自觉说，是有价值的。但结果，发展为排斥一切外来文化，演进到独尊孔子的新时代。这对于中华民族，不免利弊参半，而且弊多于利了！

　　北魏以来的佛教，发展出漠视经教的重行学派：一是昙鸾、道绰、善导以来的持名念佛；一是达磨门下，到六祖而大盛的参禅。念佛非常普及，在一般民间影响很大。这是通俗的、他力的佛教，偏重信愿。禅，主要是传授于出家的僧众间，这是重实质的、自力的佛教，偏重智证。还有偏重悲行的三阶教，受到政治的压迫而衰歇了。与经过秦皇的焚书坑儒，而儒家演进为中国文化主流一样,经过唐武宗的破灭佛法,禅宗也就演进为中国佛教的主流。在内乱频仍中,民生凋弊,毁法而后,寺院经像的恢复不容易,台、贤、唯识等都衰落了。独有禅者,山边林下,到处安身;深入东南山地,辟土开荒,讲求经济自足。以法堂代佛殿,过着专精、笃实、淡泊、强毅的出家生活。虽然对于中国文化、佛教义学的理解不足,但凭它的特长,与当时环境的适应,取得了代表佛教的领导权。

北宋的佛教,虽也有天台与贤首宗的复兴,而主流还是禅宗。当时,自称上承尧、舜、禹、汤、文、武、周公、孔子道统的理学,开始兴起了。但推行新政新学的王安石、蜀派的大小苏,都还是儒佛并重的。作为理学主流的洛派,在程伊川被贬以后,弟子们都还是倾向禅宗。由于金兵侵入而到达南宋时代,国族的危机更深,理学也更隆盛而完成,佛教也就慢性地衰落下来。说到理学,当然是儒家。在《易》、《大学》、《中庸》、《孟子》的思想基础上,融摄了道学与佛学,特别是佛教的禅宗,发展为体系严密、内容充实的理学。理学与禅者的关系,我曾说过:"宋代理学巨子之故乡,十九为四百年来南禅盘根错节开化之区。理学家之精神作风,无一不出于自信自尊、重质轻文、体道笃行、雄健精严之禅风。如程门师资之往返,有类参谒。居敬、穷理、明道统、有语录,亦类禅宗。象山之即心即理,明其在我,一扫注疏之繁,唱六经为我注脚,则尤近矣。"

禅宗,自有它的伟大处。但它偏重心性的体证,过着山边林下的淡泊生活,有着急了生死的精神,虽自称为教外别传的最上乘,而作风却活像声闻行径。无边佛法,被狭隘为"佛法无多子"。深邃的义学,精密的论理,都被看作文字戏论而忘却了,这是佛教中偏重智证的一流。晚唐以前,禅宗都还重在僧众间;其后,广泛地为一般学者所爱好。在这种风气中,儒者不能不接受它,而又从两方面抗拒它。一、由于异族凭陵所激起的民族感情,下意识地轻视印度传来(其实早已成为中国文化内容)的佛教。二、禅者重于自了与出离精神,不能为重人事、重现实的儒者所同意。新的儒者,面对隆盛的佛教——其实是禅宗,而从辨夷夏、道伦常的立场,抨击佛教——其实是禅宗的自私、遗弃人事。透过佛道思想而重新活跃的儒家——理学,师承了孟子的攻击精神。孟子攻讦杨、墨,现在转化为攻讦佛、老。似乎不攻讦佛、老,就算不得孔氏之徒。从中国固有思想,而融摄了部分的印度佛教,理学是成功的。孔子的非宗教精神,到理学家的排斥佛老,才充分地发挥出来。民族文化自尊心的高扬,发展为复古的(菲薄秦、汉、隋、唐的辉煌成就),排斥宗教的文明,问题就在这里。

　　理学的新儒者,也有"静坐"、"寻孔颜乐处",有着类似禅者的宗教经验,也能唤起为圣为贤的景仰向往,鼓舞起为道卫道的热诚。然这仅是少数者,在一般民间,无法完成这样的信愿。本来,禅者也有同样情形,然不久,禅者早已发展为辉煌寺宇,庄严的像设,钟鼓仪制,使儒者赞美为"三代礼乐,尽在是矣"!佛教的一般为念佛(特重音声),上层为禅悟,南宋而来,渐倾向于贯通综合。所以,佛教不但是少数者的证悟,更是一般人类的皈信处。儒者呢,几乎恢复了古代的阶级宗教,排斥佛、老,以为中国的有识人物是不应该信佛、老的。充其量,佛、老也不过"圣人以神道设教"的化治愚民的工具。他自己，即使有类似宗教的信愿，也不能普遍；而对于一般的宗教，被看作愚民迷信，造成了一般的非宗教——无信仰的社会。在知识阶级——中国正统文化的儒者间，造成对于宗教的错觉，根深蒂固。

禅者是着重体证的。真切的悟境，是性灵的直观。所以禅者应用象征的表现方式，流露出直觉的、艺术的壮美。禅者的心境，大抵不适于研究经教，不能重视名理，却不妨美的文艺。禅者轻视义学，其实他根本无法学会严密的义学；但却能发出意境高远而平淡现成的好诗文。真正的禅者，不是拘谨的，是热情的，杀活自在的。但理学者恰好相反：孔子以来的儒者，早就偏重于曾子一系的狷道。理学者承受这样的传统，复古的向往，道貌岸然的尊严，不免流于拘谨，或者流于冷酷。纯正的理学者，于诗文书画等，都是不大高明的。太子折一枝鲜花，理学的老师也要噜苏一番。想到私塾时代的老夫子，岂不是从过分谨严而流于冷酷？在理学的社会中，"饿死事小，失节事大"，被看作合乎天理。当然，理学大师也不乏高明人物，但给予一般的印象，多少有点"迂"、"酸"。总结地说一句，儒家发展到理学，是辉煌的成就！但世间法难得圆满，它缺少一种应有的东西，即没有真切的宗教情操，宗教世界的为人热情！

在中国文化大扭转的过程中，有两点是值得注意的。一、唐武宗毁废宗教以来，部分的宗教转入地下活动，秘密宗教开始活跃起来。如佛教的弥勒出世与摩尼教的明王治世，逐渐融合而成为白莲教等。二、唐代以来，佛教的通俗说教（俗讲），如变文之类，非常发达。在佛教义学昌明的时代，会产生优美的通俗文学,是不致太离经的。但由于教学的衰落,由于理学兴起而上层阶级多少离开佛教,逐渐流为不佛不道、又儒又佛的宗教文学。明清以来的种种"宝卷",都从此而来,这都与秘密宗教相结合。秘密宗教,并非没有合理的思想,代表着知识水准低落者的宗教要求,这并非不可以引入正道。但被看作邪教,被取缔,而取缔是从来不曾有效。反而由于宗教的转入地下,愈来愈迷妄。这可见,不能尊重与发展高尚的宗教,像儒者那样的宗教观,宗教界的情形会变得更坏! 然这不但是宗教界的苦难,也是中国民族、中国社会的莫大损害。中国民族逐渐地成为拘泥、怯弱、妄自尊大,囿于狭小的现实,不再有雄浑、阔大、强毅、虚心的汉唐盛德了!

元代,皇家是崇佛的。儒者被编为"九儒十丐"的阶级,虽也还尊敬孔子,而理学当然只能困守。然而佛教,也并不曾得益。除了不立文字的传统而外,因蒙古人而进来的蕃僧,造成了中国佛教非常混乱的局面。短短百年的外族统治,儒佛都受到严重的伤害! 总算明太祖出来,结束了这一混乱的世局。皇觉寺僧出身的明太祖,对佛教有护持的热情,论理,佛教应该在中国重走好运,而事实却越来越坏。这真是出乎意外,然而并不希奇,只是不理解佛教的真义,与受到理学者的影响。

明太祖的护持佛教,是毫无问题的,他不断地诏谕僧众,应怎样地来弘扬佛法。成祖也信佛极深;到武宗,更学会梵文,自称大庆法王。嘉靖以前的明代佛教,处于有利的情势下,然而却意外地受到伤害。

太祖谕僧纯一说:"既弃父母以为僧,当深入危山,结庐以静性。"太祖以为："诸祖经佛之道,所在静处,不出户牖。"他所订的僧制,"或居山泽,或居常住,或游诸方,不干于民"。太祖心目中的佛教,主要是山林的禅者,他们自耕自食(演变为放佃的地主),"不干于民"。不知道佛制比丘的游化人间,受民间的施与,就随分随力地将佛法深入到民间。不干于民的僧制,与此相反,使佛教与社会脱节。

这里面,隐藏着一大问题,太祖本与白莲教有关,但在军事胜利中,重用儒者来治理政事。太祖尊崇大成理学的朱熹,制定八股,以朱注四书为准绳来考试士子。这个崇佛的皇朝,由于尊崇理学及理学者当政,佛教即无形地被伤害了。禅者的自食其力,本是深入山林的不得已。从韩愈以来,儒者一直在攻讦僧众的不耕而食,不织而衣,以及寺院像设的糜费。所以太祖的奖励僧众深入山林去自食其力,或居常住而过着地主生活、经忏生活,"不干于民",多少减少儒者的压力。然而僧众的经济,建筑在寺产、经忏,而不建筑在广大的信众身上,这怎能不走向没落!明代的出家人,完全被置于儒家的伦理思想下。"凡僧、尼、道士、女冠,并令拜父母,祭祀祖先;丧服等第,皆与常人同。违者,杖一百,还俗。"这完全违反了佛制,使超越的宗教精神屈服于现实的政治威力,这等于暗示了出家的非法,为理学者的空前胜利! 尤其是:"释道二教,自汉唐以来,通于民俗,难于尽废,惟严其禁约,毋使滋蔓",露骨地表示了温和的非宗教精神! 禅者为代表的佛教,本已走向山林。理学者攻讦它隐遁自私,其实是惟恐它不如此。佛教被压迫而退入山林,放弃了社会的文化与慈济活动,中国文化才成为理学的一家天下。这个崇佛的皇朝,到末季,佛教是衰落极了! 如严嵩死在卑田院,其实是佛教慈济事业的悲田院。但当时的佛教,衰落到连名称都弄不清了。如紫柏大师来京师弘法,当然会接触到朝臣,因此被诬陷而死在狱中。有些人,怪他不知道高蹈山林,到京师来自取其辱。憨山大师到南昌,仅有不穿僧服、不受戒的和尚。到广东南华时,情形更坏! 二百年来,要僧众不干于民、退出社会去隐修的护法方针,证明了根本的错误,铲绝了佛教的慧命。

还有一个问题,太祖是出身于秘密结社的白莲教,他深切地知道宗教徒的集合,对于黑暗政治是有危险性的,所以太祖严厉地取缔秘密结社。他的僧众"不干于民","不得与民杂处","不得奔走市村,以化缘为由",都含有政治防范的意味。这到清代,说得更明白:"聚众为匪之众,都由奸邪僧道主谋。平时煽惑愚民,日渐酿成大案。"专制政治发展到极点的明清统治者,不怕圣人之徒的理学家,却怕愚民的僧道。唯一的防范方法,限制他,奖励他与民众脱节。

清代的儒者,复活了汉代经学的研究,极有成绩,但理学家在政治上的地位,由统治者的推重,还是丝毫不曾动摇。而且,清代的经学,并非两汉的经学;两汉的经学,渗透了宗教的仰信,而清代经学,却继承了理学的反宗教精神。清代的佛教(道教的情形更坏)一直在衰落中;而理学传统的排斥宗教的政治压力,真是变本加厉,越来越凶恶! 起初,顺治、康熙、雍正(初年),与中国文化的关系还不深,都有佛教的信行,虽然这都是禅宗的。禅宗的天童一系,一时非常隆盛。但到了雍正晚年,不满意三峰派的与文人学士相往来,运用帝王的威力,彻底地破坏了它。到乾隆,更取着理学正统的立场,严厉地对付佛教与道教、天主教等。

"僧道,不得于市肆诵经托钵,陈说因果,聚敛金钱,违者惩罚。""若有官及军民之家,纵令妻女于寺观神庙烧香者,笞四十,罪坐夫男。无夫男者,罪坐本妇。其寺观神庙住持及守门之人,不为禁止者,与同罪。"依此《大清会典》的律令来看,僧众(道流)不但被迫而不干于民,不出户牖,不得游行教化,而且还严厉地取缔妇女们到寺庙进香礼拜,营为宗教生活。佛教与道教,完全被封锁在山门以内。一些自以为儒学正统的缙绅门第,往往挂起"僧道无缘"的牌子,即是这种反宗教意识的表白。自认为精通中国文化的乾隆帝,他公开地表示同意儒家的观点,"释道是异端","在国家则为游民"。他一登位,即下谕痛责佛教界,首先将顺治、康熙、雍正三帝与佛教的关系割绝了。接着,通行"甄别僧道"的工作。他容许"山林修道,布衣粗食,独善其身";而压抑了宗教的社会活动,使成为孤立的脱离社会的分子。被整肃的僧道们,所有的财产没收归公。这一来,宗教界大大地惶惑不安起来。乾隆三次下谕,说明这并非屏斥异端,只是对付为害佛道、为害社会的伪僧伪道,然而他的真意,其后表白为:"此教流传已久,人数繁多,一时难以禁革,是以朕令复行颁给度牒,使目前有核查,将来可以渐次减少,此朕经理之本意也。""渐次减少",是他的目的,是他同意儒者观点,"禁游惰,劝力作之本意"。而所以不曾断然禁绝,并非尊重真僧真道,而是数十万人的生活问题。他以为"僧道亦穷民之一","今之僧道,不过乡里无依之贫民,窜入空门"。佛教被看作穷老孤独残废的收容所。佛教与道教等的真意义，全被抹煞。如乾隆二年谕说："释道是异端，然读诵经书之礼教者，得罪圣贤，比异端更甚！凡星相杂流，回回教，天主教，一概禁绝不行。"嘉庆十年谕说："释道二氏尚不可信，况西洋教耶？"理学精神在政治上的成功，重要是一切宗教的排斥，养成了中国知识分子的非宗教传统。乾隆以后，一切秘密结社的宗教活动强化，进行反政府的活动，是不无原因的。清末的天主教徒，为帝国主义作侵略先锋，造成种种教案；其中中国知识阶级的仇教活动，也不是没有责任的。理学传统的政治人物，不知宗教对于人生的真意义，使其向上的发展，而进行反宗教的抹煞政策。充其量，承认它"劝善戒恶，化导愚顽"；但自称圣贤之徒的知识分子，当然是不需要了。这种排斥宗教的政治，当然不会做到彻底。但说到宗教，就联想到迷信的错误，却在中国知识分子的心里根深蒂固地传下来。这被称为中国正统的非宗教文化，果真是中国民族的幸福吗？

时代开始大改变，西方的势力，跟着坚利的舰队而来。儒家无法适应，迅速地没落了。号称中国正统文化，千百年来占有政治与教育的儒家——主要是理学，可说是清一色的中国知识界。但仅是废八股，开学堂，失去了教育权，不消十年，廿年，等于全部消失。脆弱到如此的不堪一击，似乎太希奇了。全中国的孔庙，都不知怎样的变了，还比不上饱经摧残压迫的佛教与道教，多少能为了拆庙毁像而呼号反对。这便是非宗教的、无信仰的上层文化，缺乏坚强力量的真凭实据。

辛亥光复以来，西洋文化的传入与打倒迷信，表里同时进行。神教徒并非不知道自己的真面目，只是利用打倒迷信来摧残中国固有的信仰——祭祖宗也是迷信。多少涂抹些洋式情调的新知识分子，不脱旧知识分子的非宗教传统。现在是科学时代，讲求实证实用，当然更要反对宗教。反宗教或者说打倒迷信，这一来更为彻底，不但打倒迷信——宗教，而且还要打倒礼教。本来无力的宗教与道德力，经不起五四运动的袭击而完全解体。然而科学与民主精神，始终没有成就。西洋新宗教——依中国的正统文化，应说是新迷信，除了兜搭得外国人的分子而外，也不能迅速建立起来。中国民族的精神，进入了真正的真空状态。五四运动的领导者——胡适他们，都是继承传统的非宗教者（胡适的非基督教，非宗教态度，并非美国式的实验哲学），觉得自己"百事不如人"，决心要引导中国民族去全盘西化（这是外国人所最赏识的）。结果，唯物的共产主义，据有了中国大陆，这能说不是全盘西化吗？近来少数的有心人，痛心五四以来的全盘西化，打倒孔门礼教，弄到神州陆沉。而不知从中国人心中摧毁宗教信仰的，不是别的，是宋明以来的理学。理学者要压倒异端——佛道，而自己却不是宗教。在下的局促于伦常家庭，为当前的功利所奴役；在上的仅是形而上的玄学。这都不能从崇高意境的景慕中，唤起光明与热情，养成强毅坚决的信念。孔子说："民无信不立"，我们现在尝受无信仰的恶果了。

宗教情绪的养成，对于民族的强盛有着怎样的作用，说来话长！然而，日本、英、美，都是有信仰的民族。连摧毁宗教的苏联（恶果在后面，看着吧！）也还是千百年来的宗教区。秦、汉、隋、唐的隆盛，都不是无信仰者的业绩。我是神教迷信的反对者，然而我坚决地相信，迷信比没有信仰好得多！

　　我的论列，并非故意要挑剔儒家——理学。在今日，儒家与佛教，应该是同病互助的时候。儒家以及理学，仅是有缺点，不是根本要不得，它是有着光荣的一面的。不过，以中国正统文化自居的学者，大抵不能同情宗教，或仅是同情形而上学。像梁漱溟、熊十力、马一浮、冯芝生，都对中国文化有认识，而且也接触到佛教，但对宗教都是缺乏真切信解的。抗战期间，有新儒家运动，运动还在开始，而排斥宗教的——"二氏"，"佛老"，这一类陈腔滥调，又逐渐地搬出来了！我们现在避居台湾，中国文化的运动，一定有人在努力，这是应该努力的，这是复兴民族的真正动力。希望能扩大胸襟，如隋、唐以前一样，勿再陷入无信仰的理学窠臼！勿偏以儒家为中国文化，勿偏以理学为儒家。从古典中国文化，到周秦的子学，两汉的经学，六朝隋唐的佛学，宋明以来的理学，近代传来的西学；从古代的儒家，近代的三民主义线索中，贯彻各时代的文化，取精用宏，来铸造新的中国文化。中国文化的新生，才是中国民族复兴大业的完成！

　　中国文化的运动者，不能忽略文化中的宗教因素，哪怕是迷信的。假如中国的知识界，永远把宗教看作迷信、落伍；有宗教信仰的，也不敢拿念珠、挂十字架，怕人讥笑，那么，中国的文化，将真是永远的落伍了！

　　　　（录自《我之宗教观》，31—54 页。本版 21—36 页。）

二〇　大乘经所见的中国

　　中国与印度的文化交通，我们相信是极早的。在中国，《山海经》已说到"身毒之国"。如印度的火神阿耆尼，即中国传说的仙人安期生；日与乌，月与兔，中国的古代传说也与印度吻合。所以，到周秦时代，中国对于印度文化早有过了接触。印度方面，也不难想像为早已知道中国的。中国梵语为 Cīna，音译为支那、至那、脂那、震旦、振旦、真丹等；意译为汉、秦、晋、隋、唐等，这是印度人对于我们的称呼。在印度现存的二大诗篇中，已提到支那，不过该诗篇为次第增编所成，还不能推定为中国见于梵文的最早记录。

　　佛教传来中国(早于汉明帝时代)，无疑地加深了中印的文化联系。等到中国求法的僧侣西游，关系更密切起来。佛教发展于中国，在传来中国的佛典，特别是盛行北方的大乘经，每每提到中国。这对佛、菩萨、祖师们对于中国的关心，是多少可以体会出来的，因为这是大乘佛教的重镇。虽然，支那一词所指的区域，学者间所说不完全一致。但在大乘经中，无疑是我们中国。从汉代以来，西域(新疆省)已成为中国的一部，所以以现有的中国地区为范围，而叙述大乘经中有关中国的记载。偶然想起,检录一番,想来遗漏一定还多!

一　中国的地志

　　首先,经中所说的支那,有支那与外支那,换言之,有中国本部与中国属地的不同。元魏瞿昙般若流支所译的《正法念处经》(卷六八)这样说:"次第十五名曰汉国,其土纵广一千由旬,官属都合一千由旬。真汉唯有二百由旬。"此汉与真汉,比对梵文的《罗摩耶那史颂》,即 Cīna 与 Aparacīna,意思是支那与外支那。藏译的《正法念处经》,直译为:"第十五国名广黑(即支那),与其周围一千由旬。第十六国名别广黑国,广二百由旬。"此二类不同,赵宋天息灾译的《大方广菩萨藏文殊师利仪轨经》,即说为"小支那(Cīna-deśa),大支那国(Mahā-cīna)"。早在东晋帛尸梨密多罗所译出的《灌顶经》(卷六),已说出此二分别,如说:"震旦国中又有小国,不识真正,无有礼法。⋯⋯震旦边国诸小王辈所领人民,不知有法,不识真正。"所以,支那或大支那(汉),有一千由旬;而外支那(真汉)或小支那,只有二百由旬。小支那本指中国的边地属国;元魏起于朔北,所以译者颠倒过来,说此二百由旬为真汉。大乘经中所说的支那,指中国本部而言,是可以决断无疑的。

　　中国本部与西域一带的地理志,如《大宝积经》第三会的《金刚力士会》,是西晋竺法护所译的,卷初说到:"释种(指塞种)、安息、月支、大秦、剑浮、扰动,(此下为葱岭以东)丘慈、于填、沙勒、鄯善、乌耆,前后诸国,匈奴、鲜卑、吴、蜀、秦地、诸蛮夷狄。"符秦昙摩难提所译的《阿育王息坏目因缘经》,虽属于譬喻集,而译出的时间与内容都是相近的。如说:"新头(印度)河表,至婆伽国(塞迦)、乾陀越城、乌持村聚、剑浮、安息、康居、乌孙、龟兹、于填,至于秦土。"

《力士会》与《坏目因缘经》,都是越过印度河,经阿富汗、俄属中亚细亚,由伊犁河而进入我国的新疆。这与汉代以来,从北道而去印度的路线相当。但在东晋末年,从中国去印度,经过有名的陀历道,并不只是法显一人。这一路线的地理志,在高齐那连提梨耶舍所译的《大方等月藏经》,有两处说到。现在对列而略加考证于下,这对于地理上,有重要的价值。如法显所经历的竭叉,决不是足立喜六等所说的佉沙(沙勒),因为沙勒以外是别有竭叉的。

[卷九]护持诸国	[卷一〇]诸佛出现	[考同]
罽宾	罽宾那	《西域记》的迦湿弥罗
优罗奢	忧罗赊	《西域记》的乌刺尸
佉罗婆罗	佉罗婆罗	《根有律》载迦旃延经迦罗城,次到滥波,乃渐到步迦拏。今佉罗婆罗,与迦罗补罗(城)相当
阿疏拘迦	阿疏居迦	未详
达罗陀	陀罗陀	《法显记》的陀历
	波卢那	《唐书》的勃律
弗梨沙	弗离沙	未详
伽赊	迦沙	《法显记》的竭叉
遮居迦	遮拘迦	《西域记》的斫句迦

筷提	筷提	疑是《汉书》的西夜
沙勒	沙勒	《西域记》的佉沙
于阗	于填	《西域记》的瞿萨旦那
龟兹	龟兹	《西域记》的屈支
婆楼迦	婆楼迦	《西域记》的跋禄迦
兮周迦	奚周迦	未详
	亿尼	疑是《汉书》的扜泥
鄯善	鄯善	《汉书》的鄯善
紧那罗	紧那罗	不详
震旦汉国	震旦	指北朝
	罗罗	不详
	吴地	指南朝

二　中国的护法神

在大乘经中，特别重视夜叉们的护法。中国既为大乘佛教的重镇，当然也有护法神；而且论理是佛早为我们安排妥当，嘱咐某些鬼神来护持我们。中国佛教界所熟悉的韦驮天将——韦琨将军，发达于唐道宣律师的时代；关帝与天台智者有关，这都是中国祖师自己所发现的护法神。然据大乘经的记载，却另有护法神群的。

唐不空译的《转法轮菩萨摧魔怨经》，附记有："此大唐护国土者，所谓毗首羯磨药叉、劫比罗药叉、法护药叉、肩目药叉、广目药叉、护军药叉、珠贤药叉、满贤药叉、持明药叉、阿吒嚩俱药叉(已上十大药叉)。嚩苏枳龙王、苏摩那龙王、补沙毗摩龙王

（已上三大龙王）。诃利帝大天后、翳罗嚩蹉大天后、双目大天后（已上三大天后）。各有五千神将以为眷属。"

不空的传说，与《大集经》的《月藏分》（卷九），大体相同。但《月藏经》以毗首羯磨为天子，另加入般支迦夜叉。据不空译的《佛母大孔雀明王经》（卷中）说："半支迦药叉，羯湿弥罗国。具足五百子，有大军大力，长者名坚目，住在支那国。"义净译本也同。那么，般支迦为坚目的母亲，以不在十大药叉之内为妥。然据僧伽婆罗的译本："般之个夜叉，住俱宾国，有五百子，有大军大力。其最大者名般止个，住止那地。娑干社夜叉（即坚目）住修多罗地。"这又似乎有般止个夜叉（与母亲同名的长子）；梵本也如此。所以我想，《月藏经》说是更好的。

现今新疆一带的佛教区域，佛在《月藏经》（卷九）中，也安排有众多的护法神，条列如下：

伽赊国——持华乾闼婆，摩睺罗伽乾闼婆，金枳持夜叉，毗持夜叉，光掌龙王，胜夺龙王，阿楼尼天女，华日天女。

遮居迦国——剑婆罗龙王，极恶鸠槃茶，那米波毗舍遮，星月罗刹女，天铠饿鬼，歇恶夜叉。

筵提国——具足龙王，善道龙王，坚目鸠槃茶，毗那夜迦天女，道神天女，尸利天女，珂贝天女，安住天女。

沙勒国——发色天子，护国乾闼婆，佛护夜叉，助雹夜叉，孔雀项龙王，山目龙女，讫利波赊鸠槃茶，持德天女，龙护天女。

于阗国——难胜天子，散脂夜叉，殺羊脚夜叉，金华鬘夜叉，热舍龙王，阿那紧首天女，他难阇梨天女，毗沙门王。

龟兹国——牟铠天子，黄头夜叉，厌财罗刹女，侯护夜叉，尸利遮吒罗刹,鹿齿罗刹,疏齿鸠槃茶。

婆楼迦国——骞茶夜叉,阿婆迦利鸠槃茶,垂乳罗刹。

奚周迦国——王活乾闼婆,奚卑罗龙。

亿尼国——勇健执蠹夜叉,象耳龙王,吉迦知罗刹女,雪池罗刹女。

鄯善国——阿罗知天子,阿沙迦夜叉,无著罗刹女。

紧那罗国——赤目夜叉,不动鸠槃茶。

这种护法神的分派工作,似乎并不固定。如法护夜叉是支那的护持者,又是伽赊的护法者。《大集经·虚空目分》(卷一)说:"龟兹国有一龙王,名曰海德。……于阗国有一龙王,名乐宝藏。……真丹国有一龙王,名曰三角。"此三角龙王名,不见于支那的三大龙王内。反之,在《大集经》的《日藏分》(卷一一)说:"以阎浮提中震旦汉国,那罗耶那弗罗婆沙牟尼圣人住处,付嘱海德龙王。复以阎浮提内,于阗国中水河岸上,近河岸侧,瞿摩沙罗香大圣人支提住处,付嘱吃(祇)利呵婆达多龙王。"护法工作的分派不确定,不知与护法的热情与责任有关系否?

此外,《月藏分》(卷一○)更有以一切国家,付嘱二十八宿,要他们"摄护养育"众生。吴地与于阗,付嘱昂宿。沙勒、亿尼,付嘱毕宿。震旦付嘱参宿。龟兹付嘱女宿。婆楼迦付嘱危宿。而奚周迦付嘱了房、参两宿;佉沙付嘱了角、虚两宿;筵提付嘱了毕、女、虚三宿。虽不专为护法,也与护持我们有关。

三 中国的圣王

佛教的开展,要取得政治当局的护持。如阿育王、迦腻色迦
王等,起来护持佛法,佛教才获得非常的开展。所以佛教在中国
异常兴盛,应该也有贤王来护持。关于这点,佛经早就有了预
言。我想,预言即使不应验,也是启示我们的绝好方便。这主要
是关于月光菩萨的预记。可断为苻秦或姚秦时失译的《申日
经》(传为竺法护译,但法护别有《佛说月光童子经》)说:"我般
涅槃千岁之后,经法且欲断绝,月光童子当出于秦国作圣君,受
我经法,兴隆道化。秦土及诸边国——鄯善、乌长、龟兹、疏勒、
大宛、于填,及诸羌虏夷狄,皆各奉佛尊法。"这确是苻坚与姚兴
时代的佛教情况。稍后,刘宋失译的《佛说法灭尽经》,也有"月
光出世,得相遭值,共兴吾道五十二岁"的预言。到隋代,那连
提黎耶舍异译的《德护长者经》,更明说:"此童子我涅槃
后,……于阎浮提脂那(或作大隋)国内作国王,名曰大
行。……大行王以大信心,大威德力,供养我钵。"大行与炀帝
的年号"大业"相合;行与业,在梵语中,不但意义相近,而且字
根也是一样的。然而炀帝不配作佛教的贤王,还是文帝吧!

到唐代,菩提流志三译的《佛说宝雨经》说到:"东方有一天
子,名曰月光。……佛告天曰:……我涅槃后,最后时分,第四、
五百年中法欲灭时,汝于此赡部洲,东北方摩诃支那国,位居阿
鞞跋致,实是菩萨,故现女身为自在主,经于多岁,正法治化。"
这正是武则天临朝的时代。在《宝雨经》的初译中,并无此段,

这是菩提流志糅合《大云经》女王与月光童子的传说，以迎合时王的心理。大乘经中所预记的中国圣王，大抵如此。

四　中国佛教的圣地

中国的四大名山，为四大菩萨的道场，这是起于中国的传说。大乘经所说，也许是五台山吧！唐译《华严经·菩萨住处品》（卷四五）中，有二处：一、"东北方有处名清凉山，……现有菩萨名文殊师利"。二、"震旦有一住处，名那罗延窟"。关于那罗延窟，《日藏经》（卷一一）也有说到："震旦汉国，那罗耶那弗罗婆沙牟尼圣人住处。"依《华严经》，清凉山并不明说为中国，而且与那罗延窟为别处。然以五台山为清凉山，早是中国佛教界的共同信念；而那罗延窟也被解说为在五台山。《华严经》的二处，实际上在中国是合而为一了。这一信念极为普遍，到唐菩提流志译出《文殊师利宝藏陀罗尼经》，更证明了这点——清凉山即五台。如说："我灭度后，于此赡部洲东北方，有国名大振那；其国中间，有山名为五顶，文殊师利童子，游行居住，为诸众生于中说法。"其后，就有在中国亲见文殊的记载了，如赵宋施护译的《佛说最上意陀罗尼经》说到："有一比丘，名曰传教。于九月黑月十五日，北方游行，去支那国不远，及四由旬。忽于路次见一神人……审谛观察，此非他人，乃真实是妙吉祥童子。"

五　中国的圣者

中国佛教这样的发达，修证成圣的当然很多，现在专依经典,佛菩萨到中国来教化而说。

文殊菩萨在五台山,这已不消再说。此外,东晋帛尸梨密多罗的《灌顶经》(卷六)说:"阎浮提界内,有震旦国,我遣三圣在中化导。"属于疑伪部的《清净法行经》也说:"月光菩萨,彼称颜回;净光菩萨,彼称仲尼;迦叶菩萨,彼称老子。"然《法行经》不可信,而《灌顶经》为纂集性质,所以三圣来化的教说,是否可信,还需要研究。

《大集经·月藏分》(卷一一)所说中国地区的化佛示现,非常众多,如说:"尔时,世尊熙怡微笑,从其面门放种种光,照耀诸方,即时于此四天下中,而有无量百千诸佛出现。……迦沙国二十八佛现,遮居迦国二十佛现,筵提国四十五佛现,沙勒国九十八佛现,于填国百八十佛现,龟兹国九十九佛现,婆楼迦国二十四佛现,奚周迦国十八佛现,亿尼国八十佛现,鄯善国二十九佛现,紧那罗国八十佛现,震旦国二百五十五佛现,罗罗国二十四佛现,吴地国五十佛现,新陀跋持国二十五佛现。佛言:诸仁者! 如是等佛,于此四天下国土城邑村落山林处处而现,我今神力之所加故,还起如是等数塔寺。"中国地区的化佛之多,超过了印度本土。有这么多的(著名的)塔寺,因为有这么多的化佛,是如来威力所加持。这等于说,名山大刹的建立,无非诸佛示现的威力所成。

六　于　阗

关于大乘经中所记的于阗,有特别一谈的必要。于阗百八十佛现,是次于中国本土的大乘教区。王城西南的牛头山寺,更是有名的圣地。如《大集经·日藏分》(卷一〇)说:"以阎浮提内,于阗国中,水河岸上,牛头山边,近河岸侧,瞿摩娑罗香大圣人支提住处,付嘱讫利呵婆达多龙王,守护供养。……佛告龙王:我今不久往瞿摩娑罗牟尼住处,结跏七日,受解脱乐。"《西域记》及西藏传说,也有此事。但八十《华严经》(卷四五)作:"疏勒国有一住处,名牛头山。"虽然在晋译《华严》中,疏勒作"边夷国",然八十《华严》的译主实叉难陀是于阗人,他为什么反而说作疏勒呢? 这是极难理解的。此山,依《日藏经》说:或作牛角山,或作牛头山。寺名为瞿摩娑罗香,或作瞿摩娑罗乾陀,所以应名为牛头香寺。

　　佛曾叙述于阗过去的情况说:"迦叶佛时,彼于阗国名迦罗沙摩(外国传作迦罗奢末)。……彼土众生,多行放逸,贪著五欲,谤毁圣人,为作恶名,以灰尘土坌彼圣人。时诸行者受斯辱已,各离彼国,散向他方。……彼国土中水天火天皆生嗔忿,所有诸水河池泉井,一切枯竭。时彼众生,无水火故,饥渴皆死,是时国土自然丘荒。"(《日藏经》卷一〇)于阗过去一度荒废,《西域记》说为沙土淹没曷劳落迦的故事,但劳落迦实在印度。西藏又传说为类似迦湿弥罗大湖的故事。沙摩,为塞种;迦罗奢摩,或许是本为塞种居留时的地名。

　　于阗的从荒废而再建,是由于外来的移民。《日藏分》又说:"然彼国土城邑村落,悉皆空旷,所有人民,悉从他方余国土来。……于阗国于我灭后一百年,是时彼国还再兴立。"《西域记》及西藏的传说,于阗再建,是阿育王时代;阿育王是佛灭后百年出世,所以与经说相合。这些,都可作历史研究的参考。

　　于阗佛教的传入,《月藏经》有:"今有二万大福德人,见于四谛,从沙勒国而往彼住。以彼二万福德众生有大力故,于此瞿摩娑罗香山大支提处,日夜常来一切供养。"这一节,可解说为于阗佛教的传入与发达,与疏勒来的僧众有关。我想,牛头山寺可能本为疏勒的圣地,由于疏勒的弘法者到于阗,于阗也就有牛头山寺(佛教中这种情形,极普遍)。于阗的大乘佛教,胜过了疏勒,牛头山寺也就成为于阗所专有了。

　　《月藏经》的付嘱护持中,于阗国有毗沙门天王,这与玄奘所传的极为相合。

七　中国的政教情形

　　经中暗示中国的,也许很多,这里是取其明显可见的。竺法护译的《佛说分别经》说:"吾般泥洹后千岁,魔道当兴。……真丹之土,当有千比丘,共在大国,堕魔邦界。其中黠者,若一若两为佛弟子。……吾般泥洹后,当有五逆恶世。当斯之时,真丹土域,魔事当盛,闭塞正道。虽有经法,少有学者;设有学者,少有行者。世有比丘,少能自守清净,多有污浊习俗之行。高望游步,世人无异,求好衣服,学世辩辞,追世礼费,群党相随以快心意。"如把这作为竺法护现见的中国佛教情况,岂不恰合!

　　晋帛尸梨密多罗集出的《灌顶经》(卷六)说:"震旦国中,又有小国,不识真正,无有礼法;但知杀害,无有慈心。……欲灭三宝,使法言不行,破塔灭僧。"不知所指的是什么。

失译的《当来变经》说："北方晋土,有一天子,名曰犍秋。佛法将灭,此三天子将出晋,破坏国土。"然三国王出世,破坏佛法,本指安息、塞迦、臾那(希腊)人。《当来变经》是《佛使比丘迦旃延说法没尽偈经》的异译,译者把它解说为中国;对于佛教徒的非法,大大地批评。两晋佛教的实情,从这与竺法护的《分别经》,可以多少见到真相。

八　杂　事

有关中国的琐屑事,再略说几条。

佛钵的传来沙勒与中国,如《德护长者经》说:"(脂那)大行王以大信心,大威德力,供养我钵。于尔数年,我钵当至沙勒国,从尔次第至脂那国。"旧有《钵记经》,已失去。《法苑珠林》(卷三〇)略引说:"佛泥洹后,此钵随缘往福众生,最后遗化,兴于汉境。"这与《法显传》所说的:"若干百千年当至于阗国;住若干百千年当至屈次国;若干百千年当复来汉地",大抵相合。不过,除了沙勒国,传说罗什曾顶戴佛钵而外,一切都是不曾实现的。

佛也会说中国话,如《大毗婆沙论》(卷七九)说:"若支那人来在会坐,谓佛说支那音义。"原来,佛也曾学过中国文字,如《方广大庄严经》的《示书品》,明显地说到"支那书";《佛本行经》与《普曜经》也都如此说。

中国是修行容易成就的地方,如《大方等菩萨藏文殊师利仪轨经》说。

　　向来说轮王出于印度，然从事实来看，洋洋大国的大支那，怎能说是粟散小王？所以《毗婆沙论》(卷二五)说："转轮王业者，……至那天子等。"

　　中国的名产，有丝绢衣宝剑。如《大毗婆沙论》(卷一三六)说："支那国有百炼钢刀。"《根本说一切有部律杂事》(卷二四)，也说到"支那宝剑"。的确，干锵、镆耶，在东周时代，早就是出色的名剑了。关于衣绢，也如《婆沙论》(卷一二)说："至那国，虽奴仆等皆衣缯绢，余方贵胜所不能得。"这更是闻名西方的中国特产。

　　中国到北印度，路程太远了。《婆沙论》(卷一〇一)说："如今世人，往至那国，还者极少。"形容两地的远距离，又说(卷七〇)："父在迦湿弥罗，子在至那。或有母在迦湿弥罗，父在至那。"

　　(录自《佛教史地考论》，251—270 页，本版 165—177 页。)

二一　华雨集

一　与佛有缘

民国五年八月,孙中山先生偕胡汉民等乘舰察看定海海防,因便至普陀。下午三时余,登佛顶山,放眼于山海之际,心胸为之泠然。次进向慧济寺,于门前见梵僧与牌坊之瑞。还普济寺,为寺主了余述之,因作《普陀志奇》以纪之,有"余素无神奇思想,不知是何灵境"之句,并亲书一纸,留镇山门。廿三年夏,其文始显于世。时谭君云山新自印度回,来山礼大士,因语及此事。谭君谓孙公曾书"与佛有缘"小额,持赠道阶法师,殆与此事有关。戴孝园院长拟以此四字,影印放大,赠天下丛林。惜求之北平广济寺不得,南岳祝圣寺又不得! 阶老已示寂南洋,此有光佛门之墨宝,殆将不复再见矣!

二　陀螺与陀罗尼

陀螺为儿童玩物,圆形,或圆柱形,中贯以轴心。旋之,抽之,或以带而旁击之,旋转不已,能保持力之均衡而不致倾倒。唐译《大毗婆沙论》(卷七)云:"如舞独乐,缓见来去,急则不见。"凉译(卷三)则作:"犹如小儿舞于独乐,旋速则见如住,旋迟则见来去。"独乐,显见为陀螺之异译;从可知陀螺乃来自印度者。陀罗,梵语应为 dhara,意译为"持"。轴心能保持力之均衡而不失坠,乃名为陀罗耳。佛法之核心为法 Dharma,大乘之不共为陀罗尼 Dhāranī(《智度论》),并以 dhṛ 字根而成。大乘之所以特重陀罗尼者,以即万化而深入无二之法性(不变之真性,合于持义,此犹为大小共通之"法"义),又即万化之纷纭,得其中心而摄持无遗(此乃大乘特质)。"无不从此法界流,无不还归此法界。"摄持万化于一极,为大乘特有之倾向,亦即陀罗尼独到之本义。末流偏于咒语,非其本也。

三　香　板

禅堂有巡香者,手执香板,巡历禅堂,见有昏沉者,辄以香板拍其肩背,拍然作响,用以警觉禅者之昏沉,而受者固未尝痛也。佛世比丘坐禅而多昏沉,初唤之,或牵其衣,次乃作"禅杖",后改为"禅镇",复制为"禅板"。中国习禅者,燃香以计时刻,因名坐禅曰坐香,禅板为香板。晚近丛林,以香板高供客堂中,遇犯规律者则击之,失警策昏沉之善意,演变为扑作教刑之杖。去佛时遥,失真弥远,不知吾佛教化从无体刑者也。

四　缓与急

胡适论为学主缓，傅君作"缓不济急"以评之，以其为同于佛法之缓也。然佛法论缓论急，原不如此。菩萨修行三大僧祇而成佛，是缓；三生圆证，即生取办，岂非是急！实则小积功行则小就，大积功力则大成。学佛自宜期心远大，何可急功近利以求速成！故说之似缓，然是但事耕耘不问收获之意。确定目标，但放手行去，功到自成。一着急，则鲜不落于魔道者。不着急，非懈怠放逸，恰是大勇精进。精进非着急，佛说如操琴，弦宽则声弛，弦急则声促，不急不缓，而精进乃成。故知学佛正行，不着急，不松懈，确树宗极，直趣之而已。然为学之初，允宜缓急互相助成，互补其偏失以成中道。佛说犹如骑马，马首偏左则牵之使右，偏右则牵之使左，如不左不右，则纵之驀直行去耳。今之学者，偏缓偏急，宜乎思潮世道，并纠结而难可爬梳。

五　道无不在

姚兴王关中，法化之盛，先来未有。独怪其逼罗什以女伎，别处官廨！什译《大品》之初日，兴莅逍遥园助译，作《因果论》以示群臣。兴固有得于佛法者，奈何强罗什以非法？观其诏道恒、道标改服，乃知兴之信解，在大乘兼济也。彼以为："独善之美，不如兼济之功；自守之节，未若拯物之大。"评子陵、君平等之隐遁为："此皆偏尚耿介之士耳，何足以关语嘿之要！"于在家出家,则曰:"苟心存道味,宁系黑白?""然道无不在,苟废其寻道之心,亦何必须尔也。"是知诏恒、标之改服,乃"释罗汉之服,寻菩萨之踪",不可以罢道视之。此所以不满僧䂮等之代求,而示以政教之相须:"法师等虽潜心法门,亦毗世宣教。纵不能导物化时,(亦当)勉人为治。而远美辞世之许由,近高散发于谢敷! 若九河横流,人尽为鱼,法师等虽毗世宣教,亦安施乎?"兴独与罗什书,希什公有以劝恒、标,兴与什公间必有心心相印者。姚秦亡而性空之统不绝若缕;石氏衰而道安辈栖遑靡托;侯景乱而真谛不果宣述;五代乱而台贤之章疏尽失。反之,有南朝之偏安而南土佛教盛;有隋唐之强盛而大乘极其致;有吴越之安而天台复兴。从救世言,从护法言,姚兴实不为无见!

六　龙蛇混杂

　　无著文喜禅师,北朝五台山,求见文殊,遇老翁而不能识之。文喜谓:南方"末法僧尼,少修戒律"。老翁(文殊)告以:此间"龙蛇混杂,凡圣交参"。佛于声闻教中,以律摄僧,渐学渐深,犹如大海。"大海不宿死尸",纪律何其严格! 大乘以宽容成其广大,涵盖一切,自属气象万千! 然龙蛇混杂,僧团何由严净? 大乘兴而律制弛,其类于禅宗盛而义学衰钦! 世谛流布,固无绝对之利,是在弘法者以时推移,导归中正耳!

七　燃　顶

　　我国传戒,于顶燃香,故"香疤"(或称戒疤)显然,世每以此而别僧之真伪。此实始于中国,非佛教旧制。说者谓此以表舍身供养之诚,如药王燃臂、剜肉为灯之类。然偏燃于顶,应与灌顶有关。印度旧俗,凡国王登位,必取海水以灌其顶。大乘约此喻以表法,故十住名灌顶住;菩萨证入真如(与佛同证),十方诸佛流光以灌其顶。迨秘密教兴,乃行灌顶之法(以表立于佛种中)。其法虽不一,而瓶水灌顶,实得名灌顶之本义也。昔以色列人,凡祭师立王,必以膏油而灌其顶,以表神意之冥加。此与印度,特水与油之异耳。传说五旬节时,圣灵下降,如火焰而分落于众人之首。此与佛之流光灌顶意趣近同。耶稣初从约翰受浸礼,乃浸入水中以表净罪恶。此与印度之水净外道,以水浴表清净相合。然后之基督教,则改用洗礼(有仍用旧制之浸礼会),以水洒信仰者之顶。此实融圣灵灌顶与水净而为一,以表净罪恶而蒙神恩。据此宗教仪式与意境之类同,故吾以为:灌顶之礼,唐宋间盛行。传戒者于顶燃香,应是融灌顶与燃身而为一,用表舍身供养,住佛种性,蒙佛光耀之义。习行之既久,乃莫知取义而仅以别僧俗。虽然,依释尊律制,于顶燃香,实非法而不可为训。

八　人之自觉

今日西方,受希伯来宗教意识影响者,以神为能造者,万物为被造者,人为由于神之意志而存在,缺乏自主性。故在宗教中,不由人类自己之行为价值,而唯信神乃可以得救。人在仰天俯地之间,不过神之奴仆,遵循神之意思,此外更无意义。原始人类之自卑，有如此。在中国，则人类之地位渐高，自尊心日强。天(神·理·心)与地(祇·事·物)并立，而人为孕育于天地而生者。人于万物中，得天地之全，故人能参天地之造化，赞天地之化育，与天地并列为三才。不特此也，"天地无心而成化"，"圣人与万物同忧"，且进而能尽人之才性以补天地之缺。以印度文化论，由原始之神造说，而达于人与梵(神)为一体。着重自身，故神之创造，实即吾人自身之开展为世界。易言之，天地万物(除有生物)，要皆为人类——一切众生自体之显现。故宇宙间，非神与被造者，非天地人三者，而为"我与世间"二类，人类之自觉自尊达于高潮。佛教则直从人类——一切众生本位以观世间，脱尽创造神话。神亦众生之一，由于迷乱不觉，妄自夸大以为能造万物耳。人之自视最高，而一切众生皆有佛性，则视他极平等。天地之缺陷，本为众生自身之缺陷，吾人唯从悲智正行以净化之，神何能为！

九　玄睿与珍海

　　日本之三论作家，莫如玄睿与珍海。玄睿作《三论大义钞》，于空有之辨，颇致殷勤，持论精而引证翔实，不可不读之书也。然以《解深密经》为密意说一乘，殊失嘉祥大师之旨。珍海检文甚勤，著述颇多，甚便初学。然引地论师净影慧远为宗祖，窃其学以张大己宗，而三论弥失其特色。非驴非马，误之甚矣！

一〇 禅宗第七祖

佛学重师承,而法派旁正之诤,至中国而始烈。达摩创开禅宗,五传至黄梅,门下出慧能、神秀,因有南顿北渐之诤。六祖慧能门下,所争尤甚!晚唐以来,公认六祖之道,以南岳怀让、青原行思为得法正宗。圭峰传神会之禅,故所作《禅源诸诠集都序》,以为得六祖之道者,乃荷泽神会,神会为七祖。神会于玄宗时,首莅京洛,定禅门宗旨,而后北人知黄梅之道在卢行者。六祖门人之能光大法门于京洛者,以神会为第一人。然此亦如初传五祖之道于京洛者为神秀耳,非即神会独得正法也。南岳下出马祖道一,青原下出石头希迁。"马踏杀","石头路滑",而后南方之禅风乃震撼天下,流衍为五家七宗。神会之传,傍教以行,转无闻焉,则亦如神会之掩盖北宗耳,未必南岳、青原独得六祖之道。传有无住者,乃六祖再传弟子,自谓得迦叶传来之金缕袈裟。弘法巴蜀,信衣现存云。故知六祖之徒,分化各方,固莫不自以为独得大鉴之道。后人专以南岳、青原为得法正宗,或专推荷泽神会,俱未见其当也!

一一 耶稣到西藏

藏典有名格萨加利塔者,谓耶稣二十岁前,曾赴印度求学,肄业于那烂陀寺。时藏王遣使来摩竭陀,聘佛教大师去西藏,众属意耶稣,耶稣乃应聘入藏。弘法三年,奠定藏地佛教之基。乃去故国,以大乘教犹太人,因有基督教云。此盖以莲花生入藏,弘法三年,西行不知所往之事实,附会耶稣幼年去埃及事,乃成耶稣入藏之怪说。耶稣生于汉哀帝建平,被杀于光武帝建武年;而莲花生入藏,远在七百年后之唐世。原作者之附会,殊可惊!此与老子入胡化佛之妄说,可谓无独有偶者也!

一二　佛灭无大师

释迦佛在世,称十力大师,为学众所依归。然释尊以法摄众,初不以统摄之特权者自居。故曰:"吾不摄受众,亦无所教诫。"盖勉学者能依法不依人,自依止,法依止,自尊自律,依法律而行也。佛灭,释沙门尊上座而重大众,德学集团会议而主僧事,和乐为法,法门乃日以光大。有问阿难,阿难答以:如来在日,未预定继任大师者;灭后,吾等亦未共推一人为大师。吾等依法而住,互相教诫,互相慰勉,则得一味和合如水乳。佛教之民主精神,有如此!佛不以神自居,亦不以神子或神使者自居,与弟子为师友,颇近孔子。而众以有若似圣人,欲共奉之如孔子,为曾子所拒而不行,亦有类佛灭之无大师。然佛教有沙门团之组织,而孔门则无。反观世界宗教(无种族阶级之限制,即人类宗教)之有组织者,耶稣死,彼得继起而演为教皇之制。穆罕默德死,继其任者,世为哈利发。因教主之位而起诤,盖不知凡几。此以神教徒,上崇神权唯一之神,下法君权唯一之君,虽有世界宗教之卓见,而卒不掩其帝国独裁之精神,未能尽世界宗教之美也!至如君主尊孔子,孔氏子孙世袭禄位,此非所以尊孔子,适为孔门之累耳!

一三　皆大欢喜

一入中国佛寺之山门,有弥勒殿,悬"皆大欢喜"额。弥勒像作憨笑之容,大腹便便,肥硕无朋,弥勒化身布袋和尚之相也。弥勒象征富余、喜乐、慈和、宽容、(中国式之)健康,为国人之理想型。较之印度、西藏弥勒像之精进强毅,迥然不同。

一四　道教反佛之伎俩

道教,总中国旧有之神话、祭祀、阴阳、巫觋等,流衍至汉末,始渐成有组织之宗教。佛教东来,道教徒虽多所仿则剽窃,而相拒颇力。历代之法难,类由道者从中引发之。唐以前,佛教之根柢未深,道者反佛之策,以老子化胡说为核心。老子西过流沙,不知所终,《史记》所传殊晦昧。适佛教自西而来,乃托为老子化胡成佛之说。老子化胡成佛,因有佛道先后之争。佛化粗犷之胡人,不适于华夏,因有夷夏之辨。余则出家佛弟子之不拜王,远离家庭,常被目为不忠不孝,是非其间。然南朝之佛教义学畅行,道者辄无如之何。北朝朴质,魏太武、周武帝,受道流之播惑,因有灭法之举。时入隋、唐,佛法昌明,已非老子化胡说所可蛊惑,道者乃别出反佛之道。道者托言道教之神仙,为帝族之远祖,使皇族与道者构成血统之关系;如唐之于李耳,宋之于赵公明,而唐武与宋徽之法难又起矣!蒙元入主,佛教始借王力,举道经之诬辱佛教者而悉焚之。其后二教渐趋妥协,而二教俱敝矣!

一五　度牒与戒牒

清世宗废度牒制,代以戒牒(其实高宗时又曾用度牒),近人颇多指责,甚有谓其意在毁佛者,非也。佛子出家,何预国王事! 学道贵有内心之自觉,重在身行。经教虽是所重,然何能据文义以为出家标准? 编僧籍如编氓,立僧统如立守,古人每拒斥之,检大乘经及南北朝僧史可知。世宗虽枭桀,然信佛甚真。废试经度僧之制,盖有见于佛教本义,崇佛非毁佛也。至近代之僧流猥杂,非一朝一夕之故。唐、宋禅兴而义学衰,元代蕃僧至而僧格堕;明、清以来,政治压迫,久已奄奄无生气。承国族衰弱之会,受欧风美雨之侵蚀,乃日以不支耳。

一六　僧肇与《宝藏论》

《传灯录》载:姚兴怒欲杀僧肇,肇乞七日假,作《宝藏论》,论成乃受刑。临刑有"将头临白刃,犹如斩春风"句,后人传为美谈。然《十六国春秋》传肇公年三十一卒,姚兴惜之,无被刑之事。明智旭亦疑其被杀说之无稽,而未知《宝藏论》之为伪作也。《宝藏论》模拟老子,全不似肇公手笔。旧来目录,亦无《宝藏论》之名。论有"秘在形山"之句,盖真我在缠之说,即禅家之"本来面目"或"主人翁"也。真常唯心之谈,非肇公所应有。此殆唐末禅者作《宝藏论》，欲借肇公之名以自重，而苦世远之无征，乃伪撰造论因缘以取信于人。其事始见于《传灯录》，其故可知矣！僧传谓肇公年三十一卒，不明致死之由。今详肇公答刘遗民书云："贫道劳疾每不佳"，则知其素患劳伤之疾。青年早世，其以是欤！

一七 僧尼与帝王

佛教来中国久，僧尼为帝后而帝后为僧尼者间亦有之。僧之为帝者，有明太祖。初出家皇觉寺，后以世乱，从郭子兴起兵濠滁，卒逐蒙元而光复汉河山。以布衣而混一中华，汉高以来，一人而已！尼之称帝者，有武则天。初出家为尼，王皇后阴令蓄发入宫为高宗妃，次代为皇后。高宗崩，临朝，立子而又废之，竟移唐祚，国号周，开中国历史未有之先例。初吐蕃强大，略天山南路四郡，则天皇帝始规复之。帝之为僧者，明建文、清顺治并有出家之说。后妃之为尼者，则南北朝来多有之。

一八 神 尼

《隋书》有《神尼传》，略谓文帝——杨坚初生，有神尼来，愿负保养之责，坚父母即以付之。文帝幼年生活，全在寺院中，仅岁时一归省其父母。迨年长，始归就傅，神尼犹岁时一过其家云。其说似离奇，而事非虚构。他日文帝之勤俭为国，自谓"兴于佛法"。其再兴周武破灭之佛法，并与此事有关。以吾观之，文帝殆其父与尼有染而生者,为礼教所限,乃诈为夫人儿,而由尼鞠育之。事涉隐微,乃以神目之耳。明眼人读此,当不以吾言为穿凿也。

一九　为支那堪布翻案

唐时,西藏初受内地佛教之化。有支那堪布者(考得此为北系之禅者,随金城公主入藏),弘法藏卫,唱顿悟成佛之道。印度莲花戒至,与共辩论,支那堪布失对于当时,遂被放而不得行其道。西藏佛教乃日化于印度晚期——神秘欲乐之教。此则公案,西藏学者辄引为谈助。如宗喀巴《菩提道次》,即每指异义为同于支那堪布,一若支那堪布为异见之代表者。此含有鄙视性之传说,闻太虚大师尝为之翻案,未详作如何说。夫教学之短长,非一人所可得而代表,亦非徒竞辩足以定是非。印度旧习,特好论辩。今日甲胜乙,佛弟子被逼改宗,然佛法岂即此而坏!明日乙胜甲,而甲又剃落出家,此又岂外义之尽失!昔如意论师以语言失次,被判为堕负。华氏城佛教,为外道所屈,竟不得鸣楗槌,过城门。竞真理于唇舌之间,以空谈为是非标准,假借王臣之权力以相倾轧,此印度之陋习也!佛教之末流,佛弟子熏染其间,论辩之风弥盛,思想若严密而落于繁琐纤巧。学者习于空谈,于身心实益、社会利乐转漠然视之,而佛教雄健之风、笃实之行,荡然无存矣!西藏佛教以神秘欲乐为尚,愧见支那堪布多矣!

二〇 三 变

黄忏华叙欧阳竟无之学,初学儒凡三变,次学佛又三变,晚年归于儒佛一贯,合而言之,亦三变也。今谓欧阳老之师杨仁老,宗《起信》,晚年始知有唯识。欧阳老初弘唯识而辟《起信》,此则有异仁老矣!晚年,自《般若》而入《华严》、《涅槃》,于奘传唯识,微感不尽。今其上足吕秋一,唯识宗古学,乃欲别奘传唯识为唐人学以治之。以视欧阳老之宗唯识以辟《起信》,又有间矣。若合而言之,亦得三变。

二一 《般若经》最大

龙树赞《般若经》,于《法华》等一切大乘经中,《般若经》最大。般若之所以大,古人多难言之。成论大乘云:般若通教三乘,非独被菩萨,义不究竟。唯识大乘云:《般若经》但为发趣菩萨者说,非遍为一切乘,是第二时不了义之教。通则成论者抑之,别则唯识者薄之;不别不通又不得,《般若经》何其难为!实则《般若经》通教三乘,但为菩萨。但菩萨故深,通三乘故广;深广无碍,如杲日当空,平地高山,一时照却,此《般若经》之所以独大欤!

二二 教 主

日僧亲鸾,娶妻生子,创真宗,盛行于日本。其后裔凡二支,以东西本愿寺统摄其信众。支长世受国家之封爵,世为教主,类道教张陵之裔。西藏佛教,旧多娶妻生子。父死,其寺产由子喇嘛继承之。自元帝以政权畀喇嘛,西藏重复祭政一致之制。明初,宗喀巴出而矫正之,严戒律,重教学,于西藏佛教之贡献特多。然以因循俗习,虽不娶妻生子,而别有转世之制。即死者预嘱(无遗嘱者,由其他大喇嘛以占卜定之)死后转生之地点、时间,届时访而立之。旧制父终子及,今则前身后身相承也。乾隆以后,政权归诸宗喀巴大弟子之转世者,即达赖,政教复合一。然政教之大权所在,即争竞所在,致转世常访得多人,甚至烦累清廷,为之抽签以定之。吾释尊入灭,不以佛子罗睺罗继大师位,亦未尝自言转世以统摄之。佛教无教主,树二千余年来民主之光荣! 彼西藏与日本,固未知佛教之特质也!

二三 《十八空论》

《十八空论》,不详作者名,古人以为龙树造。详其内容,初释《中边分别论·相品》之空义,次释《真实品》之一节。此乃《中边分别论》之疏注,世亲后人作,或即真谛所出。或者视为龙树作,且据之以明龙树曾说唯识,妄矣!

二四 姓名之道俗辨

国人之出家者,举家居之姓名而并弃之,另作姓名曰释某某。考之古籍,非圣训也。世尊姓瞿昙,来人每以瞿昙呼之,则佛之姓不改。佛之及门弟子,如大迦旃延、大迦叶、大目犍连、弥勒、宾头卢,并是俗姓,未闻别作。或谓释道安初以释为姓,后《中阿含经》至,果有"四河入海,同得咸名;四姓出家,同姓为释"之文。安公冥会佛经,学者乃竞以释为姓。此亦未尽然,四河入海之说,虽大部未来,而别译已有。安公特据之以姓释耳,何悬鉴之有!且释迦乃氏族之称,以佛泯阶级(种姓有贵贱,即成阶级)之别,乃同称释氏以示平等。亦以法从释尊闻,从佛口生,名释子也。当佛教初传,国人之出家者,俗姓不改,如严浮调、朱士行等。其后,学者竞以师之国名为姓,而支、竺、于、康乃杂出,殊失其本。然宋初有张慧严、崔慧观、寇道渊;梁有姚道安;唐有金和尚等,并兼俗姓。迄今西南各省,犹通用张和尚、李和尚之称。或者讥其不脱俗,而实未尝违佛制也。名则佛世之阿难、舍利弗、金毗罗、阿那律等,并是俗名。下逮阿育王之世,帝须、耶舍、大天、摩哂陀、末阐提;及后大乘学者马鸣、龙树、世亲、天主,犹沿以俗名为名。一切有部说,佛谓欲作法名者,应依三尊。然此仅有部晚期所传,诸部则不尽然,如大众部则多用军字。是知改用法名,虽印度旧有,事非佛制。至密宗兴,乃无一不取密名矣!

二五　昙影与昙暑

　　经录传:什公译《成实论》,昙暑笔受。昙暑名不见僧传,今谓即昙影字形之讹也。影助什公译经,见《成实论》之净辨往返,颇恨其支离,乃结为五番以呈什,什公善之。影之致力《成实》如此,盖笔受之人也。

二六　布袋和尚

《传灯录》载:布袋和尚"形裁腲脮,蹙额皤腹";"入廛肆聚落,见物则乞"。宋代已"四众竞图其像"。解脱而无所拘禁之风格,大有"游戏人间乐太平"之概,实与南宋之济公相类。然以传为弥勒化身,受中国佛教界尊严之供奉。迨布袋和尚像传入日本,图像歌赞甚多。因其"以一杖荷一布囊",与大黑天像相类似,为日本人视作福德之神。"布袋蛭儿引颈图","大黑布袋博奕图","布袋醉后欠申图",真所谓:"终日酒肆鱼行,何妨游戏放荡。"虽风颠游戏,寓洒脱于滑稽幽默之中,宜其为人所好,然其污损佛法亦甚矣!

二七　大黑天

摩诃迦罗,译为大黑,本印度之战斗神,一面八臂或三面六臂,为摩醯首罗天化身。佛教初视为夜叉或龙神,迨密典乃说为大日如来化身。义净西游天竺时,大黑天"手把金囊"像,供奉于厨侧或库前,已成为护持三宝、财富饮食之神矣!

二八　一阴一阳之谓道

《易》曰:一阴一阳之谓道。乾坤初拟于父母,翕辟本形乎性交。初民惊于男女生育之奇，于性交有神秘之感，乃以此而类推宇宙生化。基此而渐入文明，乾坤阴阳乃转化为正反、奇偶——宇宙间相拒相和之理。虽男女之道为家庭之本，而不复神秘视之。然一阴一阳之道，积古传来之方士，仍有采阴补阳，素女房中之术，视为成仙之秘要。虽此道源远流长，究不无狂愚妖诞之感！梵语三摩钵底，意译为等至，盖形容二者之平等相应，而达浑融一体之地。印度初亦用以称男女之交合，故《婆沙》有"阴阳等至"（或译雌雄等至）之名。遍行外道，与中国之方士相类，素有性之崇拜，渐发为男女和合之秘道。佛法中，三摩钵底为定之一名，以形容从修定而到达身心平等，心与境融之境地。迨密宗继起，融摄遍行外道之术为成佛方便，乃美性交为入定矣。

二九　中国佛教与边地民族

我国佛教之弘盛，有关于外族同化及边地民族者至巨。即如大乘八宗：三论宗之自北地而南传者为摄山僧朗，朗乃高丽人（实为辽东人，时属高丽）。大成者嘉祥吉藏，则为安息族之华化者。唯识宗，传玄奘之学者首推慈恩窥基，基为尉迟敬德犹子，系出于阗。华严宗亦称贤首宗，贤首法藏，系出康居。禅宗，大兴其道者卢慧能，系出岭南华猺杂处之地，五祖称之为獦獠。密宗则三大士并由外来。唯天台、净、律，纯由华族弘布而完成之。又如四大名山：普陀山兴起于日本之慧锷，九华山兴起于新罗之地藏，五台山地接北胡，峨嵋山则处西南夷，历为蒙、藏信仰重心。我国佛教得力于外族同化及边地民族,亦即有助于民族间之协和同化也。

三〇　老子生而发白

《神仙传》谓:老子处胎八十年而生,生而发白,因名为老子。然此非道家之旧说,元魏吉迦夜所出《付法藏因缘传》(卷五)云:"胁比丘由昔业故,在母胎中六十余年,既生之后,鬓发皓白。"老子生而发白,实取诸佛教之传说。然胁比丘故事更别有传说为据。佛世有比丘名"上座",《婆沙论》释其得名因缘,即谓处胎六十年而生,生而发白。《婆沙论》编集于西元二世纪,远在《付法藏传》之前。是则上座之传说,一转而为胁比丘故事,再转而为老子。传说多变,亦甚久矣!

三一　将心来与汝安

旧传达磨宗风,答语每从反诘问处着手。如慧可见达磨,乞与安心法。达曰:"将心来与汝安!"可曰:"觅心了不可得。"达曰:"与汝安心竟。"僧璨之见慧可,可曰:"将罪来与汝忏!"道信之见僧璨,璨曰:"谁缚汝!"出言之旨趣并同,实则此是大乘显示胜义之一式。约理,则于无自性处显空性;约行,则于绝情见处体实性。此如《般若经·三假品》,佛命须菩提"为菩萨摩诃萨说般若波罗蜜"。须菩提乃曰:菩萨不可得,般若不可得,我云何能为菩萨说般若? 佛因而印成之曰:如是! 如是! 若知菩萨不可得,般若不可得,即是为菩萨说般若。一反来问以为答,方等、般若经,实多其例。

三二 北土重禅

昙无最为北土之涅槃学者,魏太武中,曾预释老先后之辩,举《汉法本内传》以证之。《洛阳伽蓝记》载:昙无最死后,入冥中,见一比丘来,冥官礼敬甚恭。询之,禅师也。最自以弘赞涅槃,功德难思,而不为冥官所重,心殊不平。冥官告以道在心行,说法不如禅,非故为厚薄也。以此足觇北地之重禅轻教,无惑乎达摩门下之不立文字,能日益弘大!

三三 求生东方

北齐真玉,初修求生西方之净业甚虔。后闻东方有莲花藏净土,乃慨然叹曰:"人竞西往,更无东向",其如东方世界何?乃回心求生东方净土,临终如愿往生。此老于净土念佛法门,可谓独具只眼!如净业成就,十方净土固得随愿往生者也!

三四 女王与《大云经》

女子不得作轮王,声闻法中有此说,大乘则不然。北凉昙无谶所译《大云经》,佛记会中天女,当来以女身作转轮王,护持正法。唐武后之敢于移唐祚称帝,开中国政治史上空前绝后之奇迹,《大云经》与有力焉。当时僧尼为《大云经》润饰、注释,为武后宣传,颂《大云经》于天下,以示天命所在。武后称天册金轮圣帝,实本于此。时菩提流支来中国,遂译圣典,为武后所尊敬。其新译之《宝云经》,较之旧译《宝雨经》,独多天女受记作轮王事,盖取《大云经》说以糅合之。然《大云经》之本义,实指南印度案达罗王朝。如经(卷四)云:"我涅槃已七百年后,是南天竺有一小国,名曰无明。……其城有王,名曰等乘。其王夫人产育一女,名曰增长。……诸臣即奉此女以继王嗣。……满二十年,受持读诵是《大云经》,然后寿尽。"此则南印度别有女王,不关我中国。古人附会其事,不知何以通经!

三五　《十六罗汉因果识见颂》

《十六罗汉因果识见颂》一卷,日本《续藏经》收入失译中,非也。颂凡十六章,每章为三段。一、颂罗汉之事迹神力,依《法住记》。二、颂因果人天善行,间及我国之俗习。三、颂识见,即"识自本心,见自本性"之意,十九出《坛经》。此杂凑而成之偈颂,实中国禅者不立文字之文字也!

三六　禅门之风格

我国之禅者,虽以宗门自居,凌轹诸家,似乎高不可及。然就其风度言之,则禅宗之初,颇近于一分声闻行者。四事恬澹,有头陀之风;重实践,不以论说为重;有法堂而不立佛殿;经行坐

禅于山边林下,随适而安;解脱之心甚切,所谓"己事未明,如丧
考妣";随闻悟入;凡此莫非古代声闻佛教之遗风。然禅者衣食
随缘,不拘于三衣、中食;多从事劳作,如百丈之一日不作,一日
不食;自始即别立禅院,与律寺异,迥异于古代。尝考大众部初
分,有鸡胤部,衣食等一切随缘,重行证而不务讲说,精进过余
人。达摩自南天竺来,唱"南天竺一乘宗",疑与之有渊源。至
于禅者所悟,以达摩所传二入、四行观之,则藏心本净之见也。
然离言一句,大小所共,乃至外道有绝言见。浅深万类,唯智者
能勘印之耳!

三七　土地菩萨

国人每称土地、城隍等为菩萨,颇嫌于神佛不分。今之学者
每举而辟之。然《华严》、《涅槃》等大乘经,有主山神、主地神、
主城神等,并是菩萨。秘密教中,则鬼畜诸天,尤多佛菩萨化现,
或如来内眷属。夫印度群神,大乘得视为菩萨而融摄之;中国之
土地、城隍,安见其不得为菩萨? 神秘而泥古之学者,有以语
我来!

三八　佛教之年节

佛教有安居之制,于七月十五日(或八月十五日)解制。届
时,比丘受岁(加一岁),行自恣法,衣食住之受用,得丰乐随意。
信众群来集会,布施作福,盖佛教之年节也。此日,称佛欢喜日;

此如父母见子女之长成，为之欣悦。释尊在世，旧有此制。传说佛为拔济目莲生母之饿鬼苦，教于佛欢喜日供佛作福，因有盂兰盆会。佛入灭已，乃有灌顶会、菩提会、涅槃会、阿难大会、罗云大会等。迨大乘教兴，因有文殊会、观音会、地藏会等。亦有于祖师诞大为点缀者，如西藏之于宗喀巴等。吾意七月十五日，为佛子年节；而俗称中元，存孝思之美德，可谓道俗兼美！如略其忏焰之繁仪，行自恣之法，一年一度之大会，不亦甚可美哉！

三九　读《新原人论》

人生之任情而动者，不觉也。知以节情而畅其情者，畅其情则为功利，节其情而为道义，义利战于胸次，似觉而实未觉也。情得智泯而净化之者，以智泯情则声闻之己利行，以智化情则菩萨之普贤行，情智未免于起伏，分觉也。任智而行者，情以智转而智在情中，人生之极致，大悲大智之大觉也。以是观之，道家"畸于人而侔于天"，近声闻之己利行；儒者"极高明而道中庸"，近菩萨之普贤行。有高山仰止之心，无达本情忘之术，似而未真，宜乎有"圣人亦有所不知"之叹！冯芝生作《新原人论》，曾不能知人生进程之分齐。欲以形式之概念，拟议于现量之正觉！知佛教之有己利行，而不知菩萨之有普贤行。陷入理学窠臼，悠悠于"二氏"之滥调，安见其能原人也！

（录自《华雨香云》，175—206页，本版119—140页。）

二二 中国佛教琐谈

一 生

"解脱生死",是修行佛法的根本问题,所以"了生死"、"了生脱死",成为中国佛教界的一般论题。然而什么是生,什么是死,大家似乎并不想正确地去认识,所以不免有以讹传讹的传说流行。

依我们人类来说,一般以为胎儿从母胎中诞生,就是生,释迦佛不也是四月初八日生的吗?不错,这只是常识所说的生,一般误解了以为这是"了生死"的生,于是传出了"投胎"的故事。如说:老爷睡在书房中,似梦非梦的见某人进来。正在惊疑不定,丫环来报:夫人生了公子。哦!孩子就是某人的灵魂投胎而生的。又如说:有女人怀孕,过了十个月,还没有生下孩子。等山中某老禅师坐化了,女人才生下孩子来,所以孩子是某老禅师的转世。我国有太多的这类"投胎"故事,使人相信三世因果。其实,这是我国佛教界的错误传说!依佛法说,什么是生?生是一期新生命的开始。约胎生的人类来说,父精、母血(现代称为精子、卵子)和合,因业力而"识"依精、血生起,名为"结生"。从此,"识缘名色,名色缘识",也就是心与肉体的相依,日渐成长。正常的,经三十八(个)七日(约二百七十天)而诞生。所以,生老病死的生,是新生命的开始;人是依父精、母血、识——三事结合而开始的。结胎以后,早已有了识,后来又有了呼吸,哪里要等另一个人的识(俗称灵魂)来投胎而才生呢!

二　死

死,是一期生命的结束。依佛法说,人死了,或立即往生(如地狱、天上等),或要等因缘(如人要有父精、母血和合)而往生。人如已经死了,是不可能复活的。但我国民间及佛教界的传说中,有的说:某人死后,去了地狱,见到阎王。原来阳寿未终,所以被饬回而活了转来。有的说:某人死后,魂游地狱,活转来说得绘影绘声。这类传说不少,有些不一定是造谣,但都是错误的。这是在病到某种情况,如呼吸停止等,一般以为是死了,这才有死了活转来的传说。病人在信仰或社会传说影响下,有怕堕地狱的意识,所以从昏迷醒来,可能有去了地狱一趟的感觉。其实这并不是死,还在"病"的阶段,所以死了活转来的传说,是错误的,不合佛法的。

怎样才是死? 通俗以呼吸停止,没有知觉为死亡。然如溺水、缢死等呼吸停止,每能依人工呼吸而恢复,所以但凭呼吸停止,是不能确定为死亡的。(佛教及外道)修得第四禅的,"身行灭"——出入息停止了,然身体健康,等到一出定,呼吸就立刻恢复了。印度的瑜伽行者,每有埋在土里数小时,出来还是好好的。这一定是修到呼吸停止,否则没有被土埋而不窒息死的。说到知觉,一般是接触外境——色、声、香、味、触而起的,佛法名为眼识、耳识、鼻识、舌识、身识——前五识。如修习而得禅定,五识都是不起的。从前,释迦佛在田边入定,当时雷电交加,田里的人与牛,都被电殛死了,那种近距离的霹雳声,佛也没有听见。五根("五官")的没有引起知觉,当然不能说是死的。还有意识,是内在的了别作用:(依五识而引起的)知外物也知内心;知事也知理(法则、规律等);知有也知没有;知当前也知过去、未来。这样的意识,一般人是没有中止的。但在"闷绝"——昏厥得不省人事,"熟睡"无梦时,意识也是不起的。特别是修无心定——无想定、灭尽定的,六识都长时没有了,但只定中不起而不是死了,所以也不能但凭没有知觉而认定为死的。人类因疾病而濒临死亡边缘,近代医学界以"脑死"来决定。如脑干死了,不能自己呼吸,即使心脏还在跳动,但不久就要停止;所以脑死了,不能再生存下去,就可宣告死亡。然依佛法说,这不能说是死,这是在向死亡接近的过程中;不能因为不久一定死,就宣告已死亡了。佛法说,死是一期生命的最后结束。

经上说:"寿、暖及与识,三法舍身时,所舍身僵仆,如木无思觉。"寿、暖、识——三者不再在身体上生起,也就是没有这三者,才是死了。倒在地上的身体,与砍断了的树木、落地的苹果一样。"识",不但没有六识,内在的细意识,十八界中(六识界以外)的意界,也不再生起了。"暖",人是热血动物,如体温下降,全身冷透了就是死。因病而死的,体温渐渐消失,以全身冰冷为准。"寿",也称为命根,指从业力而受生的,生存有局限性,因业力而决定的生存期限,称为寿命。一般人,或酗酒、纵欲、饮食没有节制等,不知维护身体而受到伤害;或受到疾病的传染等,早衰而早死;或受到水、火、战争等而横死的,大都不能尽其寿命。无论是病死或横死,如没有了识与暖,寿命也就完了。这三者,是同时不起而确定为死亡的。这样,如还有体温,也就是还有意界(识)与寿命,而医生宣告死亡,就移动身体;或捐赠器官的,就进行开割手术,那不是伤害到活人吗?不会的!如病到六识不起(等于一般所说的"脑死"),身体部分变冷,那时虽有微细意界——唯识学称为末那识与阿赖耶识,但都是舍受,不会有苦痛的感受。移动身体,或分割器官,都不会引起苦痛或厌恶的反应。所以,如医生确定为脑死,接近死亡,那么移动身体与分割器官,对病(近)死者是没有不良后果的。

三　鬼与地狱

在生死轮回的六趣——六道中,鬼与地狱,是六趣中不同的二趣。鬼与地狱,可说是古代极一般的信仰;在佛法传来以前,我国也早有了鬼与近似地狱的信仰。佛法传来,在重信仰的民间佛教中,鬼与地狱有了混合的倾向。特别是盛唐以后,佛教偏重实行,法义的理解衰落,传出了国人自己编写的经典,鬼与地狱被混合为一,成为民间的信仰。

在我国古代的传说中,如魑、魅、魍、魉、魃、魈等,或是山精、木怪,或是灾旱、疫疠的厉鬼;有关天象的,称为神。人类是聚族而居的,最初想到的,死是回到(民族)祖神的所在("帝所"),如文王的"在帝左右"。但知识渐增,自身的所作所为,深深地有了罪恶感,不但一般人自觉没有回归祖神所在的可能,连君主也要举行封禅礼——在高山上加些土(封),在山下挖掉些土(禅),才有出地府而登天的希望。这样,才有"人死曰鬼"、"鬼者归也"的信仰。鬼,起初似乎还有些自由,如对于生前的怨敌,有"诉之帝所"而来索命的;也有对生前的恩人,如"结草衔环"来报恩的。不过人类的命运,越来越悲惨,终于为鬼而住在地狱中了。从战国时代的传说来看,古代的死鬼住处,略有三处。一、东方:泰山是夷族(殷商属于这一系)发展的中心地带,泰山最高,泰山下有梁父、蒿(或作高)里等山,是当时的葬地,所以古代的挽歌(极可能起初是推挽灵车去安葬时所发的哀声),有"梁父吟"、"泰山吟"、"蒿里"、"薤露"等名目。人非死不可,似乎有鬼卒来提取那样,所以汉代"古乐曲"说:"鬼伯一何相催促,人命不得少踟躇。"死了就是鬼,葬在地下,鬼也在地下,凄惨而不得自由,所以说"魂归泰山狱",这是"地狱"一词的来源。二、西方:九原或作九京,在今山西省绛县,是晋国士大夫的葬地。黄河流域是黄土地,葬在地下,地下是有水的,所以有"黄泉"一词;九原也就称为"九泉"了。"黄泉"、"九泉",都是鬼魂的住处。三、南方:长江上流,古代有"夔越",在今四川的奉节。这里,古代称"归州"、"秭归"。夔、归,都与鬼有关,所以奉节以西、长江北岸的酆都,后来被传说为鬼魂住处。我国是多民族融和而成的,地区广大,鬼的住处,当然也不可能一致。但死了鬼在泰山狱的传说,由于这里的文化高,影响大,西汉时已成为普遍的信仰了。

佛教所说的地狱与鬼,是不同的两类众生。地狱,原语音译为"泥犁"、"那洛迦"等,意义是"苦器",住着最苦痛的众生。这一类众生,主要的在地下,所以早期的译经者,为了国人的容易接受,就译作"太[泰]山地狱"。如吴支谦译的《佛说八吉祥神咒经》说:"不堕太山地狱。"西晋失译的《鬼子母经》说:"盗人子杀啖之,死后当入太山地狱中。"后来,译师们都译作地狱,或音译为泥犁、那洛迦等。太山是方便的译法,其实地狱并不是在泰山的。地狱可分四大类:一、八热地狱:在地下,最底层是阿鼻——无间地狱。这是地狱中最根本的,到处充满火焰,与基督教所说的"永火"相近。二、游增地狱:每一热地狱的四门,每门又有四小地狱。八热地狱四门各有四狱,总共有百二十八地狱。这是附属于大地狱的,是从大地狱出来的众生要一一游历的苦处,所以总名为"游增"。三、八寒地狱:是极寒冷的苦处,都以寒冷悲号,及身体冻得变色为名。四、孤独地狱:这是在人间的,山间、林中等,过着孤独的、非人的生活,可说是人间地狱。八热、八寒、游增、孤独,总有十八地狱。部派中,也有立八热、十寒——十八地狱的。我国一向传说"十八层地狱",说十八是对的,但不是一层一层的十八层。总之,这是六道中最苦痛的,受极热、极寒,或在人间而受非人生活的一类。

说到鬼,本于印度的固有信仰,佛教又加以条理简别。鬼的原语为闭戾多,一般译作饿鬼。印度传说:世界最初的鬼王,名闭多,是父或祖父(老祖宗),所以闭戾多是父或祖父所有的意思。这与中国传说,人死了回到祖神那里一样。后来的鬼王,名为阎魔王(或译阎罗、阎魔罗)。鬼——闭戾多也分二类:一、住在阎魔世界的,由阎魔王治理。二、散在人间的,多数在树林中,所以称树林为"鬼村"。这些鬼,可分三类:无财鬼,少财鬼,多财鬼。无财鬼与少财鬼,是没有饮食可得,或得到而不大能受用,这是名符其实的饿鬼。多财鬼中,也有享受非常好的,与天神一样。这与我国所说,人死为鬼,如有功德的为神,意义相近。这是约"人死为鬼"而说的,所以名闭戾多。依佛法说:人间儿孙的祭祀,唯有这类饿鬼,才会接受儿孙的祭品。从六道轮回来说,鬼,不一定是"人死为鬼"(人死也不一定做鬼)的,也可能是从地狱、畜生、天中来的。这类鬼,名目繁多。有与天象——风、云、雷、雨等有关的,有与地——山、河、地、林、谷等有关的;有高级而被称为天(神)的,也有极低贱的。名目有:夜叉,罗刹,乾闼婆,紧那罗,鸠盘陀,毗舍遮,富单那,迦吒富单那等。夜叉是手执金刚杵的;罗刹男的非常暴恶,而女的以色欲诱人致死;乾闼婆是爱好音乐的;紧那罗头上有一角;鸠盘陀形似冬瓜,以啖人精气为生的。这类鬼(泛称为鬼神),高级的称为天,如四大王众天、忉利天,有些是鬼而又天、天而又鬼的(也有畜生而天的,如龙、迦楼罗、摩睺罗伽等)。这类鬼神,有善的,也要信受佛法,护持三宝;恶的却要害人,障碍佛法,所以佛法有降伏这些鬼神的传说。这类鬼神,近于中国的魑、魅、魍、魉,雷神、河伯,龙、凤等,与"人死为鬼"是不同的。

佛教传说的鬼神,为中国人所关切的,是"人死为鬼",在地狱中的鬼。受到儒家"慎终追远"的孝道思想影响,谁都关心死后父母等的饿鬼生活,希望有所救济,使孝子贤孙们得到安慰。

首先,传来西晋失译的《报恩奉盆经》(我国又敷衍为大乘化的《盂兰盆经》)。经上说:目连尊者的生母堕在饿鬼中,请佛救济。佛说:在七月十五——僧自恣日,发心供养僧众,可以使七世父母、六亲眷属等脱出"三途"——三恶趣的苦报。这是有印度习俗成分的,但到了中国,大大地发展起来,流传出目连救母的故事,演变为著名的"目连戏"。不过,目连只是阿罗汉,重大乘的中国佛教,终于发见了与"地"有关的地藏菩萨。依《地藏十轮经》说:地藏菩萨特地在秽土人间,现出家相。宣说种种堕地狱的恶业,劝告在家众不可违犯。这是着重化度众生,不致于堕落地狱,而不是专门救堕地狱众生。当然,地藏菩萨神力示现,也有现"阎罗王身"、"地狱卒身"的。就这样,中国佛教开展出地藏菩萨救度地狱饿鬼的法门。一、《地藏菩萨本愿功德经》,传为唐实叉难陀所译。但在唐、宋的"经录"中,没有这部经;"宋藏"、"丽藏"、"碛砂藏"、"元藏"也没有,到"明藏"才有这部经,这是可疑的。《本愿经》说到:一位婆罗门女,以孝顺心,供养佛塔,称念佛名,使堕在地狱中的亡母生天。又说:地藏菩萨的本生——光目女,发大誓愿,愿度尽地狱等恶道众生,然后成佛;就这样,要堕地狱的母亲,脱离了苦难。重孝道,重于度脱地狱(饿鬼)众生,适合中国人心,可说是目连救母的大乘化。二、《地藏菩萨发心因缘十王经》(续藏乙·二三),传说是赵宋藏川所传出的。(阴间地府)阎罗国中有十王,就是一般传说的十殿阎罗。人死以后,要在这里接受十王的审判。怕他们审判不公,地藏菩萨也会来参加裁断。十殿阎王加上判官、鬼卒,俨然是阳[人]间官府模样。依佛法,"自作恶不善业,是故汝今必当受报"。"自作自受",随业受报是不用审判的。《十王经》说,无非参照人间政制,编出来教化愚民;十殿阎罗,大都塑造在民间的城隍庙中。地藏与十王的传说,与目连救母说混合,终于阴历七月被称为"鬼月"了。"鬼者归也",中国旧有死后"招魂",有"魂兮归来"的传说。阴阳家以为人死了,在一定时间内要回来的,所以有"避煞"、"接煞"的习俗。有一位法师说:"人死后就像去旅行一般,总要回到自己的房子(身体)。"(《文殊》三二期)这不是佛法,只是中国固有的民间信仰。七月十五日,道家称为中元节;恰好佛教说七月十五——自恣日供僧,可以度脱饿鬼的苦难。再与地藏、阎罗王说相混合,而有七月底为地藏菩萨诞的推定。中国民间(及佛教)信仰,七月是开放月,地狱的鬼魂都回故乡来探望亲人。唐代实叉难陀与不空,都译出《救拔焰口饿鬼陀罗尼经》;不空还传出《焰口仪轨》。焰口,是饿鬼中口出火焰的,所以或译面然[燃]。这是印度佛教后期,"秘密大乘"的救度饿鬼法,可以救度无数的饿鬼。适合中国"人死为鬼"的信仰,七月里到处"放焰口",救度父母眷属的鬼魂;有的称之为"普度",倒也合适。七月里,大批的鬼魂拥到,到处放焰口(有的七月里诵《地藏菩萨本愿经》);放,我想是发放救济饿鬼饮食的意思。中国的阴历七月,是"教孝月"、"救鬼月",也可说是"鬼魂回乡度假月",热闹非凡。儒、释、道——三教混合的七月超度,与佛法中地狱与鬼的原意,似乎越离越远了!

四　婴　灵

婴灵,是近年台湾佛教界的新话题。有人说:堕胎的罪业极重,婴灵会缠绕生母,使母亲昼夜心神不宁,甚至全家不安。婴灵非超度不可,如要超度,可到他的寺院去,代为超脱。有人说:这不是佛法,无非妖言惑众,设法敛财。我不想断人的财路,因为形形色色的财神法多着呢! 这里,只是依佛法来论究一番。

　　婴灵缠绕母亲等,是不合佛法的。超度婴灵者所根据的经典——《佛说长寿灭罪护诸童子陀罗尼经》,是我国历代的"经录""藏经"所没有的。近代日本人编辑的《续藏经》,才出现这部经,这是可疑的。什么是"五逆"? 杀父、杀母、杀阿罗汉、破和合僧、出佛身血:这是穷凶极恶的重罪,要堕无间地狱的。这样的五逆罪,可说是一切经所同的。但该经的五罪,除去杀阿罗汉,而改为堕胎是无间重罪,这可论定为后人(可能为日本人)伪造的。婴灵会不会缠扰母亲,依佛法是不会的。胎儿夭死了,或生人间、天上,或堕恶趣,依胎儿过去生中的善恶业力而决定。堕胎而死的胎儿,还不会引起怨恨报复的敌意,怎么会缠扰母亲,使母亲日夜心神不宁? 然而堕胎的母亲,可能会出现婴灵缠扰的情形,那是由于做母亲的对堕胎有罪恶感,内心深处总觉得对不住亲生的骨肉而引起的。我从前看过一篇故事(书名早已忘了):甲与乙是好朋友,合资到外地去贩卖,获利相当丰硕。在归途中,甲起了歹意。在住宿无主破屋的那天晚上,甲把乙杀了,破屋也放火烧了,自己带着全部金银,赶着上路返家。但回家后,每晚梦见乙来索命,缠扰不休,于是到处求神拜佛,作功德超荐,但总是阴魂不散,时常出现,有时白天也听到乙的声音。半年下来,钱快用完了,甲的身体已困顿不堪,奄奄一息。一天上午,乙忽然走进来,甲吓得昏了过去。原来那天晚上,附近的乡人见破屋起火,赶来救火,也把被杀而没有死的乙救了。乙以为是盗贼所伤,怕甲也遭了毒手,所以在身体疗养复原后,来甲家报告不幸的消息。等甲醒来,才明白了事实。不过钱已用完了,甲弄得瘦骨支离,乙又没有死,这件事就算了。在这一故事中,乙并没有死,那害得甲身心不宁,半死不活,每晚来缠绕的乙的鬼魂,是哪里来的呢?这是甲的内心负疚,是甲自心所现的(屠宰者临死,有见无数猪羊来索命的,也是如此)。堕胎而感到婴灵缠扰不休,也就是这样。胎儿早已在他处托生,哪里会来纠缠呢!

　　婴灵的缠绕虽是虚妄的,但堕胎的罪恶却是真实的。在杀戒中,杀"人及似人",都是重的杀罪,"似人"就是没完具人形的胎儿。虽还没有出生,或没有完具人形,但胎儿的生命,与诞生的人是没有差别的。世间的习俗与国法,也许有合法的堕胎,但在佛法,这是极重的罪恶。世间事,有些是难以理解的。如两性交合,实际上是为了种族的延续,不是为了欲乐。动物的两性交合,多数是有时间性的。也许人类进步了,在种族的延续要求下,发展为情爱,有的"旦旦而伐",似乎还不能满足。现代的人类更进步了,进步到"恋爱至上",人有满足性交欲乐的权利;进步到要恋爱,要性交,不要负生男育女的义务。进步的人类哪!进步到违反自然法则,自然怕真要向人类低头了!

五　经忏法事

　　经忏法事,或作经忏佛事。现代中国台湾的"佛事",非常兴隆,富有中国佛教的特色,可说是现代中国佛教的主流。

经忏佛事,从印度的"大乘佛法"中来。"经",是经典的受持、读、(背)诵、解说、书写等,如《般若经》、《法华经》等说。《法华经》称读、诵(等)者为法师,法师是"法呗嗹"的意译。在佛教中,"呗嗹者"是主持音声佛事的。法呗嗹——法师是领导大家来读经;诵经;写经(现在印刷方便,所以少有人抄写流通了);解说,应该是通俗的讲说(如"俗讲")。依龙树说:这是入智慧的方便(《大智度论》卷五十四)。读、诵、书写、供养(经典)、施他经典,对当时大乘法的兴起流行,有相当重要的作用,所以赞叹为"成就无量无边功德"。"忏",通俗地说是"忏悔"。早期集成的《舍利弗悔过经》,传出了"三品法门"——悔过、随喜、劝请(请佛住世,请佛转法轮)。这一法门,是在十方现在佛前忏悔的(与律制的忏法不同),所以含有称念佛名与礼佛;末了,要发愿、回向。这一法门的经典不少,主要为:礼十方佛,称(名)赞佛德,供养佛,忏悔业障(扩充到三障、五障),随喜,劝请(二事),回向。《华严经》的《普贤行愿品》长行,又加常随佛学与恒顺众生,成为十法。这一法门,龙树称之为方便的"易行道"。忆念、礼敬、称十方佛名(经中,每举十方十佛,或三十五佛、五十三佛为代表),也称诸菩萨的名号。然后忏悔,随喜,劝请,回向。这样修行,信愿力增强,就能进修六度等菩萨大行(《十住毗婆沙论》卷五·六)。天台智者大师立"五悔法":忏悔、劝请、随喜、回向、发愿,作为法华观门的助行(《摩诃止观》卷七下);《普贤行愿品》依此而回向弥陀净土;唐代所传的秘密仪轨,也是以此为修行前方便的(与咒语相结合)。以忏悔为要门的方便修行,促成"大乘佛法"相当的发达。如《大正藏》"经集部",从(四二六)《佛说千佛因缘经》,到(四五九)《文殊师利悔过经》,都有相同的意义:称佛名号,可以忏除业障,往生净土。而称念佛名等,还有种种现生功德,与《般若经》等所说读诵经典相同,所以诵经也好,(念佛)礼忏也好,有共通的意义而被联合起来。"经忏"的成为一词,也许因此而来。

礼佛称名的忏悔,如《舍利弗悔过经》说:"持悔过经,昼夜各三过读。""昼夜各三过读",那是一日一夜,六时读诵经的;可说是忏悔与诵经的统一。从译典来看,印度佛教发展为诵偈的礼忏,如龙树《宝行王正论》说:"现前佛支提,日夜各三遍,愿诵二十偈。"佛支提是佛舍利塔,当时佛像还不多,所以在塔前诵偈;所诵的二十偈,就是礼佛、忏悔、劝请、随喜等。东晋佛陀跋陀罗译出的《文殊师利发愿经》,共四十四偈,就是《普贤行愿品》(六十二)偈的初型。《出三藏记集》(卷九)《文殊师利发愿经记》说:"外国四部众礼佛时,多诵此经以发愿求佛道。"这可见礼佛、称名、忏悔为主的诵偈,已成为印度大乘佛教的一般行持。在中国,梁、陈时代(西元五〇三——五八八),忏文发达起来。唐道宣的《广弘明集》(卷二十八)所载,有梁武帝、梁简文帝、陈宣帝、陈文帝,及江总所作的忏文。不只忏文而编成忏法仪轨的,是陈、隋间的天台智者大师。智者撰有《法华三昧忏仪》、《请观世音忏法》、《金光明忏法》、《方等三昧忏法》("忏法",智者是称为"行法"的,后人改称为"忏法")。天台的后人,唐湛然有《法华三昧补助仪》、《方等忏补助[阙]仪》。到宋代,法智有《修忏要旨》、《(金)光明忏仪》、《大悲忏仪》;遵式有

《金光明护国仪》,治定《请观世音消伏毒害陀罗尼三昧忏仪》,治定《往生净土忏仪》、《炽盛光忏仪》、《小弥陀忏仪》、《法华三昧忏仪》;净觉有《楞严礼忏仪》,神照有《仁王忏仪》;南宋晚年有志磐的《水陆道场仪轨》。宋初的法智,专心讲经礼忏三十年,而遵式被谥为"忏主",可见宋代天台学者的重视忏法。天台教观的弘扬,与礼忏相结合,是影响中国佛教最深切的。属于贤首宗的,有唐宗密的《圆觉经道场修证仪》,知玄的《慈悲水忏法》等。从忏法的内容来说:有忏罪的,是忏法中的取相忏,要"见相"才能消除业障。有作为修行的前方便,天台宗、华严宗、密宗、净土宗,都有这类忏;天台的忏法,本是以此为主的。以上,都是自己修持的。有为人消灾的,如陈永阳王从马上堕下来,昏迷不知人事,智者曾"率众作观音忏法",永阳王得到了平安,这是为人的现生利益而修忏。有为国家修忏的,如天台宗的法智与遵式。《仁王护国般若经》说到:请百位法师,"一日二时讲读此经,……不但护国,亦有护[获]福",这是为了国家而讲读经典与修忏法的(神照有《仁王忏仪》)。诵经修忏法门,在民间发展中,渐渐地重在消灾植福,超度鬼魂,关键在元代。元是文化低的蒙古人成为中国的统治者。各种宗教都受到保护,但自元世祖起,"西番僧"(现在称为喇嘛)受到了异乎寻常的尊敬与纵容。对中国传统的佛教,好处是:"三武二宗"(加一宋徽宗),佛教受到破坏,都有道士从中作怪。到了元代,总算在帝王的支持下,佛道一再辩论,达成焚毁一切伪造道经的胜利(现在还是编在《道藏》中)。坏处是:"西番僧"大都是不僧不俗的,修男女和合的欢喜法;有的还蒙元帝赐几位美女。国家随时都在作消灾植福的功德(经忏法事),还成立"功德司"来管理,这主要也是"西番僧"的事。"上有好之,下必有甚者",内地僧侣的不僧不俗,与民间的经忏法事,当然会大大流行起来。明太祖护持佛教,也要维持僧伽清净的。从洪武二十四年《申明佛教榜册》(《释氏稽古略续集》卷二)所见:僧人分三类,在"禅僧"、"讲僧"以外,有"瑜伽僧",也称为"教僧",就是为人诵经礼忏的应赴僧。诵经礼忏的,已成为一大类(怕还是多数),中国佛教是大变了!《榜册》中明令,有眷属(妻)的还俗;如与眷属分离,准予住寺修行。对"私有眷属,潜住民间"的,严加取缔;"官府拿住,必枭首以示众"。不僧不俗的情形,太严重了!并禁止"民间世俗多有仿僧瑜伽者,呼为善友"。这类应赴经忏的在家人,从前我以为上海五马路、今日台湾才有这种现象,原来元明间也曾如此。亏了明太祖的护持,总算阻遏了歪风(没有变成不僧不俗、僧俗不分的),但在民国初年,太虚大师所见的佛教,清高流,坐香[坐禅]流,讲经流,忏焰流,"其众寡不逮后一(忏焰)流之什一"。忏焰流就是瑜伽僧,占佛教僧侣十分之九以上(台湾似乎少一些),这才是元明以来的佛教的主流!

　　着重于消灾、消业、超度亡灵的"经忏法事",现在流行的有:一、"水陆斋会",是盛大的普度法会。宋《释门正统》(卷四)说:梁武帝梦见神僧,要他作水陆大斋,普度苦恼众生。谁也不知水陆大斋是什么,志公劝武帝"广寻经论"。武帝在经中,见到了"阿难遇面然鬼王,建立平等斛食",这才制立仪文。天监四年二月,在金山寺修水陆斋,"帝亲临地席,诏(僧)祐律师宣文"。志磐的《佛祖统纪》也这样说,但略去了阿难见面然

[焰口]鬼王事。阿难见面然鬼王，出于《佛救面然饿鬼陀罗尼神咒经》，是唐(西元六九五——七○四年)实叉难陀译的。武帝寻经，怎能见到唐代的译经？志磐大概感觉到这一问题，所以略去了。但是《释门正统》所说，有事实的成分，如说："诸仙食致于流水，鬼食致于净地。"布施饿鬼，饮食是放在"净地"上的，布施仙人及婆罗门，饮食"泻流水中"，这确是《救面然饿鬼陀罗尼神咒经》所说的；"水陆"二字，是依此得名的。在每一饿鬼前，"各有摩伽陀斗四斛九斗饮食"，也就是"平等斛食"的意义。这样，普度饿鬼仙人的水陆大斋会，一定在实叉难陀译经以后，不可能是梁武帝所撰的。《佛祖统纪》(卷三三)说：唐咸亨(西元八六○——八七三)年间，西京法海寺道英禅师，"梦泰山府君"说起，知道梁武帝所集的，"今大觉寺义济得之"，这才得到了水陆仪，"自是，英公常设此斋，流行天下"。这才是中国流行水陆斋会的事实！无论是义济或道英，极可能是唐末咸亨年间，假传泰山府君所说，托名为梁武帝所集而兴起来的。二、"梁皇忏"，是忏罪消灾、救度亡灵的法事。元末，觉岸的《释氏稽古略》(卷二)说：梁武帝的夫人郗氏，生性残酷嫉妒，死后化为巨蟒，在武帝梦中求拯拔。"帝阅览佛经，为制慈悲道场忏法十卷，请僧忏礼"，这是"梁皇忏"的来源。稍为早一些的念常，编《佛祖历代通载》，也说到郗氏的"酷妒"；死后在梦中见帝，并关心武帝的健康。武帝"因于露井上为殿，衣服委积，置银辘轳、金瓶，灌百味以祀之"(卷九)。文中并没有说到忏法，但目录中作"郗氏夫人求忏"，这应该是后人改写的。郗后的酷妒，死后化作龙形，唐高宗时李延寿所作的《南史》已有记载。《通

载》进而说祭祀,《稽古略》就说到忏法。《通载》说是天监四年,《稽古略》改为二年,这是天监四年水陆斋会传说的翻版。《茶香室丛钞》说:梁皇忏是梁代诸名僧,删改齐竟陵王的《净行法门》而成。元代的妙觉智等"重加校订审核",成为现行的《梁皇忏》——《慈悲道场忏法》。可以推定的,这是元代所编,假借梁武帝的名字来推行的。在中国佛教史上,梁武帝确是诚信佛法的。隋《历代三宝纪》(卷十一)说:武帝为了"建福禳灾,或礼忏除障,或飨鬼神,或祭龙王",命宝唱等集录了《众经忏悔灭罪方法》等八部。虽只是集录经文,但对建福禳灾、礼忏除障、飨鬼神与祭龙王等法事,是会有影响的,这可能是"水陆斋会"与《慈悲道场忏法》都仰推梁武帝的理由吧!三、"瑜伽焰口",是以超度饿鬼为主的。唐不空译的《救拔焰口饿鬼陀罗尼经》,是实叉难陀所译《救面然饿鬼陀罗尼神咒经》的再译。不空并译出《瑜伽集要救阿难陀罗尼仪轨经》;"明藏"有较广的《瑜伽集要焰口施食仪》,可能是元代"西番僧"所出的;明、清又有各种不同的改编本。"施食"——救济饿鬼,在我国的晚课中,有"蒙山施食仪",近代有人扩编为"大蒙山施食仪",也有作为"法事"的。"水陆斋会"、"瑜伽焰口"、"蒙山施食",救度鬼魂的本质是相同的;在"秘密大乘"中,只是低级的"事续"。适应中国的"人死为鬼"与"慎终追远"的孝思,这一超度鬼魂的法事,得到了异常的发展。七月——"鬼月"普度而施放(救济品)焰口,到处都在举行。流行的"水陆斋会","内坛"是主体,加上"大坛"的礼忏,"华严坛"、"净土坛"等的诵经、念佛,成为"经忏法事"中最具综合性的大法事。四、"大悲忏法",宋知礼依《大悲心陀罗尼经》而编成的。本是修持的方便,但观世音与现生利益——消灾植福、西方净土有关,所以也成为一般的"经忏法事"。五、"慈悲三昧水忏",是唐末知玄所辑成的,可以消释宿世的冤业,也相当的流行。六、"净土忏"——《往生净土忏愿仪》,是忏罪而往生西方净土的。七、"药师忏",依《药师经》而造,作为消灾延寿的法事。八、"地藏忏"——《慈悲地藏忏法》,这当然是超度亡魂用的。此外,还有"血湖忏"、"金刚忏"、"壬申忏"等,流行的相当多。再说与称佛名有关的二部忏法,"万佛忏"与"千佛忏"。阴历年初,寺院中多数拜"万佛"与"千佛",由出家人主持唱诵,在家信徒也随着礼拜。这是依《佛名经》及《三千佛名经》而来的。元魏菩提流支译《佛名经》十二卷,是大乘经中佛名的集成。《大正藏》中有三十卷本的《佛名经》,每卷都列举佛名,经(法)名,菩萨、辟支佛、阿罗汉——僧名;称名礼敬三宝后,有忏文,末后附录伪经——《大乘莲华宝达问答报应沙门经》一段。称《法显传》为《法显传经》,分宾头卢颇罗堕为二人,这部《佛名经》的编集者,对佛法的理解显然是幼稚的。三十卷本的《佛名经》,唐《开元释教录》(卷十八)列入"伪妄乱真录",并且说:"群愚仿习,邪党共传,若不指明,恐稽圣教。"似乎当时已流传民间了。"丽藏"本在卷一末的校勘记说:"然此三十卷经,本朝盛行。行来日久,国俗多有倚此而作福者,今忽删之,彼必众怒。""作福",就是作功德。知道是"伪妄"而不敢删去,可以想见流行的盛况了! 这部经的后二卷,与《三千佛名经》中的《现在千佛名经》相合,也是称佛名与忏悔的(过去、未来千佛,有佛名而没有忏法)。"万佛忏"与"千佛忏",就是依此而来的。

在现在流行的经忏中,"万佛忏"与"千佛忏",及"大悲忏法",还有集众礼诵忏的,其他忏法,都成为僧众代人礼诵的"经忏法事",也就是"瑜伽"——应赴僧的专职了。

"经忏法事",本出于大乘的方便道,演化为应赴世俗的法事,从适应世间来说,是有相当意义的。任何宗教,普及社会,对信徒都会有一定的宗教义务。如结婚、生孩子、弟兄分家、丧葬,基督教也会为信徒举行"礼拜";天主教、伊斯兰教等,都各有不同的宗教仪式。中国佛教的"经忏法事",可说是普及民间,满足信众要求而形成的。在佛教国家中,中国是"经忏法事"最兴盛的;唐、宋时代,日、韩僧侣来中国求学佛法,也有为信徒诵经等行仪。代表原始佛教的"律部"中,信徒如生孩子、造新房、外出远行(去经商)、丧葬等,都会请僧众去受午供。吃好了饭,施主在下方坐,听上座略说法要,说偈颂回向功德("呗噎者"由此而来);如上座不会说法,就背诵一则佛经。这就是"应赴"受供,为信众作功德,为信众诵经的起源。初期"大乘佛法"兴起,诵经、礼佛称名忏悔等方便,自力而含他力的思想。中国式的"经忏法事"虽多少中国化了,而实受后期"秘密大乘"的影响。如《大灌顶神咒经》(第十二卷是《药师经》的古译),是晋人编集的,也有印度传来的内容。第十一卷《佛说灌顶随愿往生十方净土经》,也是地狱、饿鬼不分的;对临终及已经死亡的,一再说要为他"转读"(经)、"修福"。为人诵经礼忏,以救度亡者,在中国"人死为鬼"、"慎终追远"的民俗中,是需要的。如明洪武二十四年的圣旨说:"率众熟演显密之教应供,是方足孝子顺孙报祖父母劬劳之恩。"适应中国民俗,不妨有"经忏法事",但对中国"经忏法事"的泛滥，总觉得是佛法衰落的现象。因为：
一、中国的经忏多，主要是人死了，都要做功德。有的逢七举行，
有的四十九日不断，满百日、周年，也要做功德，而七月普度，到
处在放焰口。举行法事，需要的人也多，如"梁皇忏"（七天）十
三人或二十五人，"水陆大斋"是四十九人，五人、七人的是小佛
事。人数多、次数多、时间长，这多少是受到儒家厚丧厚葬的影
响。应赴经忏，实在太忙了，如僧数不足，就邀在家的（穿起海
青袈裟）凑数。大家为这样的法事而忙，胜解佛法、实行佛法、
体悟佛法的，当然是少了！二、"经忏法事"，应该是对信众的义
务。现代日本佛教，遇信徒家有人丧亡，会自动地按时去诵经，
人不多，时间不长，可能就是我国唐、宋时代的情形。一九五二
年，我到台湾来，台湾佛教也还是这样的。但大陆佛教（在家出
家）来了，做法事是要讲定多少钱的。从前上海的寺院，有的设
有"账房"，负责接洽经忏。严格说，这已失去宗教的意义，变成
交易的商业行为。依《释氏稽古略续集》（卷二），明洪武年间的
《申明佛教榜册》，说到"应赴世俗，所酬之资，验日验僧，每一日
一僧钱五百文。主罄、写疏、召请——三执事，每僧各一千文"，
可见由来已久。国家明定价格，免瑜伽僧的贪得无厌，但从此，
应赴经忏每天多少钱，僧众也觉得理所当然。多数人为此而忙，
专在临终、度亡上用力，难怪太虚大师要提倡"人生佛教"。在
家出家的佛弟子，为佛法着想，的确应该多多反省了。

六　放　生

　　放生，是《梵网经》、《金光明经》等所说到的。佛法"不杀

生"，还要"护生"，从救护人类而扩大到救护（人以外的）众生，当前动物的生命，而有放生的善行，正是慈悲心的表现。经论中怎样的放生呢？有见到鱼池干涸，运水来救活鱼类；有见水中浮有蚁群，快要被淹死了，设法引蚁类到达干燥的地方；也有见市上卖鳖，用钱买来放入池中的。动物在死亡边缘，设法救护它，使它免于死亡，这是放生的本意。我国自梁武帝禁断肉食，放生就开始流行起来，智者大师就是放生的一位。在天台山临海，辟一放生池，得到国王支持，严禁采捕放生池的鱼、鳖。唐、宋以来，国王与民间，有多数放生池的成立。我所见到的，福建鼓山涌泉寺，寺内有放生院。信徒送来放生的鸡好多！还有一只牛、一匹马，常住特地立鸡头、牛头、马头（如库头、园头、门头，"头"是主管的意思）来负责管养。还有，西湖一带寺院，多有引溪水成池而放鱼的。溪水浅而清彻，游鱼五色斑烂，"玉泉（寺）观鱼"，多少变质而成为观赏娱乐的地方。这是我所知道的，放生都放在受保护的特定地区，被放的动物，能平安地度过一生。

　　台湾的放生池不多，放生的风气却很盛（也许是从大陆传来的）。寺院举行法会，信徒们会自动地集款放生；也有由寺方主办，信徒们发心乐施；还有成立放生会而定期放生的。放生是慈悲心行，是功德，据说还能消灾益寿，我理当赞叹。但现今的放生方式，副作用太大，我真不敢赞同。因为，现在一般的放生，不是见到众生的生命垂危，心不忍而放生，让它平安地生活下去，而是为了功德，定期地、大量地买来放生。所放的，主要是麻雀等小鸟，小鱼、泥鳅、乌龟等动物。定期的、大量的放生，市场上哪有这么多！所以要事先向市场去定购；出卖鸟雀、鱼等为业的商人,要设法去捉来应付买主。买了回来,也不问笼子里、竹篓里、水桶里的小鸟小鱼们,懂不懂国语或闽南语,先请法师来为它们归依,然后把这些被关了好久的小鸟小鱼们,运到山上、水中放生,功德也就完成了。试问:如你们不放生,这些可怜的小动物,会被捉吗? 它们的被捕,是为了成就你们的功德,这是什么功德! 如犯法而被关在监狱中的囚犯,国家举行大赦,那可说是"德政"。如为了施行德政,出动军警,把无辜的民众大批捉来禁闭,然后宣布大赦,让大家回去,这能说"德政"吗? 善心的佛弟子,少为自己的功德打算,也该为无辜的麻雀们想想呀! 一九八八年十二月十九日,《联合报》有一则新闻:某寺举行大法会,大量——连不会飞的小鸟也捉来放生。恰遇寒流来袭,放生的第二天,到处是死伤的小鸟。一位少年,捡了十几只还不会飞的小鸟回去养着,等它们会飞了,让它们自由地飞翔天空。读了这则报导,我有说不出的感触。这位少年,才是真正的放生者,功德无量! 那些自以为放生的,不但没有功德,还要负起间接杀伤小鸟的罪业! 为了放生而捕捉,使小鸟、小鱼们,受到恐怖,不自由,这是功德吗? 有的定期放生,在一定的水域内放鱼,时间久了,渔人们到时会来等着。等放生者功德圆满而去,渔人会立刻出来捕捉。鱼儿们被重叠地放在水桶中,时间久了,不大灵活,当下捕捉,十有六七被捉起来了。这次可没有人再来放生,它们的被杀,放生者应负间接的责任! 佛法不只是信仰,不要专为自己着想,迷迷糊糊地造罪业! 以放生为事业的法师、居士! 慈悲慈悲吧!

七　传　戒

　　出家的,要受沙弥(女性名"沙弥尼")十戒、比丘(女性名"比丘尼")具足戒,才能完成僧格,成为僧伽的一员。这是成立僧伽根本,出家的第一大事,所以在"律部"犍度中,"受具足"是第一犍度。在南传佛教区,发心出家的,只要师长及大众同意,就可以集众为他受戒,几点钟就完成了,是隆重而又平常化的。由于我国是大乘佛教,所以出家受戒的,还要受(通于在家的)菩萨戒,合称"三坛大戒"。不知什么时代开始,我国是举行大规模的集团受戒,有五十三天的,有三十五天的(极少数是七天的)。时间长而人数多,成为中国特有的盛大戒会。

　　佛教在印度,由于僧众的分化,出家所依据的"律部",也就大同而有些差别。传到我国来的,东晋时译出了五部律,所以早期中国僧寺所依的戒律是并不统一的。在流行中,《四分律》渐呈优势。探究律部而大成的,是以《四分律》为宗的唐初(终南山)道宣律师,为以后中国出家众所尊重。经唐末衰乱,北宋时有台州允堪、杭州元照,探究发扬,使南山律中兴起来。宋代的寺院,分禅寺、讲寺、律寺,可见当时是有"依律而住"的僧伽。痛心的是元代信佛,特重"西番僧"(即喇嘛),弄得僧制废弛,经忏法事泛滥。到明初,佛寺就分为禅寺、讲寺、瑜伽应付经忏的教寺,而律寺没有了。虽还有传戒的,没有了律寺,当然没有"依律而住"的"六和僧"。直到明末清初,有古心律师,在金陵(南京)弘传戒法。弟子三昧光,与弟子们移住宝华山(今名)隆昌寺,每年传戒,一直到近代。论传戒,宝华山第一!虽不能促成僧伽的清净,但到底维持了出家的形象,功德是值得肯定的!然依三昧光弟子见月律师《一梦漫言》所说:见月提议"安居",同门都嫌他标新立异。可见这是一个专门传戒的集团,对戒律是没有多少了解的。传戒而不知戒,当然会流于形式。我是一九三〇年冬,在禅、讲、律并重的名刹天童寺受戒的,戒和尚是上圆下瑛大和尚。由于我国是集团受戒,人数众多,所以在三师七证外,有好多位引礼师(女众的名"引赞师");引礼师的领袖,称为开堂、大师父。论到正式传授戒法,没有引礼师的事,但是平常管教戒子的,大师父的地位好像非常重要。我是出了家就去受戒的,佛门中事,什么都不懂。引礼师要我们记住"遮难文",主要是记住"无,无,非,非,非;非,非,无,无,无"(可能有些记错了)。就是问一句,就答一句"无",或答一句"非",依着问答的次第答下去,不能答错就是。引礼师教导我们,如答错了,是要杨柳枝供养(打)的。等到正式受戒,就是答错了,没关系,好在三师们都没有听见。我莫名其妙地记住,又莫名其妙地答复,受戒就是要这样问答的。后来读了"律部",才知"问遮难"等于现代的审查资格。如有一条不合格的,就不准受具足戒,所以一项一项地询问,称为"问遮难"。能不能受戒,完成受戒手续,这是最重要的一关。这应该是要根据事实的,而引礼师却教我们要这样回答!这样,来受戒的没有不合格的,原则上人人上榜,那又何必考问?有形式而没有实际意义,在受戒过程中,没有比这更无意义了!不知宝华山怎样?近来台湾的戒会怎样?又如佛制:出家的要自备三衣、一钵,如没有衣钵,是不准受戒的。所以要问："衣钵具否？"引礼师教我们说："具。"其实我国传戒，衣钵由戒常住（向信徒募款）办妥，临时发给戒子。常住早准备好了，还要问"衣钵具否"，不觉得多此一问吗？我受戒时，常住给我一衣（"七衣"）一钵；受比丘戒时，临时披了一次三衣。"五衣"，我没有再接触过（这本是贴身的内衣）；"大衣"，是到台湾来才具备的。现在台湾传戒，戒子们都有三衣一钵，比我受戒时好得多了。不过，常住预备好了，何必多此一问？不！这是受戒规制，不能不问。脱离了实际意义，难怪在受戒过程中，尽多的流于形式。形式化的传戒受戒，可说到处如此，有何话说！不过我觉得，在戒期中，引礼师管教严格，还挨了两下杨柳枝，对一个初出家的来说，不失为良好的生活教育！

台湾佛教，本从国内传来，夹杂些罗祖下的道门（斋教）。受了日本五十年的统治，出家中心的佛教，变得面目全非。光复后，一九五二年，"中国佛教会"发起，首次在大仙寺传授"三坛大戒"，以后每年传戒一次，出家中心的佛教，从此有了转机。这一传戒运动，白圣老法师的功德不小！传戒的流于形式，由来已久，到处皆然，是不能归咎于谁的。在白老指导下，有新的发展，也有值得注意的事。一、"二部受戒"：比丘尼受具足戒，刘宋以来，一向是从大德比丘受的，现在举行二部受，可说是"律部"古制的恢复。在印度，比丘僧与比丘尼僧，称为二部僧；住处，是完全分别居住的。由于佛世的女众，知识低一些而感情又重，难免不如法。为了维护比丘尼僧的清净，所以这样的立制：受比丘尼戒的，先由大德比丘尼（在尼寺）如法受戒；接着到比丘僧住处（寺院），请大德比丘们再依法传授，也就是由大德比丘加以再审查、核准,这是二部受戒的意义。台湾举行律制的二部受戒,应该是大好事。不过台湾举行的"三坛大戒",受戒的男众、女众,一来就住在同一寺院里,与古制不同。既然共住一处,倒不如直接向大德比丘受,也可省些手续。否则,又只有二部受戒的形式,没有二部的实际意义! 二、"增益戒":曾受具足戒的,再来戒会受一次具足戒,称为增益戒。依佛法,通于在家出家的菩萨戒,受了戒不妨再受,可以增益戒的功德。但受出家具足戒的,如犯重而破戒的,逐出僧团,不准再出家受戒。如犯了或轻或重的戒,可依律制忏悔,随所犯的轻重而给以不同的处分,出罪(与大乘的忏法不同)。"忏悔则清净",回复清净比丘或比丘尼的僧格,精进于修行得证。所以受了出家的具足戒,再受增益戒是不合律制的。虽然提倡出家的增益戒,女众来受戒的会更多,传戒的法会更盛大,但这只有法会盛大的形式而已。这两点,我也只是听说,可能与事实不符!

有关传戒受戒,问题多多,无从说起,说起我也无法做到,就这样结束了吧!

八　还俗与出家

佛教有出家制,出家的可以还俗吗? 还了俗可以再出家吗?这是个很实际的问题。依"律部"说:出家的可以舍戒还俗,佛教与社会都不应轻视他;出家与还俗,每人有自决的权利。还俗的原因很多,做一个如法而行的在家弟子,不也同样的可以修行解脱吗? 不过,还俗要合法地、公开地舍戒而去,不能偷偷地溜走(以便偷偷地回来)。男众(比丘)还了俗,可以再出家:落发,受沙弥戒,受具足戒,又成为僧伽的一分子。但不论过去出家多久,年龄多高,对佛教的贡献多大,这些资历,由于舍戒而全部消失了,现在还要从末座——最小的比丘做起。女众如舍戒还俗,是不准再出家的。为什么不准再出家? 律师们也许会知道原因的。总之,出家是大丈夫事,还俗并不等于罪恶:佛法是这样说的。

出家与还俗,与世间的入籍、出籍,入党、退党一样,都有一定的制度,决不能要去就去,说来就来的。我出家以后,一直往来于闽院、武院、普陀佛顶山阅藏楼,对中国佛教的实际情况实在知道得太少。一九三七年,抗日战争开始,我却在武院病倒了,恹恹无生气,一直无法康复。忽有三位僧青年,从宁波来到武院,大家爱国情深,决心要投入抗战阵营。三位去了半月,又回武院来了。他们曾去了延安参观,共产党表示欢迎,但勉励他们到华中方面宣传抗日。他们有点失望,乙同学回湖南去,丙同学不知怎样地到了云南。甲同学知道沈钧儒到了汉口,就渡江去拜访。沈钧儒为他介绍,到山西李公朴主办的民族大学去学习。于是甲同学脱下僧装,参加革命阵营去了。似乎不到三四个月,由于日军的侵入晋南,民族大学瓦解,甲同学随着民大同学,又渡河去延安访问,但还是回到了武院,重披僧装。似乎有些失望了,所以赋诗说:“再探赤域力疲殚。”不久,去香港弘法,成为弘法海外的大德。那时,我感到非常难过。虚大师门下的僧青年,竟这样的来去自由! 新僧! 新僧! 我不禁为虚大师的革新运动而悲哀。在我出家的岁月中,国难,教难,而自己又半生不死,这一年是我最感到沮丧与苦恼的日子(其实,这种情形,中国佛教由来已久,只怪自己无知,自寻苦恼)。一九四九、五〇年间,在香港见到了又一位,使我更感到震惊。一位天台宗传人,本来在香港弘法。抗战期间,到了后方。响应蒋公"十万青年十万军"的号召,决心还俗从军,以身报国,这是多难得呀!后来,他陷身在北平。由于香港某教团的需要,设法请他来港。一到香港,马上披起大红袈裟,讲经说法,大法师又回来了。等某教团的事务办妥,又一声不响地去了台湾,从事党务工作。天台宗被称为老派,而竟与新僧同一作风,这是我意想不到的。这位天台传人,一直到退休,才以居士身份,与佛教界相见。过了好几年,台湾中部某寺举行住持晋山典礼,长老们大多来了。他宣布重行出家,据说长老们为他证明,他就是老法师了。从此弘法中外,住持道场。脱掉又穿上,穿上又脱下,一而再地自由出入,我这才知道,在中国佛教界,是由来久矣!以上还可说爱国爱教,事难两全,而另一位优秀的僧青年却大为不同。弘法多年,忽而与同居人改装还俗。由于生活艰难,只好再度出家,在台北临济寺闭关。槟城某法师来台,想请一位法师,于是关中的青年法师被推介而出关了。槟城的极乐寺,是福建鼓山涌泉寺的下院,历届的监院与大护法都是闽北人。这位去槟城的青年法师恰好是闽北人,所以得到护法们的拥护供养。大概一年吧,青年法师得到了不少供养,所以一回台湾,就重过家庭的生活。为什么要闭关,原来这是有旧例的。清末民初,上海租界有一位知名人物黄中央,得到哈同夫人罗迦陵的赏识。中央劝迦陵发心,由他自己主编了一部《(迦陵)频伽大藏经》;中央与中山先生等往来,对国民党的革命事业有相当的贡献;这真是一位为教为国的伟人!二次革命失败后(那时,罗迦陵又赏识了一位伊斯兰教友),黄君回到了镇江金山寺。据说:原来他本名宗仰,是接了金山寺法(有资格当住持)的法师。金山寺是江南名刹,还了俗的不好意思让他再当住持,赶快闭关吧!掩关三年,金山寺推介到另一名刹去任住持。这样看来,还俗的只要闭关一次,就恢复了完全的僧格,可说中国人自己想出来的制度。我以为,这决不是创新,而是中国佛教的惯例。以上几位,有的根本不认识,总之与我说不上恩怨。我所以说起,毫无对人的攻讦意义,而只是略举一例,慨叹佛教界的法纪荡然,由来已久。"入僧"与"出僧",没有法纪可言,传戒有什么意义?如说佛教(出家众)要组织化,那真是缘木而求鱼了!

出家受戒,舍戒还俗,是僧伽"依律而住"的基石,这才能达成"正法久住"的目的。大概地说:佛法传来中国,最没有成就的,就是律。早在宋代,离律寺别有禅寺、讲寺;等到只有"传戒训练班"式的律寺,持律只是个人的奉行,无关于僧伽大众了。我国出家与还俗的杂乱,原因是:一、中国文化以儒家为主流,儒家重道德而不重法治,佛弟子受到影响,总觉得律制繁琐,学佛应重内心的解脱。在来台湾以前,听说"天理,国法,人情",现在台湾上下,改为"情,理,法"。提倡法治而人情第一,可说是"甚希有事"。佛教中,大家人情第一,这样的来去自由,也没有人提出异议。见多了成为常态,只要回来了就好。二、重定慧而轻戒律:唐无著文喜去五台山,遇到有人(据说是文殊)问:"南方佛法如何住持?"文喜答:"末法僧尼,少修戒律。"文喜反问:

"此地佛法如何住持?"那人说:"这里是龙蛇混杂,凡圣交参。"文喜不忘律制的佛法立场,那人所说,就是大乘佛教了。"龙蛇混杂,凡圣交参",等于中国佛教隆盛期的忠实描写。等到蛇多龙少,大家向经忏看齐,大德如凤毛麟角,在社会人士的眼光中,到底佛法是怎样的宗教? 三、与佛教的受迫害有关:西元千年以前,中国佛教已经历了"三武一宗"的法难;赵宋以后,又经历了多少的折磨(如宋徽宗、明世宗)。严重的僧尼被杀,轻的也被迫还俗。好在法难时间不久,佛教恢复,心存佛法的又回来了,不一定再受戒。例如禅宗的沩山灵祐,在唐武宗毁佛时,被迫还俗。他觉得道在内心的修证,不在乎有没有落发,后由门人劝请,才再度落发的。还有政府(如唐肃宗)为了筹措经费,大批地出卖度牒(出家的可以免兵役与免丁税),这样的出家众,怎能如法清净? 如真是"王难"、"贼难"(如衣服被盗贼剥光,只能临时找衣物来蔽体,再来乞化僧衣,也不能说是还俗),那是佛教的大不幸! 但一再遭受迫害(被迫还俗又出家),引起的副作用——还俗而又自由出家,是相当大的。中国出家众,是多苦多难的! 如一九四八、四九年间,有的出家人,被强迫地抓来从军,有的为了避难而混在军中。来台湾后,再设法次第地回到僧中(有的就一去不返)。又如服兵役后出家,逢到临时召集,还得改装去参加几天。这样的脱却僧衣,重新穿上,是"王难"一类,出于无奈,是可以谅解的。不过被迫改装再出家,还是会引起副作用的,僧伽是会一天天杂滥起来的。如要整顿佛教,要先将一切出家的纳入组织,有出家与舍戒的档案可查(及"王难"而被迫的),进一步做到破戒(不是犯戒)的勒令还俗,不得再出家,僧团才会有清净的可能。

九　供　僧

供僧,就是供众。佛教的出家弟子,专心于自利利他的法业,生活所需,是依在家众的供施而来的。在印度,佛与出家弟子,每日去村落、城中乞食。布施饮食的,不能说是供僧,因为这是随来乞求的而施与,不是平等地施给多数人。如在家弟子,请多少(不定)众去他家里受供养,平等地供给每一位,那就是供僧了。在供僧中,"安居施"——七月十五日最隆重。佛制:比丘、比丘尼,在夏三月(四月十五——七月十五日)中"雨安居"。这虽由于雨季,不适宜到处游行,而三月中安居修行,也是好事,古人多有在安居中成圣的。所以安居终了,俗称"解夏"。那一天,附近的信众都来供养,称为"安居施"。除丰盛的饮食外,还有供养布匹(做新衣用)的、日常用品的,这是佛教的大节日。佛法是平等的,但法在世间,也不能没有限制。安居施只布施给在这里安居的,人数是一定的。如有听说这里的安居施丰厚,他处的出家人临时赶来,那安居施是没有他这一份的。出家众三月安居,到这天,受比丘戒的年龄,长了一岁,所以比丘(及比丘尼)的年龄,古称多少"夏"。中国佛教不重安居,与世俗的年节混合,所以变成"僧腊"了。这一天,比丘、比丘尼都大了一岁,如父母见儿女长大一样,所以称为"佛欢喜日"。可是中国佛教,七月十五日与饿鬼相结合,成为超度鬼魂的佳节。唉!佛法的演化,有些真是出人意外的!

信众（出家人也可以）到寺院里"打斋"（西藏称为"放茶"），平等供养，就是供僧。我受戒时，天童寺"打斋"的分供众、如意斋、上堂斋，那是依供养金钱多少而分类的。现在台湾戒会，在上堂斋以上，又有××斋、××斋，而最高的是护法大斋。一般人总说佛教守旧，其实创新的也着实不少呢！

七月十五日供僧，中国佛教早变质（度鬼）而忘记了。似乎《菩提树》杂志社发起七月十五日供僧，由信徒发心集合，购买些日用品，选定对象，到时分别寄去，每人一份。虽不是安居施，而确是唤起供僧的先导者！台北莲花佛学院，多年来也发起这样的供僧。不到十年吧！中国佛教界，在七月十五日，有斋（比丘、比丘尼）僧大会。元亨寺等，局限于南部县市；台北方面，是全省性的，真可说盛况空前！四方僧到处远来，见面，晤对，可以增进佛教僧团的和合（团结），也许有些作用的。不过，一、全省性的斋僧，地区未免太广了。遥远的乘车（有的可以搭飞机），远地是要早一天动身的。为了参加一餐午斋（也许还有物品），而要费二、三天时间，总觉得不偿失。将来全国统一，如主办斋僧大会，远地的飞机往来，也要好几天呢！二、某次斋会，是中佛会与城隍庙合办的（也许是中佛会名义被利用一下）。城隍庙的神像，是属于中国道教的；与中佛会合办，可能城隍爷已经信佛了？两（？）年前，曾接到一份城隍庙的"月（？）讯"，似乎也在努力宣扬。有一篇文字，主题是"佛由心成，教因魔兴"——八个字。"佛由心成"，似乎肯定佛教的即心是佛，而"教因魔兴"，显然是反对出家教团的。这八个字，原本是"道门"的老话。从城隍庙通讯看来，即使是自称信佛，或者加入"中佛会"，而城隍庙分子的反佛教(出家)特性,明显地存在。我建议,要办斋僧大会,切不可与城隍庙、某某宫等合作。将来大家神佛不分,佛魔不分,谁来负因果的责任!

一〇　拈花微笑

盛唐以下,佛法日渐在起伏中衰落,能始终维持佛法形象,受到一般人尊敬的,是禅宗。虽然禅宗已多少中国化了,但从维系佛法来说,对中国佛教的功绩,是首屈一指的!佛法有师承的传授,师长并以护持正法相付嘱,如西晋译的《阿育王传》说:佛"告摩诃迦叶言:于我灭后,当撰(结集)法眼"(卷三);"迦叶付嘱阿难而作是言:长老阿难!我今欲入涅槃,以法付汝,汝善守护";"阿难语商那和修:……我今欲入涅槃,汝当拥护佛法"(卷四);"商那和修语优波鞠多言:……我今以法付嘱于汝"(卷五);"优波鞠多……语提多迦言:我今以法付嘱于汝"(卷六)。在自己要入灭时,这样一代代地付嘱下去。"法藏",是佛法藏,如摩诃迦叶等所结集的;"法眼",是悟入佛法的清净知见。可见付嘱的,是结集的法藏与佛法的如实知见;付嘱后人,要后来的护持佛法,以达成"正法久住"的目标。这一临终付嘱的传说,元魏所译《付法藏因缘传》,共二十四代,到师子尊者为止,都是这样的付嘱。禅宗是菩提达磨传来的,起初也是这样的临终付嘱,一代一人。到了黄梅五祖以后,来学而得益的不少,所以形成了:从师长修学而有深悟的,就得师长的付嘱。在形式的付嘱外,还有"密传心印"。受付嘱不一定在临终,受付嘱的也不止一人，所以传说有达磨的预言："我本来大唐［兹土］，传法度迷情，一花开五叶，结果自然成。"（敦煌本《坛经》）"五叶"是五代；从此以后，果实累累，不再单传一人了。禅宗所传的西天二十八祖，还是依《付法藏因缘传》略加补正而成的。六祖以后，师资授受，分为五宗。在宋代，出现了释迦付法的新传说，如（西元——一八八年）宋智昭的《人天眼目》（卷五）说："世尊登座，拈花示众，人天百万，悉皆罔措。独有金色头陀，破颜微笑。世尊云：吾有正法眼藏，涅槃妙心，实相无相，分付摩诃迦叶。"（——○九年撰）《禅门续灯录》、（一一八三年编）《联灯会要》也有这一记录；但契嵩在皇祐年中（一○四九——一○五三）所著《传法正宗记》（卷一），对这一付嘱，还不敢肯定。这是过去禅家所没有的传说，大抵是宋代（西元九六○——）以来所传出的。这一传说出现的意义是：释迦化世，一向以声教为主，所以说："此方真教体，清净在音闻。"达磨西来，还是以"楞伽印心"；《付法藏因缘传》，也只是付嘱护持。而禅宗接引学众的方便，马祖（弘法于西元七五○后）等以后，作风大有变化，如弹指謦咳，扬眉瞬目，推倒禅床，棒喝交施……可能会引起怀疑过去传法说的可信性。那么，"拈花示众"，"破颜微笑"的心心相印而付嘱，就适合当前的禅风了。而且，禅师们轻视经论，自称"最上乘"，这一传说也是很适合的。从此，"拈花微笑"，被一般看作"禅源"，禅宗是从"拈花微笑"而来的。后来，甚至有"抹杀五家宗旨，单传释迦拈花一事，谓之直提向上"的（《五宗原》序）。这可能是不满宗派偏执，专在师资授受上起诤论的反响！

一一　付法与接法

禅宗自五祖弘忍以下，分为南北二宗。南宗的六祖慧能门下，也分几大派，后由南岳怀让、青原行思——二大流，发展而分为五宗，被后世称为禅门正宗。五宗中，沩仰宗与法眼宗，已经衰绝了；云门宗也是断断续续的；只有临济宗与曹洞宗，最为兴盛，有"临天下"、"曹半边"的称誉。禅宗的师资相承，与印度所传临终付嘱护持法藏的意义，不完全相同，而着重于"心心相印"的法门授受，有"付衣"为凭信的传说。等到禅门兴盛，学众多了，无论是一代付一人，还是付嘱多人，凭什么证明得到了师长的付法，是一个严重的事实问题。唐韦处厚所作《兴福寺大义禅师碑铭》说："洛者曰会，得总持之印，独曜莹珠！习徒迷真，竟成坛经传宗，优劣详矣！"（《全唐文》卷七一五）会，是洛阳的神会，为六祖传授心印的一位。神会的后人，传法时传付一卷《坛经》为凭信，证明是"南宗"弟子。韦处厚代表了当时洪州（马祖）门下的意见，对传付一卷《坛经》的形式，采取了批评的态度。现存的敦煌本《坛经》，是神会门下流传的本子。《坛经》中，叙述了历代传授的法统，又说："须知法处，年月日，姓名，递相付嘱。"这是说：在付嘱的《坛经》上，要写明传法处、时间、师长与弟子的姓名。洪州门下，起初是承认神会"得总持之印，独曜莹珠"的，但后来又否认了，说他只是"知解宗徒"。当时被批评的传法方式，后代虽不用《坛经》，而证明授受法门的"法卷"，内容是叙述法统，从释迦到菩提达磨，从达磨到慧能，慧能下传到临济(或曹洞)宗初祖,这样的一代一代到传法的法师、接法的法子;末了也是年月日,与神会门下的"坛经传宗",完全一致。那是当时被批评的,现在却又采用了。不要说"见地",就是传法的形式,也没有是非标准,这就是宗派意识在作祟!

禅宗兴盛极了,临济、曹洞、云门,一直在兴衰起伏的流传中,但是否代代相传,代代都能心心相印呢? 到明代(以前,还没有见到记录),显然已杂乱不堪了。憨山德清(西元一五四六——一六二三)在《紫柏尊者全集》中说:"然明(朝)国初,尚存典型,此后则宗门法系蔑如也,以无明眼宗匠故耳。其海内列刹如云,在在皆曰本出某宗某宗,但以字派为嫡(传),而未闻以心印心。"(《卍续藏》一二六册)《憨山老人梦游集》说:"五十年来,师弦绝响。近则蒲团未稳,正眼未明,遂妄自尊称临济几十几代。於戏! 邪魔乱法,可不悲乎!"(《卍续藏》一二七册)禅宗到了明末,虽然门庭如旧,而实质已相当衰落。不是说从来是什么宗,就是形式的付法,自称临济多少代。当然,真参实学的,不能说从此没有了,只是质量越来越差,到近代,真可说一代不如一代了!

付法的是"法师",接受法的是"法子",付法与接法的制度一直沿袭下来。一般的小庙,以从师出家的关系,也自称什么宗,也有法派的名字。如我是临济宗的,因为我出家的师父是临济宗,我师父的师父是临济宗,我也就是临济宗了。这是不用接法的,也不能付法,只是出家剃度的关系,毫无"法"派的意义。大寺院,有以传戒为事的律寺,要在本寺受戒的,才有出任住持的可能。有讲经的讲寺,如天台宗的国清寺、观宗寺,也有付法与接法的,那一定是修学弘扬天台宗学的。最普遍的,当然是禅宗的临济与曹洞了。凡是禅宗丛林(除"子孙丛林"),就是佛教僧伽共有的,都采取付法与接法的制度,住持是一定接了法的。泛论付法与接法,略有二类:一是仰慕"法师"的德行、名望,在佛教中的地位或势力,所以取得"法师"同意而付法;一是付了法,"法子"可以在"法师"的道场任住持,这可能变质为世俗名位的追求。近代的大寺院,有的采取选贤制,如天童寺。住持任期圆满前,先由寺众推选一人,本寺或他处的,但一定要属于同一法系,也就是在同一法系中,选一位较理想的来任住持。原则地说,选贤制是比较合理的。有的寺院采取本寺付法制,如金山寺。"法师"付法给本寺的住众——三五人,将来大法兄、二法兄,一位位地继任住持。这一制度,广泛流行于大江(下流)南北。选贤制是推选长老的;本寺付法制是付与青年才俊的,副作用比较大些。如有的甲寺与乙寺住持,彼此相通,我付法给你的(剃度)徒弟,你付法给我的徒弟,容易形成佛教中的门阀。再则法兄弟好几位,谁也想当住持,而住持不一定有年限,法弟要等到哪一天呀!于是彼此结合,把(大法兄)现任住持逼退,二法兄登位。不久,三法兄又联络大法兄(已是"退居")等,把老二推下去。如心不在佛法而在住持,那就容易引起联合又反对的不断内部斗争。付法、接法的制度,传到了台湾,不知道传的是曹洞,还是临济宗!其实是不用知道的,只要接法就得了。那何必要付法、接法?付了法,形成"法师"与"法子"的法眷关系;"法师","法子","法兄","法弟",互相结合,对佛教事务的运作上,多少有些世俗意义的。当然,这是不能与古代禅宗付法并论的。

　　再说些付法的有趣问题。依法,法是不能代付的,但没有接过法的我,却曾代付了一次半的法。一九四三年初,四川合江法王寺的老和尚、住持和尚相继地去世了。全县公推了一位新住持,但他没有资格就任。因为法王寺的制度,要接法王寺的法,才能就任住持。老和尚与住持都去世了,住持无法登位,怎么办呢? 当时,我是法王寺的"首座",于是代为付法的责任,推也推不了,只好由我照本宣科地付法一番,让新住持登位了,这是一次。来台湾后,又与白圣老法师,共同代一位过去了的闽南长老,付了一次法,我只能说半次。现在回想起来,付法的本义,可说一些也不存在了,我竟付了一次半,真是愚痴! 在香港时,知道某长老付法给一位比丘尼,"法卷"高高地供着,多么光荣!这里面还有暗盘,就是港币多少。好在根本没有法,否则真是稗贩如来正法了! 传说:接了法的,一定要把法付出去,否则断绝法种,罪过无量。台湾有一位接了法的,病重时还没有把法付出去,怎么得了! 苦苦地求他同门的师兄弟接他的法,以免成为断绝法种的大罪人。事实是可笑的,但怕断法种而受苦报,一分对佛法的愚昧信心,末法中也还是难得的!

一二　丛林与小庙

　　"十方丛林",意思是住众多的大寺,是佛教僧伽所共有的。也有古寺衰落了,寺不太大,住众也不多,不如大寺的组织完善,但住持还是要接过法的,这也可说是丛林的一类。"小庙",是师父传徒弟,徒子徒孙继承的。一般是小型的,其实只要是子孙继承制的,不管他寺大寺小,都应归入小庙类。这二类,宋初就有了,称为"十方住持院"、"甲乙徒弟院"。

丛林与小庙的分类,是十方公有制、子孙私有制的分类。依释迦律制:出家的比丘、比丘尼,是真正无产的国际主义者。属于比丘个人所有的,是穿着保暖的三衣(比丘尼是五衣);吃饭用的钵,这是乞食所必须的;卧在床上,坐在地上,不能把自己的衣服、常住的床与床褥弄脏了,所以要有尼师坛——铺在地上床上的坐卧具(现在变成礼拜用的具)。这是个人所必备的,还有些日用品,是属于个人私有的。为了适应众生,准许保有"净施"的超标准的衣物,但这是只有使用权,没有所有权的。古代经济贫乏,出家人以佛法自利、利人,依赖信施而生活,当然生活要简朴。即使时代进步,经济繁荣,出家人也不应该豪华奢侈的。佛与出家弟子,起初是住在山野的,山洞,树下,也有在露地住的。王舍城的频婆娑罗王,将"竹林"布施给僧众(佛也在僧中),这是佛教僧众最先拥有的林园。后来,舍卫城的给孤独长者与祇陀太子,奉献了"祇树给孤独园",这是有建筑物的。佛法越来越发展,出家(僧)众也越多,信众布施的土地与寺院(印度旧称"僧伽蓝"、"毗诃卢")也越多。凡是布施来的土地与寺院,是属于僧伽共有的。僧,有现前僧与四方僧。如有人今天来这里布施(衣物),是住在这里的僧众——现前僧所应得的,每人一份。僧伽所有的土地与寺院,现在的住众,在规定内,有些是可以使用的。但现前僧没有处分——出卖或赠与别人的权利,因为这是全体僧伽所共有的。土地与寺院的所有权,属于四方僧(现在及未来)。只要是合法的比丘(比丘尼别有比丘尼寺),从四方(八面)来,谁也可以在寺院中住;住下来,就是现前僧的一分子。中国是大乘佛教,欢喜说"十方",其实四方是现实的,谁见比丘从上方或下方来,住在僧寺里呢!后来,僧众分为二类:有(定期)常住的,有暂来的客僧,待遇上略有差别。这与我国丛林的住众,与临时来住"上客堂"的一样。总之,原则地说,寺院、寺院所有的土地、寺院内的物品,都是属于僧伽全体的(中国称为"常住"的)。也有例外的,那是施主为某比丘造的,或比丘自己筑的房屋。但限制严格:要经僧伽的同意;要察看地方的是否适合;还限定大小——长不过一丈二尺,宽不过七尺。这是个人住的小屋,不准再扩大的。上面所说的四方僧制,是历史的事实。如我国的求法僧,经西域(今新疆及中亚西亚),或从海道经锡兰而到印度;印度及西域的比丘们,来中国弘法,也有来巡礼的;日、韩比丘,来我国求法的,可说是到处无碍,到处可住——小住或久住,佛教是超越民族、国家的世界性宗教。唐代(禅宗)兴起的十方丛林,多少改变律制,以适应中国社会,但还是十方(四方)僧所共有的,各处出家人都可以来住来学的。宋初已有"徒弟院",近代的"小庙",在数量上,丛林是不及十分(或百分)之一。"小庙"是家庭一般的子孙继承,子孙当然有权处分。我以为,子孙制的出现,是受了儒家家庭本位文化的影响。徒弟继承师父,也许俗人以为是很合理的,习以为常,而其实是违反佛法的。子孙制与经忏法事的泛滥,为中国佛教没落变质的主要原因!

我国佛教流传到清末,已衰落了七、八百年,与各地佛教,也隔膜了这么久,等到再与各地佛教接触时,发现与从前不大相同了。佛教受到国家政治的限制,而自身也失去了四方僧的特性。由于部派及衣食等琐事的差异,在南传佛教界看来,似乎我国的出家人,已不再具备僧格。日本寺院的住众,多数的藏地喇嘛,带妻食肉,在我们僧界看来,也是怪怪的!思想上,形象上,随方异俗的演化,不再是过去那样,出家众往来修学弘法,可以到处无碍,到处可住了!就我国来说,现在的大陆,小庙等于全部消灭;丛林已成为观光地区,不再是过去的丛林了。在台湾,也有标名"十方"的,而事实却只是师徒继承的"子孙院"。佛制寺院,是"四方僧"共有的;僧团中,是和合(组织)的、平等的、法治的。我觉得,佛教僧制的原则,与现代文化的倾向相近,使我更深信佛陀的伟大!但事与愿违,现在台湾佛教而发展得有相当规模的,都是子孙制,大家为我们自己的道场而同心努力。对衰落的佛教来说,这总是好事,何必批评呢!现代的台湾佛教界,有的是事业心,缺少古代求法(不是求学)的精神,真参实学的精神。不要说以佛法为中心,以宗派为中心的也没有了,付法接法,只是形式一番。专精念佛的,多数是在家善友,四方僧制,原不是他们所能知道的。律师,本来难得,有的也只着重过午不食,上厕所换鞋子,提倡每天披一次三衣等,律制的根本大义,似乎很少听说。缺少了佛法的实质,为佛教而努力,当然只是子孙制,大家为个人的前途而努力了。习以成风,如寺院而是僧所共有的,怕反而要难以为继了。

一三　横出三界

称名念佛,是佛法的"易行道",比起菩萨的深观广行,确是容易多了!称念他方佛名,能消业障,能往生净土,能不退阿耨多罗三藐三菩提,这本是通于一切佛的。西方极乐世界的阿弥陀——无量光、无量寿佛,更能顺应众生心,所以为多种大乘经(及论)所提到;在最后的"秘密大乘"中,阿弥陀佛也还是三佛、五佛之一。在中国与日本,虽所说的不一定相同,而称念阿弥陀佛,发愿往生西方极乐净土,的确是普遍极了!依龙树《十住毗婆沙论》(卷五),无著《大乘庄严经论》(卷六),马鸣(?)《大乘起信论》所说:净土法门的长处,是能适应一般初学,容易修学,可以坚定信愿。中国称扬净土者,过分强调净土的特胜,有"横出三界"等说,有些是值得再考虑的。

"横出三界",也许是依据《无量寿经》(卷下)的"横截五恶趣,恶趣自然闭"。恶趣,一切经论只有三恶趣,《无量寿经》的不同译本,也没有"五恶趣"字样,所以"五"应该是"三"的讹写。不过,五趣是三界生死,是有漏法,杂染不净法,约"胜义善"说,姑且说是三界五恶趣吧!三界五趣生死,是怎么出离的?有以为:佛法的净土法门是横超的,其他的法门是竖出的;竖出的是渐,不如横超的顿出。这样,净土法门是太好了!据我的了解,解脱生死的佛法,都是顿断横出的,竖出是不能解脱生死的。什么是竖出?三界,是欲界、色界、无色界。外道依禅定求解脱,如离欲界而得初禅,那是竖出欲界了。离初禅而得二禅,离二禅而得三禅,离三禅而得四禅,还在色界以内,如进离四禅而得空无边处,那是竖出色界了。空无边处是无色界中最低的,如离空无边处而得识无边处,离识无边处而得无所有处,离无所有处而得非想非非想处,那是无色界中最高的了。修到这一地步,就不可能离非想非非想处而超出无色界。为什么? 因为这一修行,"厌下苦粗障,欣上静妙离",是以世俗的"欣厌心"——厌离当前的缺陷,而求以上的美妙。可是到了非想非非想处,再没有可欣求处,也就不能出离非想非非想处了。经论中比喻为:尺蠖(或作"屈步虫")缘树而上,总是前脚先搭住上面,然后后脚放松,身体一拱,就前进一步。这样的向上,到了树顶,向上再没有落脚处,无法前进,还是向下回来了。厌此欣彼的禅定行,也是这样,从非想非非想处退回来,又到欲界人间,三恶趣中了。佛法所以能超出三界,不是竖出而是横出的。为什么有三界五趣的生死? 是业力所感的。为什么有感报的业力? 是烦恼所引发的。所以要解脱生死,重要点在断烦恼。烦恼有枝末的,也有根本的,佛法能顿断烦恼根本,所以能离(烦恼)系而出离生死。人间的修行者,如截断三界生死的根本烦恼,那就是得初(预流)果的圣者了。得初果的:"不堕恶趣法,决定正趣三菩提[正觉],七有天人往生,究竟苦边。"这是说:得了初果的,再也不会堕落三恶趣了;最多,也不过天上人间,七番生死,就决定能得究竟解脱,不再有生死苦了。经上比喻为:得初果的,如大湖的水干涸了,只剩一些些水。这是说:无量无边的业力,没有烦恼的滋润,所以都干枯而不再受报,仅剩七番生死的(总报)业力。如截断树根,树还在发芽、开花、结果,而很快地就不会再生了。说出离生死,佛法都是这样说的。所以能顿断生死的根本烦恼,那由于智慧的体悟,无住无著的根断"我我所见"(加"疑"与"戒禁取",名为"三结")。是胜义慧,不是厌下欣上那样的世俗智,所以解脱生死是顿断,对禅定的竖出,可说是横出的。

净土行者,厌恶五浊恶世而欣求净土,约三界生死说,欣厌心是不能出离生死的。不过生在净土的,由于环境好,"诸上善人俱会一处",莲花化生,不会生老病死不已。在这样的环境下,是一定要解脱生死的,所以"因中说果",不妨说往生净土,已解脱生死了。正如得初预流果的,虽还有七番生死,但决定解脱,不妨说"我生已尽"了。至于修行,在净土是否比秽土要快些?依经文说,净土修行,不如在秽土修行,如《无量寿经》(卷下)说:(在此娑婆五浊恶世)"为德立善,正[慈]心正意,斋戒清净,一日一夜,胜在无量寿佛国为善百劫。"可以说:在净土中,进修是缓慢的,但不会退堕,非常稳当。秽土修行功德强,进步快,只是障碍多,风险要大些。秽土与净土法门,适应不同根性,是各有长处的,不要自夸"横出三界"了!

一四　带业往生

称念南无阿弥陀佛,能带业往生极乐净土,这是念佛法门的特胜!我没有查考,不知这是哪一位净宗大德所倡说的。十年前,陈健民居士批评"带业往生"是没有根据的,依据经文,要消业才能往生。于是带业往生与消业往生,在台湾着实热闹了一番。消业往生，是根据《观无量寿佛经》的。经说观想念佛，念佛的刹土，念佛（菩萨）的身相，如说："此（观）想成者，灭除五百亿劫生死之罪，必得当生极乐世界。"念佛而可以忏罪，就是"取相忏"，于定心中能见佛相（及国土相）；念佛而能忏除生死罪业，往生（各方）净土，是多种大乘经所说的，不限于（观）念阿弥陀佛，往生极乐净土。其实，念佛、消罪、生净土，是没有一定关系的。如《观无量寿佛经》说："此经名观极乐国土、无量寿佛、观世音菩萨、大势至菩萨，亦名净除业障、生诸佛前。"这是观念佛、消业障、生净土——三者一致的。经上接着说："闻佛名、二菩萨名，除无量劫生死之罪，何况忆念（观念）！"这是闻名也能消罪，没有说净土：这是消罪业不一定生净土。《观无量寿经》，是由于韦提希的"我今乐生极乐世界阿弥陀佛所"，佛才教她修三种"净业正因"及观想。"净业正因"与（愿）"乐生"，是往生净土的先决条件，否则如《般舟三昧经》（卷上）说：念佛而见佛现前，还问佛怎样才能往生佛国，可见念佛见佛而不发愿往生，是不一定能往生的。

净土行者所说的"带业往生"，我以为是当然的、合理的，但并不表示净土法门的特胜。"往生"是什么意义？死了以后，生到别处去，就是往生——往生人间，往生天上，都是往生。《般若经》有《往生品》，往生是不限于往生净土的。但"往生西方"、"往生净土"，我国的净土行者说多了，大家也听惯了，以为往生就是往生西方净土，那是不对的。说到"业"，佛弟子都认为，众生无始以来，积集了无边能感生死（总报）的业力，这一生又造了不少。造作了善业、恶业，就有业力（潜能）存在，在没有受果报以前,哪怕是千生万劫,业是永不会消失的。彻底的解决方法,就是智慧[般若]现证,截断生死根源的烦恼;根本烦恼一断,那无边的恶业、善业,干枯而不再受生死报了。如种子放在风吹日晒的环境中,失去了发芽的能力,那种子也就不成其为种子了。这是彻底办法,但是深了一点。大乘佛法的方便道,是以强有力的功德,如念佛、诵经等,压制罪业,使罪业的功能减弱,恶消善长,转重为轻,罪业还是罪业,但功能减弱,因缘不具,不能再感生死苦报,那就是"消业"了。如种子放在石板上,种子无法生芽,生芽也长不下去(重罪轻受)。一般众生的业,如从人而生鬼的,由于某鬼趣业成熟,所以往生鬼趣,受鬼趣果报。但在前生人中,还有无始来的种种业,与这一生所造的种种业,并不因为生鬼趣而消失;无边潜在的业力,都带着往生鬼趣。如因善业或禅定力往生天国,无边的业力,都带着到天国去。所以依佛法说,业是从来随造业者而去——带业往生的。如人有信、有愿、有行,念(称名念,观想念)佛而求生净土的,只要净业成就,就能往生净土;无边生死业,都带到净土去了。业与烦恼,在净土中是一样的:一般(除得无生忍的上上品)往生净土的,没有断烦恼,烦恼却不会生起;带有无边的生死罪业,业却不会感苦报。所以我以为:"带业往生"是当然的、合理的,大家都是这样的;带业往生净土,值不得特别鼓吹的!

一五　隔阴之迷

　　四十年前,我曾读过一本净土宗的书,有这么一句:"罗汉

犹有隔阴之迷。"意思说:修证到罗汉,还有隔阴之迷,不如往生
极乐世界的好。但阿罗汉生死已了,不会再受后阴,怎么会有隔
阴之迷呢? 我曾向人请教,有的说:"四果罗汉",本指第四阿罗
汉果,有的以为一、二、三、四果,都可以称为阿罗汉,才有这样的
文句。中国人的作品,有些是不能以严格的法义来评量的。虽
这么说,我也不知对不对。近见《当代》杂志(三十期)所引,印
光大师《净土决疑论》说:"一切法门皆仗自力,纵令宿根深厚,
彻悟自心,倘见、思二惑稍有未尽,则生死轮回依旧莫出。况既
受胎阴,触境生著,由觉至觉者少,从迷入迷者多。"当然没有念
佛法门的稳当了! 文句说到"既受胎阴……从迷入迷者多",也
许这就是隔阴之迷的一种解说吧! 先说什么是"隔阴"? 什么
是"迷"? 阴是五阴——五蕴。我们的身心自体,佛分别为五
阴:色阴、受阴、想阴、行阴、识阴;众生在生死中,只是这五阴的
和合相续,没有是常是乐的自我。这一生的身心自体是前阴,下
一生的身心自体是后阴,前阴与后阴,生死相续而不相同,所以
说隔阴。迷有二类:迷事是对事相的迷乱、错误、无知;迷理是对
谛理——无常、无我我所、空性、法住、法界的迷惑。约"迷事"
说,一般众生及证得初果、二果、三果的圣者,在从此生到下一生
的过程中,都是"不正知"的。如入胎时,或见怖畏,或见欢乐的
境界,在胎中与出生时,也这样的不能正知;前生的自己与事,都
忘失了。约事迷说,一切众生,就是前三果圣者(阿罗汉不会再
受后阴),都是有此"隔阴之迷"的。不过三果圣者,初生时虽不
能正知,但很快能忆知前生的一切。所以释迦佛的在家弟子,得
三果而生色界天的,有的从天上来下,向佛致敬与说偈赞叹。如

约"迷理"说:凡夫是迷理的,如不能转凡成圣,是从迷入迷的。初果圣者是能见谛理的,一得永得,是不会再退失的。在入胎、出胎时,虽不能正知,不能现见谛理,但所得无漏智果,并没有失落。如钱在衣袋中,虽没有取出来用,你还是有钱的。所以得初果的,最多是七番生死;得二果——"一来"的,一往天上,一来人间;得三果——"不还"的,一生天上,就能究竟解脱。所以圣者虽有"隔阴之迷",对解脱生死来说,是绝对稳当的,解脱生死是为期不远的。圣者决不会从觉入迷,不知念佛的人为什么要怕圣者的"隔阴之迷"?

再来研求《净土决疑论》的意趣:文中说到"彻悟自心",大抵是针对中国禅者说的。我不知禅者的彻悟自心,有没有断惑。"见惑"是见(道)所断烦恼,"思惑"是修(道)所断烦恼。见惑是见谛所断的,佛教中或说"一心见谛",或说"十五心见谛",十五心是十五刹那心,就世俗说,是一霎眼就过去了。所以见惑,说断就断尽而成圣者,不断就是凡夫,见惑是不会断而未尽的。彻悟自心,如等于见道断惑,那即使受胎迷著,也不可能"从迷入迷",而一定是"由觉至觉"的。也许中国禅者的彻悟自心,内心虽有些超常经验,但不能断见惑,还是与凡夫一般。如说"思惑"没有断尽,那是二果、三果的事,怎么会"从迷入迷者多"?这一段文字,是不正确的!印光大师是精通天台的净土行者,对这些应该是不会不知道的。可能慈悲心重,为了弘扬净土,故意这样说的吧!

一六　四句料简

　　佛教界流传有禅净的四句料简,据说是宋初永明延寿大师造的。现在简略地引述如下:"有禅无净土,十人九岔路";"无禅有净土,万修万人去";"有禅有净土,犹如带角虎";"无禅无净土,铜床并铁柱"。四句偈中的"禅",不是一般的,专指达磨传来,发扬广大的禅宗;"净土"也不是十方净土,而是"西方阿弥陀佛的极乐净土"。禅与净土,表示参禅与念佛往生净土的修行。永明延寿是一位禅净双修的,在他的著作中,并没有这四句偈,所以是否延寿所作,是值得再考虑的。依四句偈的内容来判断,这是在禅、净都流行的时代,作者没有轻视禅宗,而却是志在西方净土,以净土行为最殊胜的法门:这是四句偈作者的立场。

　　"有禅有净土"的,最为理想。如虎称"兽王",老虎头上生角,那真是雄猛无上了。最理想的"有禅有净土",姑且不论。所说"有禅无净土","无禅有净土",到底怎样是"有",怎样是"无"?如看语录,或住过禅堂,打过禅七,这是不是有禅?如有时去佛寺,或去居士林、莲社等念佛(名号),或打过佛七,这是不是有净土?如说是"有",这样的有禅,可能还没有到达禅的边缘,走入岔路的资格都没有呢!这样的有净土,就能"万修万人去"吗?念佛而能生净土的,如《观无量寿佛经》所说的三种"净业正因",其中发菩提心,决不是心里想一下,愿成佛道,愿度众生就得了,发起菩提心,也不太容易吧!放低标准,如《阿弥陀佛经》说：“执持名号……一心不乱；其人临命终时……心不颠倒，即得往生。”要修到“一心不乱”与“心不颠倒”，也不能说是“万修万人去”呀！如说“有禅”，把标准提高，以为禅者即使“彻悟自心”，还可能多数走入歧途。说到“有净土”，把标准尽量抑低，以为只要口头喃喃，称念阿弥陀佛就可以了，那不是公正恰当的料简！六度万行，是如实的难行道；念佛往生净土，是方便的易行道。难行与易行是有的，那是适应根性的不同而又相成的法门，决不能如四句料简偈的那种偏私论法。末后一句——“无禅无净土，铜床并铁柱”，可说是岂有此理！中国的禅宗，自达磨传来（经过中国的玄学化），被称为“最上乘禅”。中国的念阿弥陀佛，往生净土，也有适应中国的特性。这是中国佛教，但佛教是不限于中国的。如今日锡兰等南传佛教国，佛教非常兴盛，就是我国的隋、唐时代，也不及他们。然而南传佛教国家，没有我国所弘的禅，也不知道西方极乐净土与阿弥陀佛，这当然是“无禅无净土”的，难道这样的信佛修行者，都要“铜床并铁柱”，非堕入地狱不可吗？作者处身于禅、净盛行的中国，只知道禅与净，缺乏对佛教深广的远见，一心要弘扬净土，才作出这不合情理的料简。

以上所说的“横出三界”，“带业往生”，“隔阴之迷”，“四句料简”，是一般净土行者用来赞扬净土法门的。依法义说，这都含有似是而非的成分，但在弘扬净土来说，确有接引初学的作用。可以说：虽缺乏真实意义，却有“为人生善”的宣导价值。

一七　临终助念

　　"临终"，是病重而死亡快将到来，可能几点钟，也可能拖上几天。人既然生了，那就不能不死。从生到死的过程中，又不免（老）病。生老病死中，病而走向死亡，确是最痛苦的。身体上的（病）苦，阿罗汉也是有的。佛在涅槃那一年，在三月安居中，病已相当重了。后来，与阿难走向拘尸那的途中，受纯陀的供养，引发了重病。如经上说："重病发，迸出赤血（赤痢），生起近于死亡之苦。"（《南传·长部·大般涅槃经》）学佛不是修到没有身体的病苦，只是"身苦心不苦"而已。中国佛教界，似乎多数以"无疾而终"为修行成就（往生净土）的证明。如见人生病，或缠绵床第，就说他不修行，业障深重。自己念佛修行，只是为了死得好些，这可说对佛法没有正确的了解。阿罗汉而成就甚深禅定的，临死也不是没有身苦，只是能正念正知，忍苦而心意安详。一般的"无疾而终"，其实是心脏麻痹症，或是严重的脑溢血，很快就死亡了。这是世间常事，不学佛的，穷凶极恶的，都可能因此而死。如以此为念佛修行的理想之一，那可能要漂流于佛法以外了！临终者的痛苦，身苦以外，心苦是最大的苦痛。如人在中年，自知病重而不免死亡，会想到上有老年的父母，下有未成年的儿女，中有恩爱的夫妻，那种难以舍离的爱念系缚，是苦到难以形容的。还有，丰富的资产，（经济的、政治的）正在成功的事业，眼前一片光明，忽而黑暗来临，那是怎样的失望与悲哀！衰老残年，属于自己的眷属、财富、事业、权力，早已渐渐消失,世间是不属于自己的了,临终会心苦少一些。但不论少壮与老年,是不能没有"后有爱"的,会想到死亡以后。善良的人好一些;以杀、盗、淫、妄为生的,不惜损人以成就自己的,现在一身将死,后顾茫茫,恐怖的阴影,形形式式的幻境,电影般地从心上掠过。这是爱所系缚,业所影响,比起身体上的病苦,心苦的严重性,是局外人所难以想像的!

临终者的身苦心苦,苦恼无边,应该给以安慰,虽方法与程度不同,而可说是一切宗教所共有的。释迦佛的时代,知道某比丘、某长者病重了,会有比丘(也有佛自己去的)去探病:安慰他,勉励他,开示佛法的心要,使他远离颠倒妄想,身心安定。为一般信众,说念佛、念法、念僧、念戒、念施、念天。教病人一心"念佛"的功德,庄严圆满;"念法"是清凉而能解脱的;"念僧"有戒定慧等功德,是世间无上福田。念三宝功德,也就是心向三宝,在三宝光明的护念中。"念戒"是念自己的持戒功德;"念施"是念自己曾在功德田(悲田,敬田)中,如法地清净布施;"念天"是念七宝庄严的,胜妙福乐的天报。一心归向三宝的,持戒净施的,一定能上生天上。人死生天,如出茅屋而登大厦,离低级职务而上升,这哪里会有恐怖忧苦呢! 这就是"助念",帮助临终的病人,使他念三宝等而心得平安。佛法在流传中,有些因时因地的演化,但原则是相同的。唐义净(西元七○一年)所译的《无常经》,附有《临终方诀》。教病人对佛像而起观想(念佛);使他发菩提心;为病人说三界难安,归依菩提,"必生十方诸佛刹土"。教病人礼佛菩萨,愿生净土,忏悔,受戒。如病太重了,"若临命终,看病余人但称佛名,声声莫绝"。念佛是随病者的意愿,不一定称念无量寿佛(与我国不同的,是印度没有专称阿弥陀佛名号的净土宗)。如命终时见佛菩萨来迎,病者"便生欢喜,身不苦痛,心不散乱,正见心生,如入禅定"。这是当时印度大乘佛教的"助念"法;助念,是病重到命终,使病死者身心安定的方便。"临终助念",是佛教安顿病死者的行仪,而信佛学佛的,决不能专凭临终忆念的。人的死后往生,有随重、随习、随忆念的三类,我曾在《成佛之道》(七四——七六,本版五〇——五一)说到:

一、"随重"的:或造作重大的善业,或造作重大的恶业,如五无间业等。业力异常强大,无论意识到或者没有意识到,重业一直占有优越的地位。一到临命终时,或见地狱,或见天堂,就是业相现前,是上升或下坠的征兆。接着,或善或恶的重业,起作用而决定招感未来的果报(这就是常说的"强者先牵")。二、"随习"的:既没有重恶,也没有大善,平平地过了一生。在这一生中,……对于某类善业或恶业,养成一种习惯性,这也就很有力量了。到了临命终时,那种惯习的业力,自然起用而决定招感来生的果报。从前大名长者问佛:我平时(忆)念佛,不失正念。可是,有时在十字街头,人又多,象马又多,连念佛也忘了。那时候如不幸而身死,不知道会不会堕落? 佛告诉他说:不会堕落的。你平时念佛,养成向佛的善习,即使失去正念而死,还是会上升的。因为业力强大,是与心不相应的。如大树倾向东南而长大的,一旦锯断了,自然会向东南倒的。所以止恶行善,能造作重大的善业,当然很好;最要紧的,还是平时修行,养成善业的习性,临终自然会随习业而向上。三、

"随忆念"的：生前没有重善大恶，也不曾造作习惯性的善恶业，到临命终时，……如忽而忆念善行，就引发善业而感上升人天的果报；如忽而忆念恶行，就能引发恶业而堕落。对这种人，临命终时，非常重要。所以当人临终时，最好能为他说法，为他念佛，说起他的善行，让他忆念善行，引发善业来感果。净土宗的临终助念，也就是这一道理。……学佛修行，到底平时要紧！

"临终助念"，是帮助病人，使他能忆念佛，心向佛（愿生净土），不是病人躺着，一切让别人来帮助的。念阿弥陀佛名号，往生西方净土的信仰，在中国非常普遍，所以助念阿弥陀佛，也特别流行。在这里，我想说到几点。一、我国的信佛者，似乎只知临终忆念，而不重视业力与"一心不乱"。重善（或恶）的业力，习惯性的善业，业力是潜在的——或说是心种子，或说是无表色，或说是心不相应行，总之是与现起心不相应的。念佛如得"一心不乱"，平时即使忘了，也还是得到了的，"得"是心不相应的。佛法重视潜在的力量，举喻来说：如政治或经济，存有某种潜在问题，起初不觉什么重要（有深见远见的人，是见到了的）。等到潜在的问题发动起来，可能手忙脚乱，搞得一塌糊涂。佛法重视潜力，所以修学佛法，要平时积集善业；念佛的要信愿深切，念得"一心不乱"，这才是正常的、稳当的修行。临终"随重"与"随习"而往生后世的，是多数；临终"随忆念"而往生的是少数。如病重而心力衰弱，不能专注忆念；或一病（及横祸等）而失去知识，不能再听见声音，想助他忆念也无能为力了。二、"临终助念"，是从病重到死亡这一阶段的助念。《临终方诀》说：人死了,请法师"读无常经,孝子止哀,勿复啼哭"。人生的老、病、死,是无可如何而必然要到来的,大家不用悲哀了,应该从无常的了解中,不著世间而归向菩提。这样的读经,主要是对眷属及参与丧礼者的安慰与开示,是通于"佛法"及"大乘佛法"的。又说到持咒,以净水及净泥土,洒在尸身上,可以消除恶业,那是羼入"秘密佛教"的作法了。死亡以后,不用再助念了。但中国人"慎终追远",特别多助念些。有人说:不断念佛,八小时内不可移动。其实死了,或六识不起而还没有死,听不见声音,已失去助念的意义,而转为处理死亡的仪式了。三、有人发起助念团的组织,应病家的邀请而前往助念。如出于悲心,弘扬弥陀净土的热心,那是难得的!不过好事可能引起副作用,如发展为专业组合,极可能演变为三百六十行以外的一行,未必是佛教的好事了!四、台湾经济繁荣,佛教也似乎兴盛了。有佛教界的知名长老、大德长者,死亡以后,四十九日念佛声不断,这是什么意义?是助念吗?长老们一生提倡念佛,精进念佛,而临终及死后,还要人长期助念,怕他不能往生吗?那是对长老、长者的一种诬辱!如以七七念佛为纪念,那只是中国人厚丧厚葬的变形,不是为了死者,而是为了活人的场面。如有心纪念,那在每年忌辰,集众精进念佛,不是更有意义吗?对死者的铺张场面,我觉得是应该再考虑的!听说:高雄有一位唐一玄长者,平时摄化青年,老而不已。临终的遗言是:不用为我念佛,因为我不想去西方,不用为我诵经,因为我读的经已够多了。唉!末法时代,还有老老实实的学佛者!

一八 肉身菩萨

印度佛教的出家人,死了多采用火葬制,如释迦佛那样。火化后的骨灰,称为"碎身舍利",舍利是遗体的意思。舍利中有坚固的微粒,中国人称之为"舍利子",是更适合于分散供养纪念的。如土葬的,称为"全身舍利",也有经多年而没有坏的,近代中国佛教界称之为"肉身菩萨"。这是很难得的,但与是否菩萨无关。一九五八年,摄受来台的僧青年,对当时台湾佛教大有贡献的慈航法师,发现他的遗体不坏,被称为肉身菩萨,受到多少人的称叹。那时,我在马尼拉,恰好读到了日报上一篇尸身不坏的报道,就写了篇"肉身菩萨"。但想到,那时而发表这篇文字,是不合时宜,也会被人误解的。文字一搁下,原稿也就丢了。现在时过境迁,对于这一事实,不妨依事实而略加说明。

以人的遗体来说,古代埃及以香料敛尸,尸身不坏而久存的,称为木乃伊。我家乡的习惯,入殓时,棺内多放石灰包与灯心草,这两种都是能吸收水分的。近代以防腐剂来保存国家伟人的遗体,更是不少。这种以药物来保存,不是我所要说明的,我所要说的,是自然不坏。生物中,动物死了,(核)果实熟了,是会腐烂的,但也有例外。如桃子,在没有成熟前,干瘪而留在树枝上,不会掉下来。可以作药用,名为桃枭。在动物中,虾蟆就是一例:虾蟆一名土蛙,灰色。在我家乡的桑树上,每发见虾蟆死而干了,没有腐烂,俗称"虾蟆干"——干虾蟆。一九六八年,我住在台北外双溪的报恩小筑。一天,一阵风过,有什么从屋上落到门前地上,原来是一条蛇,蛇头向上竖起的。我驱斥它,它却不睬我,只好用竹竿去赶,才发现是风干了的死蛇。动物风干而暂时不坏,我想是不会少的。说到人,在马尼拉当时所见的报道,在南美洲某地(国名忘了),有一废弃了的古老教堂。一个唱诗班,死了都靠在墙壁上,有少数已风化倒地了。人死了而不腐烂的,还真不少。一九二八年,孙殿英的部下挖掘河北省遵化县的东陵——乾隆帝与慈禧太后的陵寝,盗取珍宝。在乾隆帝的陵寝中,有一棺木内的妃子(或采女),尸身好好的没有变坏。一九二六、二七年,读过一本有关苏俄革命的书(书名忘了)。说到俄罗斯人信仰的东正教(天主教的一支),传说神父的信仰虔诚到什么程度,死后是尸身不会坏的,所以也留下不坏的遗体。在革命期间,发现其中有些是假的,大概公认为应该不坏的而竟腐烂了,怕削弱信徒的信心,所以有了伪造的。但在这故事中,可见东正教的神父确有死而不腐坏的。一九八八年十二月五日到九日,《联合报》上有马仲欣所写的《新疆古尸》,古尸多极了。有一千年前的高昌公主,"皮肤仍有弹性"的古尸。有距今两千年前(汉代),"皮肤光滑,五官清晰,内脏未损"的女尸。有三千两百年前(商代),"手足躯干,毛发与指甲清晰可辨,……全身脱水干缩,尸重只有七公斤"的古尸。我想,皮肤光滑、内脏未损的古尸,应该是经过防腐手续的;那个脱水干缩的,可能是自然风干的。在四川时,听人说起:西藏的萨迦派,就是元世祖时帝师八思巴这一派。元代起,拥有西藏的统治权,对敌人是决不容忍的。对不利自己政权的分子,指为魔类,捉来系缚在(忿怒相)明王的脚下,就此死了。有的死而不坏,经长期而后风化，骸骨离散在明王脚下，恐怖极了！这些传说（我没有亲见）中的事实，如南美洲的、俄罗斯的、新疆的、青藏高原的，都有天气寒冷（或极热）、干燥的特性，在这种情况下，遗体不坏，似乎是并不太稀罕的。说到新疆，记起唐玄奘《大唐西域记》（卷十二）所说："有二石窟，各一罗汉于中入灭尽定。端然而坐，难以动摇，形若羸人，肤骸不朽，已经七百余岁。其须发恒长，故众僧年别为剃发易衣。"玄奘所见的，在新疆西部的葱岭，正是天气冷、空气薄而干燥的地区。玄奘所说，有眼见的；有传闻的，如"七百余岁"，"年为剃发"。这是年久而干瘪了的。人死了，由于肌肉萎缩，水分消失，会觉得须发长了不少的，也就有每年为剃发的传说。传说中的"入灭尽定"，也只是我国所说的"肉身菩萨"而已。

中国佛教界，禅宗的黄梅五祖、曹溪六祖、石头希迁等，都是全身不坏的。我所见到的，普陀山古佛洞（？）有一位，那是辛苦募化而建这道场的。香港九龙某院有一位，是佛教而略有"道门"气息的。生前经常到星洲，与星方的佛教界相熟。一九五〇年，闽南大德广周（？）、广义、广净三位来香港，等候去星洲的手续，就住在他——那时是他徒弟主持的精舍。在台湾，除慈老外，后来新店有一位清严法师，也是肉身不坏，曾引起徒众与地方（区公所？）的一番争夺。香港、台湾的气候湿热，死后肉身不坏，可能与坐龛有关。律制：出家人死后是火化的。人一死，就将身体烧了。在中国风俗中，未免有些不适应，发展出坐龛（俗称坐缸）的方式。人死了，安放在陶瓷的缸中，还是跏趺而坐。上盖龛顶，作斜尖形，象征塔的形式，所以也称"塔龛"，龛一般是倚山岩而供奉的(也有死后棺殓土葬,与俗人一样)。过了几年开缸,如身体变坏,那就火化了,捡骨灰入塔。如发见肉体不坏,那就加漆或装金而供奉。我以为:龛是漆封得密密的,氧气不容易进入;而龛底(缸底)大抵是不上釉的,水分能微微地渗出。如供龛处高燥,就有肉身不坏的可能了。在台湾,慈老的肉身,经过三十年,偶尔还有人去瞻礼;而新店的那一位,冷落凄凉,似乎谁也忘记了!《小品般若波罗蜜经》(卷二)说得好:"我于(碎身的或全身的)舍利非不恭敬,从般若波罗蜜中生故,般若波罗蜜所熏故得供养。"佛与佛弟子的舍利[遗体],受到尊敬供养,是由于曾依此遗体,修发般若(智慧)慈悲等功德,以正法自利,以正法利益众生。不要以为碎身舍利、全身舍利,表示什么修证功德,动物、人类——不知佛法的、异教徒,肉身不坏的多着呢!

(录自《华雨集》四,113—200 页,本版 74—132 页。)